PENSE
COMO UM
NERD

BILL NYE

PENSE COMO UM NERD

VISÃO PRÁTICA + CURIOSIDADE + CIÊNCIA
SIMPLIFICAM SUA VIDA

EDIÇÃO DE COREY S. POWELL

Tradução:
CARLOS SZLAK

FARO
Editorial

Diretor editorial **PEDRO ALMEIDA**

Coordenação editorial **CARLA SACRATO**

Preparação **TUCA FARIA**

Revisão **BARBARA PARENTE**

Capa **ARIANA ABUD**

Diagramação e adaptação de capa **OSMANE GARCIA FILHO**

Dados Internacionais de Catalogação na Publicação (CIP)
Angélica Ilacqua CRB-8/7057

Nye, Bill
    Pense como um nerd : visão prática + curiosidade + ciência simplificam sua vida / Bill Nye ; editado por Corey S. Powell ; tradução de Carlos Szlak. — São Paulo : Faro Editorial, 2019.
    320 p.

    ISBN 978-85-9581-085-3
    Título original: Everything all at once

    1. Pensamento crítico 2. Ciência 3. Nerds I. Título II. Powell, Corey S. III. Szlak, Carlos

19-0489   CDD 153.4

Índice para catálogo sistemático:
1. Pensamento crítico 153.4

 **FARO EDITORIAL**

1ª edição brasileira: 2019
Direitos de edição em língua portuguesa, para o Brasil, adquiridos por FARO EDITORIAL

Avenida Andrômeda, 885 — Sala 310
Alphaville — Barueri — SP — Brasil
CEP: 06473-000 — Tel.: +55 11 4208-0868
www.faroeditorial.com.br

Nós podemos mudar o mundo.
Tenho certeza disso. Vamos nessa!

SUMÁRIO

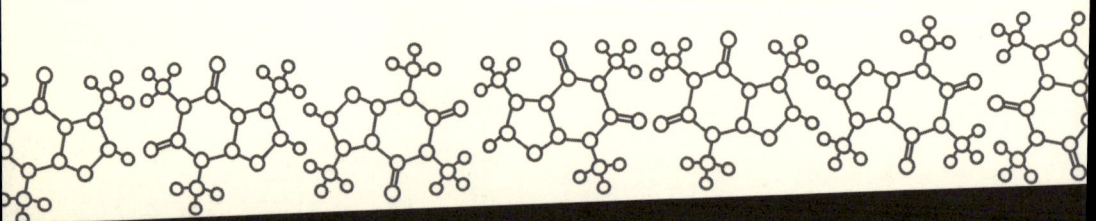

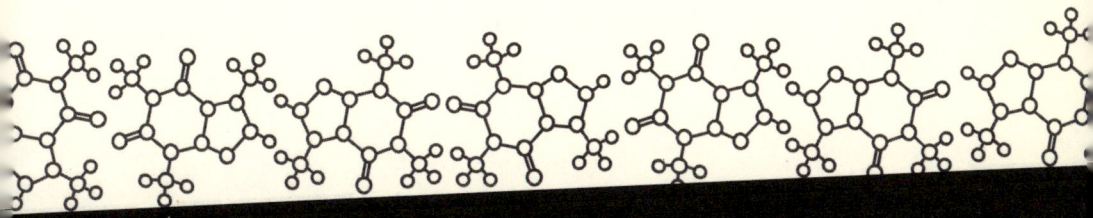

PARTE III - COMO MUDAR O MUNDO

$E = mc^2$

GUIA DO BILL PARA FAZER TUDO DE UMA VEZ

OBJETIVO:
MUDAR O MUNDO

TODOS AQUELES QUE VOCÊ CONHECE SABEM ALGO QUE VOCÊ NÃO SABE.

A BOA ENGENHARIA ENCORAJA O USO CORRETO.

AS LIMITAÇÕES PROPORCIONAM OPORTUNIDADES.

FAÇA PARTE DO COMEÇO.

PENSE COSMICAMENTE; ATUE MUNDIALMENTE.

QUESTIONE ANTES DE ACREDITAR.

MUDE DE IDEIA QUANDO PRECISAR.

SEJA OTIMISTA, SEJA RESPONSÁVEL, SEJA PERSISTENTE.

PARTE I

PRINCÍPIOS DE VIDA NERD

CAPÍTULO 1

O tao do phi

E ste livro trata de tudo. De tudo que sei e também de tudo que acho que você deveria saber.

Entendo que pode parecer um pouco absurdo, mas estou falando sério. Vivemos em uma época de acesso sem precedentes à informação. Ao pegar o celular ou abrir o laptop, você pode se conectar instantaneamente a um setilhão de bytes de dados; isso é 1 seguido de 24 zeros. Todos os anos, outro sextilhão de bytes de dados circula pela internet, carregando de tudo, desde aqueles importantes vídeos com gatinhos até detalhados resultados misteriosos, mas fantásticos, de colisões de partículas subatômicas no Grande Colisor de Hádrons. Nesse sentido, falar de "tudo" é fácil. Tudo o que você e eu sabemos, e tudo o que precisamos saber, já está por aí ao nosso alcance.

No entanto, apesar de todos esses uns e zeros sibilantes — a inteligência coletiva de bilhões de cérebros humanos —, ainda sinto que parecemos muito estúpidos. Não estamos usando toda essa sabedoria compartilhada para solucionar os grandes problemas. Não estamos enfrentando a mudança climática. Não descobrimos como disponibilizar energia limpa, renovável e segura para todos. Muitas pessoas morrem em acidentes de trânsito evitáveis, sucumbem a doenças curáveis, não têm comida e água limpa suficientes, e ainda não têm acesso à mente cheia de vida da internet. Apesar de estarmos mais conectados do que nunca, não somos muito generosos uns com os outros, nem no entendimento mútuo, preferindo nos esconder atrás da negação e do viés pessoal. De forma eficaz, o fluxo de informações nos permitiu saber algo a respeito de tudo, mas, evidentemente, esse *conhecimento* não é suficiente. Precisamos ser capazes de classificar os fatos e pôr em prática o nosso conhecimento. Por isso escrevi este livro.

Quero ver a humanidade se unir e mudar o mundo. Acho que será necessário um tipo especial de personalidade para fazer isso: gente capaz de lidar com o moderno excesso de informações, receber tudo de uma vez e selecionar as partes que importam. Isso requer honestidade rigorosa acerca da natureza de nossos problemas. Requer irreverência criativa na busca de soluções. O processo da ciência e das leis naturais não se preocupa com nossas ações políticas ou ideias preconcebidas. Simplesmente estabelece os limites do que é possível, definindo os limites externos do que podemos alcançar, ou não, se nos esquivarmos do desafio.

Ainda bem que há um grande e crescente grupo de indivíduos que pensa assim, que gosta muito de usar as ferramentas da razão para solucionar os enigmas aparentemente mais insolúveis. Nós os chamamos de "nerds", e humildemente (e orgulhosamente) incluo-me entre eles. Passei toda a vida desenvolvendo os hábitos mentais do nerd e tentando dominar as qualidades admiráveis, mas em geral evanescentes, que provêm disso: persistência na busca de um objetivo elevado; resiliência para continuar tentando, independentemente dos obstáculos; humildade para os momentos em que uma abordagem se revela um beco sem saída; e paciência para examinar o problema de todos os ângulos, até um caminho se tornar mais claro. Se você já se considera um de nós, junte-se a mim e faça mais, aplicando sua condição nerd aos grandes problemas da época, e não apenas às trivialidades ou aos detalhes (apesar de que, é claro, iremos reservar muito tempo para eles). E se você ainda não se considera um nerd, junte-se a mim mesmo assim: logo descobrirá que todos têm um nerd interior esperando para ser despertado pela paixão certa. Toda a minha vida tem sido uma série desses tipos de despertares; momentos de epifania em que tomei conhecimento para sempre do jubiloso poder da ciência, da matemática e da engenharia.

Buscamos leis da natureza que permitam a realização de previsões concretas de resultados de testes e experiências. A ciência pertence a qualquer pessoa que goste de pensar e buscar conexões na natureza. Não é tudo uma questão de matemática e medição, mas, uau!, a matemática é o que dá preciosa precisão às previsões. Podemos calcular os movimentos de mundos distantes com tamanho grau de exatidão que somos capazes de pousar o rover* *Curiosity* em Marte e enviar a sonda espacial *New Horizons* para além de Plutão com precisão quase cirúrgica. Conseguimos medir a idade exata de uma rocha de um bilhão de anos mensurando o decaimento dos átomos radioativos nela contidos. O poder combinado de matemática e ciência é incrível. É por isso que os nerds se sentem tão atraídos por ambas, mas os *insights* resultantes da ciência são inspiradores, mesmo para aqueles que nunca planejam fazer contas.

As digressões e as micro-obsessões parecem chegar naturalmente para aqueles que se contagiam pela ciência. Você pode conhecer pessoas que gostam de trivialidades ou que adoram os mínimos detalhes de alguma área de estudo. Talvez sejam os nomes dos municípios de Maryland ou do Mississípi, ou os créditos exibidos em *Jornada nas estrelas*. Sustento que, ao aprender esses detalhes, esses nerds também tomam conhecimento de algo adicional sobre um quadro mais geral. O especialista em trivialidades (um trivialista?) possui em sua cabeça uma estrutura de uma área de estudo, equipada com ganchos de memória apropriados para pendurar mais informações, que, por sua vez, aprimora e preenche o quadro mais geral.

Anima-me o fato de os comportamentos dos nerds terem sido absorvidos de forma tão profunda pela cultura predominante. Não faz muito tempo, os nerds eram muitas vezes definidos em oposição aos estudantes mais populares da escola. Hoje em dia, é absolutamente chique exibir uma atenção obsessiva ao detalhe; não só na ciência, mas em quase tudo.

Agora, assim como amo os nerds e a cultura nerd, também observei algumas tendências preocupantes nos últimos anos que me motivaram a me posicionar. Aparentemente, as coisas são promissoras. A maior atenção ao aprendizado de ciência, tecnologia, engenharia e matemática é algo fantástico. É incrível que programadores e empreendedores orientados pela tecnologia tenham se tornado importantes celebridades em nossa cultura e em nossos negócios. Afinal, nossa sociedade depende cada vez mais da tecnologia, e

---

* Segundo a Wikipédia, veículo de exploração espacial projetado para se mover na superfície de um planeta. (N. T.)

teremos graves problemas se muito poucos indivíduos entenderem as ideias científicas das quais a tecnologia depende. Como não amar? O crescente apego por trivialidades e pelo papo geek parece ser uma coisa excelente.

No entanto, a versão atual da cultura nerd me deixa com uma preocupação incômoda. Dar uma de geek — tornar-se fanático por personagens de revistas de histórias em quadrinhos, por exemplo — pode ser divertido. Isso talvez desenvolva uma comunidade de indivíduos cujas vidas se enriqueçam compartilhando um interesse comum. Centenas de milhares de pessoas se reúnem todos os anos na Comic-Con e eventos semelhantes. Mas de maneira alguma é igual a estudar matemática e ciência com diligência para compreender as complexidades do clima, para planejar um cultivo resistente a doenças ou pragas, ou para se tornar uma de nossas pessoas quintessenciais consagradas: o gênio. **O geek é movido pelo mesmo instinto de acumulação de informações, mas a aplicação do conhecimento é algo diferente e muito mais difícil.** Isso me leva de volta ao meu pensamento original: *informação* e *aplicação* são coisas muito diferentes. Ao falar com admiração sobre a mentalidade do nerd, estou exaltando as virtudes de uma visão de mundo que envolve a coleta do máximo possível de informações e que está constantemente em busca de formas de usá-las para o bem maior.

A diferença entre informação e aplicação pode parecer óbvia para o leitor deste livro, mas não o é para muitos do público em geral. Há charlatães e líderes de seitas capazes de empurrar detalhes falsos e vieses como fatos e razões. O tempo todo deparo com pessoas que advogam suas próprias histórias a respeito da origem do universo e de como todos chegamos aqui, tentando empurrar informação falsa e vieses como fatos e razões. Não estou falando de fiéis religiosos tradicionais; refiro-me àqueles que agrupam alguns conceitos gerais em sua própria teoria virtualmente física do big bang (ou buracos negros, ou alguma maneira secreta de "reparar" a teoria da relatividade de Einstein). Também conheço muitos que aproveitam trechos de informação científica para mascatear produtos sem valor, promover argumentos políticos contrários aos fatos, semear o medo ou justificar pensamentos sexistas ou racistas. Entre esses há os que parecem sinceramente pensar que estão fazendo ciência, mas não estão. Podem até se considerar nerds, mas não são. Eles adotam a linguagem da física ou biologia sem terem dedicado tempo a conhecer a ciência estabelecida e o pensamento atual com respeito às estrelas e ao espaço-tempo por elas habitado.

Eis outro ponto de advertência importante: é muito fácil para nós, qualquer um de nós, tirar conclusões erradas de uma pequena amostra de eventos. A familiaridade superficial com o pensamento de estilo nerd pode até incentivar isso. Se você apagar as luzes de sua sala de estar no mesmo momento em que dois carros batem do lado de fora, poderá concluir que o acionamento do interruptor provocou a colisão dos veículos. Você pode decidir que não vai tocar naquele interruptor de novo, ao menos não enquanto houver carros passando. Ou pode esperar que um vizinho especialmente antipático passe com seu automóvel e, então, começar a acionar aquele interruptor o mais rápido possível.

Nesse caso extremo, a conexão entre causa e efeito parece obviamente errada. Imagino que os leitores deste livro não tenham problemas em concluir que, quase certamente, não há nenhum vínculo entre um interruptor de luz e a atenção dos motoristas (a menos que faça com que a luz brilhe diretamente nos para-brisas que se aproximam; nesse caso, apague a luz imediatamente). No entanto, e se for um efeito muito mais sutil, como, por exemplo, ler que indivíduos que bebem vinho tinto são menos propensos a ter ataques cardíacos? Ou que pessoas de determinadas cores de pele possuem QIs mais baixos? Em épocas distintas, alguns pesquisadores muito influentes se convenceram de que essas coisas estavam correlacionadas. Você deve acreditar neles?

A atitude associada à trivialidade geek em relação à ciência não ajuda a desvendar as correlações falsas. Você pode dizer que a conexão entre dar uma de geek e fazer ciência é, em si, uma correlação falsa: os nerds adoram a trivialidade geek e fazem uso incrível disso, mas adorar a trivialidade geek não significa que a pessoa está pensando criticamente como um cientista nerd. A busca por causa e efeito — um dos φs basilares na física — exige trabalho duro e máxima atenção. Mesmo assim, é preciso que nos mantenhamos sempre atentos, para garantirmos que não estamos cometendo tolices. Não há atalho em apenas memorizar alguns jargões da ciência ou adotar passatempos ao estilo nerd. Você nunca mudará o mundo se não conseguir descobrir a maneira correta de fazer isso.

Eu não tinha ideia de que tudo isso estava prestes a me atingir quando comecei a 10ª série na exclusiva Sidwell Friends School, em Washington. Até então, eu frequentara somente instituições públicas da capital norte-americana, que se degradaram bastante devido à gestão negligente de Marion Barry, prefeito por quatro vezes e dependente de drogas. No entanto, depois que um garoto foi baleado em uma escola próxima, meus pais se cansaram. Foi quando decidiram me matricular em um colégio particular do ensino médio.

Eu tive que me empenhar para alcançar os outros estudantes e provar o meu valor. Depois de um ano, porém, sentia-me à vontade em minha nova escola. Ganhei uma régua de cálculo circular como prêmio por ser o estudante de matemática "que mais evoluiu" na instituição. Foi uma confirmação dupla para mim: não só eu conseguia dar conta de um colégio muito mais difícil como também estava cercado por uma cultura que valorizava os números, o pensamento do quadro geral e todas as outras coisas nerds com muito significado para mim, então, e agora.

Foi quando aconteceu. Eu me apaixonei pela física na aula do professor Lang.

Certa tarde, na 11ª série, meu amigo Ken Severin e eu resolvemos testar para nós mesmos a equação relativa ao período de um pêndulo; ou seja, o tempo necessário para o pêndulo completar cada oscilação, que é proporcional à raiz quadrada do comprimento da corda, corrente ou fio dividida pela aceleração devido à gravidade. (Se isso não fez sentido para você, pode pesquisar. A equação do pêndulo é um dos assuntos da ciência que mais aparecem na internet.) Nós criamos nosso próprio pêndulo. Ele pareceu funcionar bem, mas, para o nosso gosto, a resistência do ar e o atrito nas fibras da corda reduziram muito a velocidade desse primeiro pêndulo. Assim, com a ajuda de uma escala, penduramos no teto uma corda com o comprimento equivalente a quatro andares com um peso considerável na extremidade. E *voilà*: a equação previu o período de oscilação de nosso pêndulo com precisão satisfatória. Parecia que tínhamos revelado um mistério do universo.

A ciência e o que hoje em dia se denomina "pensamento crítico" exigem disciplina e empenho. O que possibilita que nós, seres humanos, nos sustentemos aqui na Terra é nossa capacidade de fazer previsões encontrando padrões na natureza e, em seguida, tirando proveito deles. Imagine como teria sido mais fácil ser dono de um assentamento ou uma fazenda se fosse possível contar os dias e conhecer as estações do ano para que se plantasse e colhesse a safra em épocas ideais. Imagine como teria sido mais fácil para os povos antigos caçar com êxito se eles entendessem os padrões migratórios dos animais selvagens, sua principal fonte de proteína. Imagine como foi mais divertido para mim e Ken Severin observar a oscilação do pêndulo exatamente do modo que prevemos, porque estávamos provando para nós mesmos o fato incrível a respeito da análise científica de causa e efeito: realmente funciona!

Na tarde em que isso aconteceu, eu deveria tomar uma vacina com o médico de minha família. Por mais de uma hora, funcionários da escola procuraram por mim e Ken, mas nós não ouvimos o sistema de alto-falantes. Ficamos completamente absorvidos pela experiência, dominados por um êxtase nerd a cada marcação do cronômetro e deslizamento de nossas réguas de cálculo — isso ocorreu bem antes da época das calculadoras eletrônicas; que dirá dos computadores em sala de aula. A cada oscilação do pêndulo, o que descobríamos não era nada que muitos outros antes de nós não tivessem descoberto. Essa é a natureza de ser um estudante. Mas o processo... A alegria... Cada detalhe de nossa experiência nos ensinou um pouco mais sobre senos, cossenos e tangentes, sobre resistência aerodinâmica, sobre paciência... Não há nada parecido com isso: a ciência é empoderadora como nenhum outro empreendimento humano que conheço.

Foram dois os motivos pelos quais fiquei tão arrebatado. Em primeiro lugar, essa foi a minha primeira exposição de verdade ao poder preditivo da física. Em política e em todos os tipos de interações sociais, usamos a expressão "a volta do pêndulo", mas afirmamos isso de forma genérica: as atitudes voltarão a mudar no futuro, algum dia, mais cedo ou mais tarde. Em física, as palavras possuem um significado matemático preciso. Se você registrar seu arranjo experimental de maneira exata, poderá determinar com precisão tanto quão alto o pêndulo oscilará como até onde oscilará de volta. Se você for tão aplicado quanto Leon Foucault, físico francês do século XIX, poderá usar um pêndulo oscilante para provar que a Terra está girando, e até utilizá-lo para determinar a distância que você está do equador. Expanda mais as equações, e você poderá medir como nosso planeta giratório distorce o espaço e o tempo ao seu redor, como fez o *Gravity Probe B*, satélite da NASA, tudo porque você dedicou algum tempo para entender uma pedra oscilando em uma corda.

A segunda parte de minha entusiasmada atração pela física envolvia as pessoas. Os garotos e a garota (apenas uma naquela ocasião) em meu curso de física da 11ª série eram o meu tipo de gente. Era uma matéria optativa, não obrigatória para graduação, e, naquele tempo, não havia nenhum requisito especial para cursá-la. Todos nós simplesmente gostávamos de aprender matemática e estudar movimento, descobrindo o nível mais profundo do motivo pelo qual as coisas acontecem no mundo. Naquela sofisticada escola particular, havia inúmeras crianças muito inteligentes, que foram criadas por pais muito inteligentes, com sólidas tradições de conquistas acadêmicas. A turma do meu curso de física era especialmente brilhante. Eu "remava" o mais rápido possível para não ficar para trás, e adorava cada momento daquilo. Fazíamos rir uns aos outros com jogos de palavra jocosos e arcanos, mas não era isso o que realmente nos unia. Estávamos todos no mesmo barco, por assim dizer, todos remando na direção do mesmo objetivo: queríamos chegar à verdade sobre o funcionamento da natureza, ou, pelo menos, o mais perto da verdade que nossas mentes pudessem nos levar. Em resumo, éramos todos nerds.

Pensar como um nerd é uma jornada permanente, e, aqui, convido você a me acompanhar nela. De verdade, acredito que é o melhor uso de nossos anos neste planeta. Essa jornada nos mantém constantemente abertos a novas ideias. Os acontecimentos diários — amarrar os sapatos, estacionar o carro, observar uma nevasca — tornam-se experiências reveladoras. Quando os resultados não são os esperados, nós nos esforçamos para descobrir o motivo e encontrar uma abordagem melhor. Essa maneira de analisar o mundo logo se torna algo quase instintivo. Você irá se admirar de que tantas pessoas ao seu redor não ajam assim. E eu lhe direi: se elas agirem desse modo, poderemos mudar o mundo mais rapidamente. Meu irmão lembra-se dos momentos em que, quando criança, eu colocava minha mão para fora da janela do carro em movimento em uma rodovia. Eu tinha visto os *slats* de metal curvado, ou *flaps* de bordo de ataque, saírem da parte frontal das asas dos aviões que pousavam no Aeroporto Nacional de Washington (atualmente, Aeroporto Nacional Ronald Reagan). Eu tentava moldar a mão e mover os dedos, de modo que a mão se tornasse uma asa e o polegar ou o indicador se tornasse um *slat* de bordo de ataque. Bem, seria possível eu conseguir força de sustentação; minha mão poderia ficar pressionada para cima como uma asa (ainda pode). Porém, meus dedos são redondos; não são firmemente curvados nem finos como um *slat* ou *flap*. Um dedo não funciona como um suposto dispositivo "*high-lift*". Não obstante, ainda tenho o costume de baixar a janela do carro e testar minha mão em voo. Mais tarde, o fato de saber como as asas geram força de sustentação se mostrou muito útil para mim, quando trabalhei como engenheiro na Boeing; mas mesmo se tivesse seguido uma carreira totalmente diferente, esse tipo de *insight* ainda teria permeado minha vida de mil outras maneiras.

Estou sempre investigando a natureza, e aqueles que passam o tempo comigo se acostumaram com isso. Vivo procurando detalhes que podem me levar a algum lugar útil, quer eu esteja traçando o futuro da exploração espacial em meu trabalho diário na Sociedade Planetária, quer manipulando um novo coletor solar em minha casa. Ao longo deste livro, vou me oferecer como um estudo de caso, compartilhando alguns dos meus momentos de nerd mais memoráveis, para que você possa amplificar suas próprias tendências nerds e começar a mudar o mundo. Descobri que não há nada mais excitante do que o φ da física, porque ele é a coisa mais poderosa que os seres humanos descobriram. Eu traço meu caminho rumo à verdade e à felicidade adotando um ponto de vista em que posso ver o quadro geral. Procuro captar todos os detalhes — todos de uma vez — e, depois, examiná-los para encontrar os padrões significativos, como parte de um esforço para tornar o mundo um lugar um pouco melhor. Mas sou apenas um. Com você, e milhões de outros como você, poderemos pôr em prática nossas melhores ideias. Poderemos solucionar os nossos problemas mais urgentes e levar uma vida melhor. Junte-se a mim e prepare-se para ficar surpreso com o quanto existe ao alcance de seu poder.

CAPÍTULO 2

O escoteiro salva-vidas

Meu pai, nos seus tempos de garoto, foi um escoteiro fora de série. Ele percorria mais de 30 quilômetros por dia, andando com passos lentos e regulares e escolhendo os caminhos ideais. Acendia uma fogueira na chuva e, em seguida, preparava nela o jantar. Há algumas fotos de meu pai adolescente, usando um elegante uniforme de escoteiro, cheio de orgulho. Ele transmitiu um senso de perícia para meu irmão e para mim. Nós adotamos o jeito de escoteiro de fazer as coisas ao ar livre como forma de aprender sobre a natureza e desenvolver a autoconfiança no sol, na chuva e na neve. Se você conseguir lidar com ambientes externos adversos, conseguirá lidar com a adversidade em vários outros aspectos da vida. Havia um método experimental implícito em tudo isso, mas tenho certeza de que Ned Nye não teria expressado isso com essas palavras. Se algo der errado enquanto você estiver na mata, concentre-se um pouco e descubra o que fazer. Se um tipo de solução não funcionar, tente outro.

O treinamento de um escoteiro é um pequeno e belo exemplo de como é (e tem sido) importante o entendimento prático da ciência e da engenharia para nosso sucesso como espécie. Por exemplo, eis uma lição relevante que aprendi a respeito de se manter aquecido: se, em uma noite chuvosa, você sentir frio e tremores, precisará de um entendimento básico de como uma fogueira funciona e fazer uma. O truque é rachar lenha com um machado e cortar tiras do interior da madeira com uma faca; dessa forma, a fogueira será acesa com combustível seco. Em um acampamento, numa tarde úmida, se você tiver algum tempo livre, desbaste uma **das extremidades** das tiras, mas sem remover as lascas. Essas tiras deverão **ter um** diâmetro semelhante ao de um pincel marcador. Então, mantenha-as armazenadas para uso à noite. As tiras desbastadas queimam com muita facilidade e inflamam as lascas, que você poderá utilizar para acender pedaços **maiores de lenha**.

Esses são tipos de *insights* que nossos ancestrais humanos começaram a ter talvez um milhão de anos atrás, provavelmente na região que é agora a África Oriental. Sem dúvida, eles passaram por muitas tentativas e erros, ainda que sem os canivetes descolados dos escoteiros, e continuaram transmitindo o que aprenderam para a geração seguinte; primeiro, por demonstração e, muito tempo depois, mediante instruções por escrito. Continuaram avançando para novos territórios, migrando da África para a Europa, o Oriente Médio e a Ásia. À medida que avançavam, surgiam novas ameaças e novas experiências sobre como sobreviver da melhor maneira no novo ambiente. Nossos ancestrais tiveram de encarar predadores desconhecidos, descobrir que animais eram mais fáceis de capturar e que plantas eram boas para comer, e desenvolver vestuário e abrigo apropriado para o ambiente. Também tiveram de aprender a trabalhar de maneira cooperativa. Seu conhecimento sempre crescente foi o que lhes permitiu continuar... Bem, alguns deles, pelo menos.

Com 11 anos, eu ingressei no movimento escoteiro. Não muito depois, estava ajudando Robbie, um garoto mais velho, a fazer uma fogueira na chuva. Nós nos revezávamos cortando tiras de uma tora e atiçando o fogo. Não estou dizendo que nos entusiasmamos além da conta; tudo o que lhe digo é que se consegue um fogo realmente bom quando se tem motivação: ninguém gosta de sentir calafrios em um entardecer úmido. Lembro-me dos comentários do chefe de nosso grupo: "Uau, é uma beleza de fogo!" (Ele quis dizer: "Ei, garotos, é um fogo imenso! Bem maior do que precisamos".) Estávamos numa boa. Uma vez que o fogo pegou, o vapor dos galhos e das toras maiores tornou-se um lembrete de como se pode sentir frio quando as roupas estão molhadas em um acampamento na mata. Você já sentiu esse tipo de frio, seguido pelo alívio que chega quando o calor o alcança? É uma específica experiência científica prática que a gente nunca esquece.

Em 1907, o escotismo começou na Inglaterra, criado por Robert Baden-Powell. Ele era um comandante militar, que, segundo dizem, teve sua inspiração enquanto travava batalhas coloniais na África. Baden-Powell percebeu que muitos de seus soldados estavam morrendo na selva não pelas ações do inimigo — eles simplesmente vinham sendo derrotados por conta própria. E isso estava acontecendo em uma região relativamente quente, onde os alimentos brotavam nas árvores. Em resposta, Baden-Powell escreveu um livro para seus soldados, um guia dos conceitos básicos para a exploração e sobrevivência na selva. Posteriormente, ele modificou esse guia e o reeditou como *Escotismo para rapazes*. Foram vendidos 150 milhões de exemplares e, de acordo com o jornal *Guardian*, esse é o quarto livro mais popular do século XX.

Ter o conhecimento e as habilidades para sobreviver na selva é bastante empoderador. *Survivor*, um reality show de tevê, possui versões em dezenas de países, e conseguiu elevados índices de audiência nos Estados Unidos por mais de 15 anos, com inúmeras adaptações e outros programas, todos baseados vagamente na ideia de que você pode sobreviver na natureza selvagem se souber o que está fazendo. Como escoteiro, eu abracei plenamente o conceito. Você consegue. Siga o lema: "Esteja preparado."

O treinamento do escoteiro se situa no extremo prático da mentalidade do nerd. É comum as pessoas terem dúvidas a respeito da aplicabilidade de ideias da matemática e da ciência. Muitos pais ouviram os lamentos dos filhos do tipo "Quando na vida vou precisar usar o teorema de Pitágoras?". Bem, quando éramos escoteiros aprendendo sobre a física da combustão da madeira ou do climatizador evaporativo em tecido úmido, sabíamos exatamente por que esses detalhes nerds eram importantes. Em geral, não nos dávamos conta de estar aprendendo ciência. Simplesmente entendíamos que aquelas eram as regras do mundo, e coisas grandiosas seriam possíveis se aprendêssemos a dominá-las. Em poucas palavras, é onde toda a aventura começa.

Antes mesmo do que consigo lembrar, minha mãe insistiu para que eu e meus irmãos aprendêssemos a nadar. Como criança sofrendo por causa dos verões absurdamente quentes de Washington (isso foi antes que nossa casa tivesse ar-condicionado), eu jamais perdia a chance de mergulhar em uma piscina de água fria. Assim, tornei-me um nadador natural, completamente seguro de mim mesmo na água. Talvez não conseguisse fazer minha mão voar colocando-a para fora da janela do carro, mas, com certeza, era capaz de usar meus braços para propelir meu corpo através da água. Eu conseguia me movimentar flutuando. Sentia como se estivesse voando ali, e, em certo sentido científico, estava. Não havia preocupação de me meter em apuros ou me afogar, pois eu estava em meu habitat.

Bem antes de completar 10 anos de idade, eu costumava passar os verões em Lake Waullenpaupak, na Pensilvânia. Ganhei tanta confiança que não ligava se o lago era profundo demais para eu poder ver o fundo. Mergulhava até ali sem máscara e nadava na límpida água verde-escura, chegando perto o suficiente do leito para ver as rochas e os peixes. Quanto mais fundo eu mergulhava, mais fria a água ficava. Em retrospecto, percebo que essas aventuras aquáticas iam intensificando o impulso científico em meu cérebro. Os peixes não me davam a mínima; eles tinham lugares para ir e parceiros para procurar. Eu achava estar observando a natureza quase como se outros seres humanos não existissem. Também experimentava os efeitos da flutuabilidade e da resistência.

No ensino médio, prestei o exame para salva-vidas, passei e obtive meu certificado. É um curso em que você aprende teoricamente a resgatar uma vítima de afogamento. No entanto, salvar um colega de classe que está fingindo um afogamento exige outra forma de concentração, mais intensa. Você nada até a suposta vítima e mergulha na frente dela. Do ponto de vista da vítima, você desaparece. Submerso, prendendo a respiração, você gira o colega de classe pelos joelhos, de modo que as costas dele fiquem voltadas para a beira da piscina ou para a margem. Em seguida, você enlaça o peito dele com o braço e nada de lado até a margem de concreto, ou até a areia. Não era apenas teórico. Nós exercitávamos isso repetidas vezes. Admito que exigia muito esforço salvar uma determinada colega de classe que por acaso ficava incrível de biquíni, mas eu conseguia.

Em seguida, tornei-me um escoteiro salva-vidas e passei a colocar meu conhecimento em prática. Tornar-se um escoteiro salva-vidas é muito parecido com obter o certificado de salva-vidas, mas os escoteiros também devem aprender a remar, porque muitos acampamentos possuem áreas de natação em lagos. Naquela época, o procedimento de salvamento como escoteiro era um pouco diferente daquele que aprendi no ensino médio. O salva-vidas devia mergulhar completamente sob a vítima de afogamento — ao que tudo indica, aquele era o estilo de um escoteiro — e chegar até o afogado virado para o lago ou para o lado mais afastado do cais. Após pegar o rapaz (não havia mulheres em um acampamento de escoteiros), o salva-vidas girava 180 graus e nadava de volta em direção à margem.

A ideia era simular uma situação do mundo real. E compreender que a técnica não era suficiente. Era preciso entender a natureza humana e saber o que fazer quando as reações instintivas do afogado se mostravam contraproducentes, até perigosas, para o salva-vidas. Em ambos os casos, salva-vidas com certificado do ensino médio ou escoteiro salva-vidas, o desafio principal do exame final era que a vítima devia entrar em pânico, mas não ser dominada pelo pânico, nem ficar violenta. Todos ansiávamos desempenhar o papel de vítima. Era uma chance de ficar se debatendo. Legalmente, até era possível ter a chance de atingir o rosto de um conhecido ou rival com um golpe de braço bem aplicado. O exame final se tornou um tipo de oportunidade um tanto inofensiva em uma piscina de uso misto de uma escola do ensino médio, e um assunto mais violento em uma área de natação muito maior utilizada só por escoteiros do sexo masculino.

Por longa tradição, os escoteiros buscando o distintivo de escoteiro salva-vidas tinham de "salvar" os orientadores do acampamento, que eram alguns anos mais velhos, maiores, mais fortes e mais rudes do que nós. Era assustador. Como eu, o jovem e magricela Bill, resgataria um orientador grande e forte? Eu tinha o treinamento e o conhecimento; os diferenciais eram a coragem e o empenho. Todos nós que procurávamos ser aprovados em nosso exame final de natação nos alinhávamos no cais, e éramos acompanhados pelos orientadores. Nadando, os atores do afogamento se afastavam cerca de 20 metros do cais, e, ao sinal do líder, aqueles jovens musculosos fingiam que eram dominados pelo pânico, debatendo-se na água. Como você pode imaginar, eles se divertiam muito se tornando tão encantadores quanto um touro furioso, e tão propensos a brigar quanto uma bigorna engordurada. Provavelmente por causa de minhas tendências precoces (isto é, o gosto por gracejos insolentes), fui designado para "resgatar" o orientador que todos chamavam de Big John. Eu tinha 15 anos; ele, 19, era 35 centímetros mais alto e 20 quilos mais pesado. Big John estava determinado a não deixar que eu passasse meu braço em torno de seu corpo e o levasse para o cais. Da mesma forma, eu estava decidido a mostrar que meu treinamento e conhecimento poderiam superar o desejo dele de bagunçar o coreto.

Repetidas vezes ouvi dizer que, se a vítima de afogamento estivesse ficando frenética, o salva-vidas simplesmente deveria se adaptar à situação. Assim que o salva-vidas tivesse a vítima na mão ou no braço, deveria deixá-la se debater. Se ela mergulhasse a cabeça na água, não deveria ser impedida. Recebíamos a garantia de que a vítima se debateria de novo para tirar o rosto da água, e, enquanto ela estivesse tomando fôlego, o salva-vidas teria tempo para fazer o mesmo. Em seguida, ele poderia recomeçar sua jornada rumo à margem. Por mais razoável que isso possa parecer, Big John era uma máquina que se debatia sem controle algum. Enlacei o braço em torno do peito dele e comecei a nadar em direção à margem, usando a mão livre como se fosse um remo, e batendo os pés ao máximo, usando a técnica da "pernada de tesoura invertida". Essa é uma posição não natural, e exige prática, mesmo quando não se tem um Big John se opondo em cada etapa do caminho.

Também diziam que, se sua vítima era muito agitada, muito violenta ou, como nesse caso, muito agressiva, você teria de segurá-la com as duas mãos, por cima e por baixo. Big John foi capaz de se desvencilhar todas as vezes que tentei segurá-lo com apenas uma das mãos. Assim, após algumas tentativas fracassadas com esse método, tentei segurá-lo usando os dois braços em torno de seu corpo. Isso significava que a única propulsão que eu tinha era por meio de minha pernada de tesoura invertida. Levou muito tempo para arrastar o descontrolado John até o cais dessa forma, mas eu consegui. Para minha grande surpresa, naquela manhã, fui o único que trouxe sua vítima para o cais.

De jeito nenhum atribuo meu sucesso a alguma capacidade atlética superior. Naquele dia, muitos garotos maiores lidaram com orientadores muito menos motivados. Acho, isso sim, que o que me ajudou foi minha abordagem em relação ao problema. Os instrutores dos escoteiros nos explicaram o que fazer em cada situação. Eu tinha um minucioso livro de regras em que me basear: nade sob a vítima e emerja além dela; nade em semicírculo; inverta a pernada. Se a vítima estiver agindo de modo frenético, você tem de segurá-la com ambas as mãos. Eu me encontrava na realidade interna da simulação de salvamento; não estava considerando os motivos de meu orientador para tornar a tarefa tão difícil, mas aceitei os termos da situação e só me concentrei em encontrar a solução. Eu simplesmente tinha de cumprir uma missão. E foi o que fiz.

Tenho certeza de que os outros garotos só não levaram suas vítimas para o cais por saber que não tinham de fazer isso. Todos ali sabiam nadar. Todos ali tinham passado algum tempo na água aprendendo a técnica da pernada de tesoura invertida. Todos eram teoricamente fortes o suficiente para fazer a coisa certa e levar um garoto ou adulto até a margem em uma situação séria, real. Depois que cada escoteiro mostrou suas habilidades na água, mesmo sem ter levado sua "vítima" para a margem, ouviu-se do orientador: "Tudo bem, ótimo, você foi aprovado. Vamos voltar para o cais". No entanto, eu era movido por um objetivo maior. Queria fazer aquilo em favor do *realmente* real. Queria submeter a teoria a um teste duro. Submeti, e descobri que funcionava. Bem, funcionou para mim. Os outros garotos ficaram todos parados no cais, com as mãos na cintura, indiferentes. Grosso modo, a atitude deles em relação a mim foi: "E aí, acabou? Nós fomos aprovados sem toda essa agitação aquática".

Nos anos seguintes, pensei frequentemente a respeito daquela manhã. Eu pegava tudo que sabia e, em um acesso de ambição nerd, tentava fazer algo um pouco mais ambicioso do que pensava ser possível. De vez em quando, todos temos essa sensação. Acontece quando você aprende a andar de bicicleta, ou domina um movimento de ginástica, ou executa uma obra musical perfeitamente pela primeira vez. Também é a sensação de um cientista realizando experiência após experiência até que os dados começam a ficar claros e emerge um conhecimento mais profundo. Você pode se surpreender, dei-me conta, se concentrar-se, seguir o procedimento e permanecer fiel a ele, permanecer fiel a ele, permanecer fiel a ele.

Naquele momento, eu não estava urdindo nenhuma dessas noções pretensiosas. Tudo o que sabia era que tinha estudado todas as regras de salvamento de vida e salvamento de afogamento. E raios me partam se não fosse perceber o verdadeiro significado delas, com Big John ou sem Big John. Minha motivação e minha crença foram o que me convenceu de que essa missão, ainda que parecesse quase impossível, poderia ser realizada se eu confiasse em mim mesmo.

Era o que creio que chamamos de "lição de vida".

CAPÍTULO 3

Eu contra a pedra

Nada aguça mais o apreço pela ciência e engenharia do que uma situação de vida ou morte estimulante, interessante. Mas calma, estou me adiantando. Deixe-me retroceder e levá-lo a uma viagem de retorno à minha infância na década de 1960.

Como você já deve ter notado, eu adoro estar na água. Também amo passar o tempo *sobre* a água, navegando com minha própria força. Esse segundo amor remonta à idade de 11 anos, quando, junto com alguns outros escoteiros novatos, embarquei em uma canoa pela primeira vez.

"Uncle Bob" Hansen, chefe do nosso grupo de escoteiros, era corretor da bolsa de valores, fazendeiro e consumado entusiasta da vida ao ar livre. Ele tinha um amigo íntimo chamado John Berry, canoísta excelente, que construía seus próprios barcos de fibra de vidro em casa. Se você ouvisse a conversa de "Uncle Bob", acharia que seu amigo realmente inventou a canoa com convés. Uma canoa com convés parece um caiaque, mas possui diferenças sutis. A canoa possui mais quilha, o casco é mais arredondado do que o do caiaque, e a proa e a popa se curvam para o céu um pouco mais do que o casco do caiaque. Se a natação me ensinou respeito pela física da água, meu encontro com a canoa me fez reconhecer que a ciência sozinha não é suficiente. Quando você está em uma parte perigosa de um rio, a engenharia também é muito importante.

Tanto o caiaque como a canoa possuem uma longa história de engenharia por trás de si. São produtos de culturas diferentes, elaborando soluções distintas em continentes diferentes. Os caiaques foram inventados pelos povos inuíte, iúpique e aleúte da América do Norte. As primeiras canoas conhecidas foram construídas no norte da Europa, mas o mesmo desenho básico apareceu (aparentemente, de modo independente) na Austrália e nas Américas. As semelhanças não são coincidência. Por toda parte, as pessoas estavam tentando solucionar os problemas mútuos de conseguir alimentos navegando através da água. À primeira vista, uma canoa se assemelha a um caiaque, e vice-versa. Porém, ao inspecioná-los por mais alguns momentos, você verá que os povos ribeirinhos e os que pescam no gelo fazem escolhas distintas para otimizar o desempenho de seus diversos barcos. Para transportar cargas como peles de animais ou sacas de arroz, uma canoa com o fundo mais chato possui mais espaço e é mais estável. Para caçar e capturar peixes, um caiaque é mais manobrável, sobretudo em torno de pequenas massas de gelo flutuante.

Cada tipo de barco requer seu próprio remo e sua própria técnica. Um usuário de caiaque empunha um remo longo com duas pás, uma em cada extremidade. Por tradição, e por milênios de tentativa e erro, um canoísta utiliza um remo mais curto com uma única pá. Em um caiaque, você se senta. As pernas reagem e apoiam a força de cada remada, mas o fato de ficar sentado restringe quanta perna você consegue colocar em cada puxada dos braços. Em uma canoa, aprendi rapidamente que você tem de se ajoelhar, e não se sentar, e que é melhor continuar remando, ou o rio fará tudo o que quiser com você. Os quadris e as coxas podem propiciar mais força para conduzir e governar o barco, tanto que fica mais difícil reunir força suficiente com os braços para compensar tudo isso, a menos que você coloque as duas mãos a serviço de um remo de uma única pá.

Em 1967, naquele verão, as cerca de dez canoas liberadas para nós, escoteiros, eram embarcações abertas, robustas, testadas ao longo do tempo e feitas de alumínio difícil de danificar. Meus colegas escoteiros e eu descobrimos que podíamos usá-las no rio de pedras de forma bastante imprudente. Na sequência, os barcos apresentavam cicatrizes, mas continuavam bastante dignos do rio. Nossos professores nos ensinaram a angular a quilha e usar a correnteza para manobrar à esquerda ou à direita, a descobrir que pedras eram fundas o suficiente para deslizarmos o barco por cima e quais deteriam uma extremidade do barco, fazendo-o girar. Na teoria, eles nos mostraram como vencer as turbulências das corredeiras. No entanto, frequentemente ficávamos apavorados. Ainda não tínhamos controle pleno de nossos poderes de nerd, e sabíamos disso.

Com um remo de uma única pá, há alguns truques que permitem que se empurre um monte de água com rapidez. Provavelmente, você está familiarizado com a terceira lei de Newton, quer a chame pelo seu nome, quer não: para toda ação há uma reação igual e oposta. Esse é o princípio científico que envia foguetes para o espaço, com o escapamento jogando a massa do combustível para baixo, enquanto a massa do foguete levanta voo. Da mesma forma, quando você empurra a água, ela movimenta o barco na outra direção. Quando você puxa a água, você rema o barco na direção de seu remo. Quando você realmente fica bom nisso, mover o barco parece mágica. Porém, como gosto tanto de frisar, não é mágica: é ciência. É previsível de maneira perfeita e bela, se você souber o que está fazendo.

Em uma canoa, não é preciso ter estudado física para entender ação e reação, arrasto viscoso, resistência aerodinâmica, fluxo turbulento, força igual a massa vezes aceleração... Não é preciso saber a teoria por trás de nada disso para controlar um caiaque, mas, sem dúvida, é necessário saber como essas coisas funcionam, cada uma delas. Nós aprendemos de forma somática — em quase toda fibra do corpo — quando pomos o remo na água. Foi o que os primeiros inuítes, os aborígenes australianos e outras culturas que se movimentavam pela água fizeram, e isso era o que eu fazia de novo percorrendo o rio Youghiogheny, na Pensilvânia, no verão de 1967. Eu estava controlando um item fundamental de tecnologia e aprendendo o funcionamento da natureza, da mesma forma que outras crianças interessadas fizeram milhares de anos antes de mim. Se você já remou, sabe exatamente o que quero dizer. Caso contrário, recomendo muito.

Muito disso é intuitivo, mas algumas ideias importantes não são.

Para os praticantes de esportes radicais com caiaque e canoa, um rito de passagem importante é a manobra conhecida como rolamento esquimó. Nesse caso, a física é previsível se você sabe o que está fazendo. Caso contrário, é absolutamente implacável. O usuário de caiaque de qualquer cultura pode emborcar completamente seu barco e desvirá-lo em um único movimento fluido. A cabeça e o tronco ficam totalmente submersos, mas só por alguns instantes. É onde mais engenharia entra em jogo. Se você estiver emborcando por diversão ou tentando de maneira desesperada se recuperar da emborcação, quando tentar um rolamento esquimó haverá a grande possibilidade de também ficar preso de cabeça para baixo sem fonte de ar. Isso é ruim. Então, você tem ou de abandonar o barco, esforçando-se para se livrar e sair nadando — o que não é uma tarefa fácil em um caiaque apertado ou em uma canoa com convés — ou dar um golpe com o movimento correto, com o remo puxado com força de trás da cabeça na direção do fêmur, para se desvirar. Em outras palavras, é muito fácil afogar-se debaixo de seu barco teoricamente muito manobrável.

Esse amigo do chefe do meu grupo de escoteiros, o corpulento senhor Berry, era muito hábil na água, quase de maneira ridícula. Ele fumava um cachimbo ao mesmo tempo que enfrentava uma corredeira, exibindo toda sua serenidade e destreza. Certa manhã fria, em uma parte tranquila do rio, enquanto demonstrava suas técnicas de remo, o senhor Berry executou um rolamento esquimó, emborcando e desvirando tão rápido que seu cachimbo não apagou. Ele o tragou, trazendo de volta sua incandescência cor de laranja.

Hoje, percebo que isso pode ter sido uma ilusão. Talvez o fogo minúsculo em seu cachimbo tenha se apagado, e o que recordo testemunhar foi apenas o vapor se elevando das folhas quentes do tabaco. No entanto, independentemente do que tenha acontecido de verdade, nunca esqueci a sensação que a visão inspirou em meu jovem cérebro. O senhor Berry tinha muito domínio de seu barco e de sua posição no rio. Ele não se preocupava nem um pouco com corredeiras ou pedras, e muito menos em ficar de cabeça para baixo em um redemoinho. O senhor Berry entendia os recursos de engenharia exatos de sua canoa, e memorizara seu conhecimento somático da física. Algum dia, eu esperava ser tão bom assim: não me preocupar com o que podia dar errado, e estar pronto para me recuperar, caso acontecesse alguma coisa. É uma confiança que só se justifica após você provar para si mesmo que pode remar e emborcar no rio, não importando o desafio que possa surgir.

Governar uma canoa é uma questão de combinar movimentos rápidos e oportunos do canoeiro na popa com algumas remadas firmes do canoeiro da proa. A rapidez é fundamental. Com a ocasional oportunidade perdida de puxar a proa e empurrar a popa, de vez em quando um dos barcos emborcava. É um pouco como levar seu carro de encontro a uma árvore. Não recomendo. Embora as consequências da emborcação de uma canoa não sejam em geral tão sérias quanto um acidente de carro, aquele que emborcava ficava com frio e constrangido. Mais de uma vez, vi meus colegas escoteiros tendo de nadar até a margem ou uma grande pedra alta e seca, desemborcar a canoa para tirar a água, e, depois, recuperar seus equipamentos do acampamento, todos molhados.

Além de prover a maior parte da força, o remador de proa também é o primeiro na cena de uma colisão, se você entende o meu ponto de vista.

Como jovem escoteiro, eu era posto na proa e frequentemente remava usando todas as minhas forças, sentindo-me esgotado no fim do dia. Por mais que me divertisse, eu também tinha consciência das consequências de qualquer pequeno erro de julgamento. Sabia o que era virar, emborcar, ver o colega ter tudo o que ele levara para o fim de semana ficar molhado num piscar de olhos.

Então, certa vez aconteceu comigo: batemos em uma pedra. Éramos dois na canoa. O padrão. Até hoje sustento que não foi minha culpa. Eu estava na proa, remando. Na popa, o canoeiro devia estar governando o barco (certo?). De qualquer forma, quando as coisas dão errado em uma corredeira, dão errado muito rápido. Isso é verdade em relação a qualquer atividade em alta velocidade, que depende crucialmente do tempo de reação humano, incluindo esquiar e, com mais frequência, dirigir em autoestrada. Ao bater na pedra, a proa encalhou de repente, enquanto a popa foi apanhada pela correnteza, e todo o barco girou. A água invadiu a canoa pelas laterais, e todo o nosso equipamento saiu voando. Meus joelhos, minhas canelas e meus pés ficaram ensopados. Estávamos em uma parte do rio em que não havia saída fácil, mas conseguimos levar o barco para perto de uma grande pedra e nadamos até ela.

Àquela altura, nossa canoa tinha tanta água a bordo que se comportava mais como um balde cheio do que como um barco. Depois que nos sentimos seguros sobre a pedra, puxamos a canoa para cima e a inclinamos sobre o lado para drená-la. Não foi o tipo de situação de vida ou morte a que me referi no início do capítulo, mas foi humilhante. Enfim, quando voltamos ao acampamento, tive a impressão de que a maior parte do grupo de escoteiros esperava por mim. Além do meu constrangimento, eu tinha um desejo. Com o tempo, queria me sair melhor. Naquele momento, senti-me tão frustrado que não queria mais fazer algo como aquilo de jeito nenhum. Então, após algumas horas e dias de reflexão, eu realmente quis fazer aquilo, fazer bem aquilo, ganhar confiança. É um processo comum. Faz parte de ser um nerd. Combina com o antigo ditado: "Ninguém liga para você quando está por baixo. Só se lembrarão de você quando der a volta por cima". Eu queria dar a volta por cima em relação àquele naufrágio e me tornar um grande remador, ou pelo menos um bom remador.

Os anos se passaram, assim como as temporadas de canoagem. Quatro anos, para ser preciso. Embora Uncle Bob e os demais adultos levassem nosso grupo de escoteiros a alguns outros rios, naquele dia estávamos de volta ao rio Youghiogheny, nos montes Allegheny, na Pensilvânia. Naquele momento, eu estava com 15 anos, me graduara em popa de canoas e tinha um garoto chamado Ken na posição de remador de proa. As coisas caminhavam bem. A água estava revolta, mas não muito, o céu não apresentava nuvens, e praticamente não havia vento. Naquela manhã, alguns minutos antes, Ken e eu tínhamos visto um outro barco encalhar, virar de lado e emborcar. Ken se assustou com aquilo. Eu conhecia aquela sensação e a compartilhei naquele dia, embora por motivos distintos: Ken ainda não havia sentido intuitivamente a ciência e a engenharia da canoa, e esse tipo de incerteza alimenta o temor. Ele não tivera a chance de estar confiante.

De início, estava tudo tranquilo, e então, com incrível rapidez, deixou de estar, na maneira repentina como pode acontecer em um rio. A correnteza cresceu, e eu percebi, um instante depois do que deveria, que nos encaminhávamos para uma pedra de tamanho médio. Não era uma daquelas rochas de aparência mortal que existem por ali. Embora fosse grande, a pedra era menor que nossa canoa. No entanto, tínhamos ganhado velocidade, e eu sabia que se a atingíssemos ficaríamos no meio da correnteza fria e ligeira, sem meios fáceis de recuperação. Naquele momento, vi Ken paralisar. Do ponto de vista dele, a pedra iria nos matar. Quatro anos antes, talvez eu também tivesse ficado paralisado. Mesmo naquele momento, porém, lembro-me bem do meu pensamento no instante em que percebi o pânico tomando conta de Ken e pude visualizar nossa ruína iminente: "Espere, eu sou o cara experiente aqui. Consigo lidar com isso." Todo aquele conhecimento nerd em minha cabeça se converteu de informação em ação. Minha reação foi intuitiva, automática.

Sem pensar — absolutamente sem pensar naquilo —, gritei: "Preparar-se!" Ken conhecia o comando e firmou automaticamente seu remo através das laterais do barco. Assim, o remo não estava mais controlando a nossa direção. Enquanto isso, vigorosamente, eu manobrava o barco ao redor da pedra, mal a evitando. Estava em perigo real ali, no rio Youghiogheny, e realmente o evitei. Assumi o controle. Naquele momento, eu tinha quatro anos de experiência em canoagem. De imediato, avaliei o problema da pedra se aproximando, o *design* da canoa, a habilidade limitada de meu companheiro na proa, a dinâmica da água e a terceira lei de Newton. Meu remador de proa era um cara exatamente como eu, apenas alguns anos mais novo. Decerto também tinha toda a física de que precisava, mas o que importava era a confiança alimentada pela repetição. Ken não sabia como pôr em prática seu conhecimento.

Existiriam incógnitas, mas eu sabia como jogar com elas, ou proceder em relação a elas. Não era apenas uma maneira de pensar a respeito do remar, era também uma maneira de pensar a respeito do mundo. Era um estilo de vida. Sempre existirão incógnitas, sempre haverá momentos em que eu (ou você) examinarei uma crise, e então... Ou entro em pânico e fico paralisado ou percebo: "Eu sei como lidar com isso". Poucos segundos antes de bater contra a pedra, entendi com clareza cristalina o que poderia executar, analisando toda a base de dados de meu cérebro e usando o que conheço. Ao prestar atenção a tudo de uma vez, fui capaz de dar uma resposta ao problema da pedra.

Pode parecer que fiz algo muito importante a partir de uma pequena pedra em um belo rio repleto de rochas, mas foi uma experiência seminal. Eu estava chegando à puberdade e percebendo que podia lidar com situações, algumas perigosas, se prestasse atenção e mantivesse a concentração. Aquele momento me mudou para melhor. Se tivéssemos batido contra aquela pedra, admitirei com prazer, não teríamos morrido e, provavelmente, não nos feriríamos com gravidade. Ficaríamos ensopados e possivelmente encalhados. Os adultos talvez tivessem de lidar com a tarefa lamentável de remar duro contra a corrente para recuperar nosso equipamento. Quem sabe um de nós ou nós dois ficássemos um pouco machucados. Teríamos sentido frio e ficado deprimidos pelo resto do dia. Talvez mais importante, os outros escoteiros teriam nos ridicularizado. Teríamos ficado constrangidos se houvéssemos emborcado, mas esse não foi o caminho trilhado. Em vez disso, nos esquivamos da pedra e seguimos em frente.

De fato, aquele dia com a pedra me fez querer usar o bom discernimento em relação a tudo. Isso é possível? É mesmo desejável? Afinal, pirar de vez em quando talvez não seja tão ruim. No entanto, a preparação para qualquer coisa sempre compensa. O que é maravilhoso acerca do conhecimento nerd é que ele está ali se e quando você precisar. Assim, quando penso a respeito de mudanças que quero ver na sociedade, reflito sobre evitar a pedra no rio, estando preparado e no controle. Pondero acerca do conhecimento filtrado e aplicado da maneira correta. Sinto que a canoa, a pedra, a política energética e a mudança climática estão ligados. Sem brincadeira.

Conheço muita gente que, após ter passado por essa experiência, se esqueceria dela. Outras pessoas seguiriam um caminho distinto e a interpretariam como uma mensagem espiritual. Para mim, foi inesquecível, mas não houve evidência de um poder superior cuidando de mim. O que salvou Ken e a mim foi nada mais nada menos que o treinamento firme dos escoteiros mais velhos e a orientação paciente do senhor Berry e de Uncle Bob, chefe do grupo de escoteiros, junto com seus ajudantes. Eles me ensinaram sobre o rio e sobre o *design* do barco e dos remos. Transmitiram as informações necessárias para mim. Treinaram-me de uma maneira que não resultou apenas em conhecimento teórico, mas também em memória muscular e preparação, que estavam relacionadas completamente com a experiência do mundo real referente a diversos cenários possíveis. Quando me vi frente a frente com uma daquelas situações, "o treinamento entrou em ação", como se costuma dizer.

Há uma arte para se ter uma epifania científica produtiva. A vida nos fornece muitas experiências instrutivas, mas cabe a nós descobrir o que fazer com elas. Minha recomendação é internalizá-las como prática do mundo real, e não apenas como informação em uma página. Nós perdemos as oportunidades com muita frequência. Eu procuro prestar atenção a tudo ao meu redor, mas depois aplico um filtro mental poderoso, de modo a poder enfocar as coisas que realmente importam. Presto atenção especial aos acontecimentos que revelam novos detalhes acerca de como o mundo ao meu redor funciona e de como posso fazê-lo funcionar para nós.

Essa é uma nítida diferença entre os pontos de vista religioso e científico. Se você depende de milagres para fazer coisas importantes acontecerem, exulta quando o controle é tirado de suas mãos. Se você pensa como um nerd, celebra os momentos em que fica mais *no* controle; quando vê a prática teórica se desenrolar de maneira real, em tempo real. Não é que você admite como naturais as maravilhas da vida; é que você trabalha duro para entendê-las, para aprender novas coisas a partir delas, e para adicioná-las ao depósito de informações de seu cérebro. Quanto mais você aprende, mais existem coisas para apreciar a respeito do mundo, e mais você pode fazer para se apoderar disso.

CAPÍTULO 4

Quando a régua de cálculo reinava

Junto com suas diversas outras contribuições notáveis para o mundo da música, Sam Cooke gravou um dos maiores sucessos da década de 1960, a canção *Wonderful World*. É uma comovente canção pop, ajustada para um ritmo de chá-chá-chá, em cerca de cento e trinta batimentos por minuto.

> Don't know much about geography
> Don't know much trigonometry
> Don't know much about algebra
> Don't know what a slide rule is for
> But I do know one and one is two
> And if this one could be with you
> What a wonderful world this would be

> [Não sei muito sobre geografia
> Não sei muito sobre trigonometria
> Não sei muito sobre álgebra
> Não sei para que serve uma régua de cálculo
> Mas sei que um mais um são dois
> E se isso pudesse ser com você
> Que mundo maravilhoso seria]

Pessoas de todas as idades gostam dessa canção, não só pela melodia inesquecível, mas também pela letra bastante empática. Eu a adoro desde criança. Como Sam, muitas vezes sinto que não sei muito de geografia. (Tenho certeza de que não consigo localizar Alexandria, Massília, Siracusa, Antioquia, Gades, Argos e Cartago nas costas do Mar Mediterrâneo, como foi requerido no exame de admissão da Universidade Cornell em 1891. Se bem que, pensando bem, eu consigo encontrar Alexandria.) No entanto, sem dúvida, sei para que serve uma régua de cálculo. Praticamente cresci com uma delas pendurada no cinto. Se você quiser entender de onde vem a moderna cultura nerd — como aprendemos a ver números e informações em todos os lugares para os quais olhamos —, então pense na possibilidade de aprender a respeito da régua de cálculo. A natação e o remo me deram uma ideia de como a ciência funciona, mas a régua de cálculo me apresentou diversas sutilezas de como usar o método da ciência de verdade. Quando se é capaz de decodificar as leis da natureza através dos números... Bem, sem querer ofender Sam Cooke, mas isso contribui para um mundo verdadeiramente maravilhoso.

Uma régua de cálculo é uma calculadora não eletrônica. É apenas um conjunto de tiras de madeira, plástico ou metal lindamente usinadas que possuem conjuntos detalhados de marcações de régua e podem deslizar umas sobre as outras. Para entender como você pode multiplicar, dividir e achar quadrados de números, raízes quadradas, cubos, raízes cúbicas e diversas funções trigonométricas úteis num instante usando nada mais do que um par de tiras, comece com isso: você já usou um pedaço de papel ou papelão para descobrir a largura de alguma coisa? Você põe uma marca de lápis no papel para anotar a dimensão e, em seguida, segura o papel encostado em uma régua para ler a largura. Se um único pedaço de papel não é grande o suficiente, você põe um segundo pedaço encostado no primeiro e coloca a marca nesse segundo pedaço, sabendo que adicionará essa dimensão parcial à dimensão total do primeiro pedaço. Bastante simples.

Se você for mais direcionado para números, talvez já tenha medido um comprimento usando duas réguas. Com duas réguas e um pouco de raciocínio, você pode adicionar o comprimento total de uma régua ao comprimento parcial de outra. Por exemplo, um criado-mudo perto de sua cama pode ter 40 centímetros de largura. Coloque uma régua de 30 centímetros sobre o criado-mudo e, em seguida, ponha uma segunda régua perto dela. Leia o número da segunda régua e encontre a marca de 10 centímetros. Adicione 10 a 30 e você obtém 40 (centímetros). Essa abordagem funciona bem para números redondos ou até fracionários, com apenas um pouco de trabalho de conta de cabeça. (De agora em diante, vou usar unidades métricas. Elas são a própria essência do sistema internacional de conversão de dados. Teoricamente, nossas mãos possuem dez dedos. Então, utilizamos dez dígitos, de 0 a 9, pelos quais expressamos qualquer número da natureza.)

Uma régua de cálculo faz a mesma coisa básica, mas adiciona e subtrai por meio de escalas específicas marcadas sobre pedaços de bambu, magnésio metálico, plástico ou até marfim. Em geral, há duas peças principais: a "móvel" e o "corpo". As duas possuem escalas precisamente gravadas ou impressas, mas, em vez de demarcarem comprimentos regulares, essas escalas são marcadas para indicar o logaritmo de um número. Aliás, as réguas de cálculo são equipadas com uma janela móvel de plástico ou vidro com um fio fino embutido, que serve para manter alinhados corretamente os números cruciais sobre a escala móvel e o corpo. Caro leitor, você sabe como se chama essa janela móvel? Cursor! Esse termo foi cunhado séculos antes de os computadores terem cursores. Hoje em dia, pessoas do mundo todo utilizam a palavra sem saber que ela surgiu na história antiga de meus colegas nerds. Essa conexão secreta me enche de orgulho.

Se você não se lembra dos logaritmos, não há nada especialmente complicado ou assustador a respeito deles, que funcionam assim: 100 é 10 elevado ao quadrado, ou 10^2. O logaritmo de 100 é 2. O número 2 é escrito acima e à direita, e é chamado de "expoente", do latim "colocado à frente". O expoente descreve o logaritmo. O número 1.000 é igual a 10^3, e o logaritmo de 10^3 é 3. Se você multiplicar 100 vezes 1.000, obtém 100.000. Desconfio de que você já tenha obtido esse número. O número 100.000 equivale a 10^5, que é outra maneira de dizer que o logaritmo de 100.000 é 5. É fascinante. É 10^2 vezes 10^3, que é igual a 10^5. Você não precisa multiplicar os números. Apenas some os logaritmos (2 + 3 = 5). Os logaritmos tornam a vida mais fácil de um jeito nerd. *Exponencialmente* mais fácil, você pode dizer. E há mais, muito mais: você pode ter logaritmos que estão entre os números redondos. O logaritmo de 10 é 1 (10^1 = 10), e o logaritmo de 100 é 2. Intuitivamente, você pode ver que o logaritmo de 50 vai ter de estar entre 1 e 2. De fato, é quase 1,70. Agora aqui chega outra dose de beleza numérica. O logaritmo de 1 é zero (10^0 = 1). Assim, o logaritmo de 5 é quase 0,70; é simplesmente o logaritmo de 50 menos o logaritmo de 10. Não consegue acreditar que um número elevado à potência zero é igual a 1? É, e vou provar para você em uma única sentença: qualquer coisa multiplicada por 1 é exatamente aquela mesma coisa; assim, qualquer coisa elevada à potência zero tem de ser 1 para fazer a multiplicação funcionar. Som sinistro na caixa.

Os logaritmos são parte essencial da linguagem da ciência, pois propiciam uma maneira conveniente de registrar as quantidades inacreditavelmente grandes e pequenas que você encontra quando se estende além das percepções da escala humana. Quantas estrelas existem no universo observável? Ah, cerca de 10^{23}. Quantos átomos existem na Terra? Cerca de 10^{50}. Os logaritmos também são o que possibilita o uso tão prazeroso da régua de cálculo, depois que você se familiariza com ela. Quando desliza uma escala logarítmica ao longo de outra escala logarítmica e lê o total da soma, você não está mais obtendo o número aritmético ou tipo assim 2 + 2. Agora, você está obtendo os logaritmos adicionados. Em outras palavras, estamos multiplicando por meio de adição. Ao movermos a escala para o outro lado, estamos dividindo números por meio da subtração de logaritmos. Opa! Outro som sinistro na caixa.

Durante meus tempos no ensino médio e na faculdade, costumávamos promover corridas para ver quem conseguia multiplicar, dividir, multiplicar pelo número π (pi), e, em seguida, tirar a raiz quadrada do número resultante mais rápido, ou acontecimentos festivos semelhantes. Era um esporte competitivo padrão entre os nerds. Eu era muito bom nisso. Mas Ken Severin era melhor. Ele tirou um perfeito 800 no SAT nível 2, na época em que era a maior nota alcançável. Severin entrou no Instituto de Tecnologia da Califórnia (Caltech) e se tornou especialista no uso de elétrons para tirar fotos de coisas minúsculas por meio de um instrumento agora padrão denominado microscópio eletrônico de varredura. Posteriormente, como doutor Severin, ingressou na Universidade do Alasca e criou seu laboratório de instrumentação avançada para geologia. Ele era meu melhor amigo da escola de ensino médio. Tivemos aventuras nerds juntos, brincando com resistores, transistores, capacitores e seus semelhantes.

Não se preocupe se detalhes específicos da régua de cálculo ainda parecem um pouco confusos. Aprender a manter na cabeça todos os padrões numéricos exige prática, e esse é o objetivo. Dominar matemática, ciência e qualquer outra habilidade avançada é um trabalho árduo. Portanto, uma régua de cálculo era um distintivo de orgulho intelectual. Não, era mais do que apenas um distintivo. Era um farol gigante de uma pista de aeroporto alertando aos outros que você fazia parte do mundo dos nerds. Nós amávamos isso. Nossas réguas de cálculo eram objetos de devoção. Lubrificávamos a escala móvel com talco. Ajustávamos os parafusos de fixação para fazer a escala móvel se mover com o grau correto de atrito, para maximizar a velocidade e, ao mesmo tempo, minimizar os erros de desalinhamento. E havia um motivo para que as réguas de cálculo fossem tão valiosas, além do simples direito de nos gabar: seu uso imbuía uma noção de tamanho de quase qualquer coisa em relação a qualquer outra coisa. Minha régua de cálculo mudou minha vida. Ao movimentar a escala móvel em relação ao corpo, eu conseguia navegar rapidamente pela escala da física, dos átomos a todo o universo. Tudo estava na ponta dos meus dedos.

Em 1972, na escola do ensino médio, em um dia memorável, um garoto apareceu com uma moderna Hewlett-Packard 35, a primeira calculadora científica de bolso. O número 35 derivava de a calculadora ter 35 teclas. Ela não apenas multiplicava e dividia, mas também podia fornecer senos, cossenos e raízes quadradas. Conseguia encontrar os "logaritmos naturais" elusivos dos números. Uau! Ela foi a precursora de todas as outras calculadoras de bolso que se seguiram. Também foi o início da revolução eletrônica pessoal que, mais à frente, levou aos computadores domésticos, laptops e smartphones.

Agora, nós, os nerds, tínhamos grande orgulho, e ainda temos, de possuir um sentimento pessoal profundo pelos números. Temos a noção de quão grande um número deve ser. Com isso quero dizer que, quando estamos trabalhando com números — mesmo os realmente grandes ou pequenos —, temos uma noção imediata de onde o ponto decimal deve cair. No meu tempo, acreditávamos que era por causa de nosso uso de réguas de cálculo. Em uma régua de cálculo, 1,7 parece exatamente igual a 17, 0,17, 170 ou 1,7 milhão. Assim, nós, "regueiros de cálculo", tínhamos de nos manter de olho nas potências de 10 quando descobríamos quão grande a resposta seria. Possuíamos uma intuição dos números. Com as calculadoras eletrônicas, isso não é preciso. Naquela época, deixar uma caixinha de circuitos integrados fazer o trabalho parecia um pouco desonesto. E veja só isso: se, na HP 35, você multiplicasse 9 vezes 9, obteria 81 (tudo bem), mas se você elevasse 9 ao quadrado, obteria 80,999999. Em algum lugar, havia um erro de arredondamento minúsculo na lógica eletrônica. Aaah, pensei... Vou continuar fiel à minha régua de cálculo.

O resultado é que meus colegas e eu não ficamos particularmente impressionados com as calculadoras modernas, ao menos no início. Achávamos que eram muito caras e, obviamente, cheias de falhas. A HP 35 original custava 395 dólares: cerca de 2.300 dólares atuais. Nossa!

Levei minha confiável régua de cálculo Picket modelo N3-ES da escola do ensino médio para a faculdade. Quando comecei a faculdade de engenharia, todos ainda tinham uma régua de cálculo. A maioria de nós as apreciava muito. Dizia-se que minha Pickett de magnésio metálico tinha o mesmo *design* da régua de cálculo que os astronautas da *Apolo 11* levaram para a Lua, para o caso de virem a ter necessidade de verificar alguns números pelo caminho. Mais tarde, descobri que meu modelo é de fato um pouco mais capaz do que aquele fornecido pela NASA. Tinha algumas escalas a mais do que a régua de cálculo que foi ao espaço e voltou, o que significava que podia desempenhar uma variedade maior de cálculos. Viu?! Eu poderia ter sido um astronauta!

Quando a mudança enfim alcançou o mundo nerd, chegou de modo rápido e definitivo. Em minha lembrança, foi no inverno de 1975. Todos foram para casa passar os feriados de fim de ano e todos voltaram para a escola com uma calculadora eletrônica. Quer fosse Natal, Chanucá ou apenas férias de inverno, todos tinham pais que enxergaram o que estava vindo e decidiram que o presente que dariam era a oportunidade perfeita para não deixar os filhos desatualizados. Minha primeira calculadora foi uma Texas SR-50. E você sabe o que significa "SR"? "Slide rule" [régua de cálculo]. O fabricante estava quase gritando: "Essa coisa é tão boa quanto uma régua de cálculo!".

Caro leitor, se esse é o momento em que você espera que eu fique todo nostálgico dos bons e velhos tempos, estou prestes a decepcioná-lo. Posso admitir isso agora. A SR-50 não era apenas tão boa quanto uma régua de cálculo, era melhor. Ela podia calcular senos e cossenos hiperbólicos, por todos os demônios! E havia outra coisa importante a respeito da calculadora eletrônica: era mais democrática do que a régua de cálculo. Basicamente, tornar mais fácil para as pessoas trabalharem com números e entenderem conceitos científicos foi uma vitória do conhecimento e da informação, que, por sua vez, foi bom para os nerds. Claro que meus amigos e eu nos ressentimos do fato de que isso permitiu que mais pessoas entrassem no clube dos nerds sem terem de aprender as complexidades da régua de cálculo. Mas, no fundo, entendemos que ter mais gente no clube dos nerds era uma coisa boa. Não nos víamos como excêntricos; achávamos que éramos aqueles que tinham a melhor e mais honesta maneira de analisar o mundo (ainda acho isso).

Em pouco tempo, muitos acabaram esquecendo o que era uma régua de cálculo, mesmo entre os nerds. A tecnologia desenvolvida pelo homem fornecera um jeito mais eficiente de calcular os números que definem os resultados do estudo científico que orientam as soluções de engenharia. Aliás, não tenho mais minha Pickett N3-ES, pois ela está na coleção do Instituto Smithsonian. Os arquivistas chegaram e "me coletaram", e agora minha régua de cálculo está preservada para as futuras gerações em algum lugar seguro. É o lugar perfeito para um instrumento que nos ajudou a chegar onde estamos agora, mas não foi um passo final. Evidentemente, a régua de cálculo se junta ao astrolábio, ao sextante e a outros instrumentos que promoveram a causa da ciência até que foram superados por ela.

Hoje em dia, pode ser difícil compreender como os engenheiros faziam seus trabalhos sem computadores e calculadoras eletrônicas. Muitas vezes faço piada das cenas em branco e preto dos primeiros foguetes caindo e explodindo: naquele tempo, isso aconteceu porque as réguas de cálculo eram a única coisa que os cientistas espaciais tinham para trabalhar. Mas a verdade é que eles fizeram seu trabalho. Não apenas os engenheiros da NASA; estou falando de todos da era pré-eletrônica que encontraram maneiras eficazes de ampliar a gama do entendimento humano, manipulando números de uma maneira que o cérebro sozinho não era capaz. Refiro-me aos sumérios, que desenvolveram o ábaco há cerca de 4,5 mil anos. Ou a William Oughtred, o clérigo anglicano e herói *cult* dos nerds, que inventou a primeira régua de cálculo em 1622.

Ao longo da história, os cientistas e os engenheiros (quer eles se chamassem assim, quer não) utilizaram a tecnologia disponível mais nova para quantificar o mundo. Assim, apesar de minha profunda afeição pelos meus antigos instrumentos, sinto-me muito bem acerca da quase extinção da régua de cálculo. Ela desapareceu das salas de aula e dos clubes de matemática não porque a ciência não importa mais para nós, mas porque importa muito. Atualmente, temos meios muito melhores e mais poderosos de manipulação dos números. Seria um pouco estranho se não os usássemos.

Hoje, qualquer um conectado à internet pode conseguir acesso a inúmeros programas de matemática avançada e *softwares* de fácil utilização. Você digita algo como y = ln(78) e, instantaneamente, aparece y = 4,35671 (e muitos dígitos mais, se você quiser). Muitos programas e *softwares* são gratuitos, ou muito mais baratos do que minha antiga régua de cálculo Pickett N3-ES, e podem fazer coisas inacreditáveis. Em algum momento, os cálculos ficaram mais fáceis, e as investigações científicas também. As implicações são tanto práticas quanto cósmicas. Por exemplo, os estudos médicos serão cada vez mais confiáveis porque as estatísticas serão mais abrangentes. No outro extremo, em breve, os astrônomos poderão descobrir a natureza da matéria escura porque terão acesso a zettabytes de dados a respeito dos movimentos das estrelas.

No ensino médio, minha paixão consistiu em agarrar esses tipos de possibilidades. A régua de cálculo foi meramente um meio para alcançar um objetivo: um fim em que um grupo de dez números e algumas dezenas de operações matemáticas podem deixar a mente humana vagar através do espaço e do tempo, para comungar matematicamente com tudo da natureza. Atualmente, essa paixão é mais acessível do que nunca. Os projetos de ciência cidadã permitem que qualquer pessoa participe da pesquisa a respeito do clima, esquadrinhe galáxias distantes, estude os micróbios em suas vísceras ou escute possíveis sinais de civilizações alienígenas. Os cursos *on-line* gratuitos ensinam a teoria dos números avançada. Isso faz parte daquilo a que me refiri antes como a época de acesso sem precedentes à informação.

A régua de cálculo propiciou um vínculo tangível entre mim e meus amigos nerds, e, infelizmente, essa experiência específica se perdeu. Sem dúvida, de vez em quando, fico cheio de nostalgia. Contudo, sinto-me feliz que haja menos barreiras entre nós e uma compreensão profunda do mundo ao nosso redor. Neste momento, o desafio que lanço a você é o de não se fixar na iconografia da régua de cálculo (e todas as outras coisas parecidas que se tornaram geek chique), mas o de olhar para a frente e, como Sam Cooke canta, "saber para que serve uma régua de cálculo". Brinque com os números. Perceba padrões. Aplique o que você sabe sobre o mundo em todos os tipos de lugares. Sinta seu lugar no universo, e sinta o universo que existe dentro de você. Se puder, contribua para o processo científico, ou, simplesmente, leia, escute e tire proveito disso. Se mais pessoas se engajassem na compreensão profunda que provém do pensamento matemático, que mundo maravilhoso seria.

CAPÍTULO 5

O primeiro Dia da Terra e o serviço nacional

E m 22 de abril de 1970, fui de bicicleta até o National Mall, em Washington, para celebrar o primeiro Dia da Terra. Para aqueles com muita saudade da era disco, devo lembrá-los: aqueles não eram realmente os velhos e bons tempos. Sob vários aspectos, Washington era uma cidade dividida, ainda mais do que é hoje. Em 1968, os tumultos na sequência da morte de Martin Luther King Jr. deixaram partes consideráveis do centro da cidade devastadas física e economicamente. Um limite não oficial, mas bastante visível, separava os relativamente ricos, a região branca da cidade, dos relativamente pobres, a região dominada pelas minorias. Os Estados Unidos, em geral, estavam atolados na odiada e cada vez mais mortífera guerra do Vietnã. Jovens como eu viviam com medo de serem convocados para a guerra. No entanto, quando cheguei à celebração do Dia da Terra, senti um auspicioso senso de unidade.

O mundo estava adernando para uma crise, sim, mas eu ia me encontrar com pessoas que estavam prontas para fazer algo a respeito disso. E eu ia ter uma chance de ser parte da solução. Estava tão dentro disso que pendurei nas costas um cartaz de papelão que dizia: "Pedalar Não Polui." A letra "o" em "polui" era a letra grega teta, que tinha virado o símbolo do Dia da Terra, desse jeito: Pedalar Não PΘlui. Ria à vontade; o que aconteceu mudou a história. Em todo o país, 20 milhões de pessoas compareceram para ajudar o moderno movimento ambientalista. Ainda estamos vivendo suas consequências.

Prendi minha bicicleta Schwinn Super Sport em um mastro de bandeira, junto ao Monumento a Washington, exatamente como faria se estivesse passeando em uma cidade pequena. (Se alguém tentasse fazer isso hoje, provavelmente teria sua bicicleta levada para um local remoto, analisada por raios X e destruída. Tal é a mudança.) Em seguida, juntei-me aos milhares de outras pessoas que se dirigiam ao National Mall. No lado do Mall do Capitólio havia um palco imenso; ao longo do dia, ali, uma série de oradores descreveu em detalhes arrepiantes as maneiras pelas quais os seres humanos vinham prejudicando o planeta, e nos exortaram a corrigir nossos hábitos ambientalmente danosos.

Naquele tempo, estávamos todos muito preocupados com a poluição. Exatamente um ano antes, o rio Cuyahoga, em Cleveland, se incendiara quando uma grande mancha de óleo sobre a água, perto da usina siderúrgica Republic Steel, pegou fogo. Em pouco tempo, esse incêndio no rio se tornou um símbolo do descontrole industrial. Naquela mesma época, lembro que eu andava de bicicleta ao lado do rio Potomac e não acreditava que havia pessoas ali a bordo de seus barcos. Para mim, parecia impossível que alguém voluntariamente chegasse perto do Potomac, que dirá navegar nele: "Essa água não é muito poluída para se colocarem barcos valiosos nela? Não pode ser sério. E se o condutor de um barco for atingido na boca por um borrifo de água do rio? Ele morreria em questão de horas ou de minutos?"

Se você acha que os ambientalistas atuais são catastrofistas, devia ter ouvido os oradores do Dia da Terra. As mensagens deles eram: "Os seres humanos são maus", "Não dirija um carro", "Não desperdice água. Use roupas sujas" (como qualquer bom hippie que gosta de abraçar árvores). A lição geral pareceu ser que os seres humanos são maus para os outros seres vivos, e também para si mesmos — nós. Os cientistas começavam a concordar com o escopo de nosso impacto sobre o planeta. A palavra "ecossistema" era relativamente nova, como era o campo de estudo da ecologia. No entanto, não era difícil perceber a tendência geral. Os seres vivos interagem de maneiras previsíveis, e estávamos criando problemas sérios com essas interações. Talvez eu esteja exagerando um pouco o estado de espírito; os juízos de um adolescente podem fazer isso. Contudo, para mim, todas as advertências pareceram lógicas e convincentes. Não podíamos continuar seguindo daquela maneira porque estávamos destruindo o nosso mundo. Essas opiniões foram consideradas desmedidas por muitos, e, em certos círculos, reforçaram a ideia de que o Dia da Terra foi organizado por aquele suposto grupo de hippies sujos.

Naquele dia, obtive uma outra mensagem, e muito mais forte: temos uma responsabilidade coletiva e, junto com isso, o poder da ação coletiva. A maioria dos 20 milhões de pessoas que compareceram eram gente comum, de todas as classes e culturas, que se achavam muito preocupadas com o meio ambiente. Quando toda essa preocupação foi somada, tornou-se extremamente influente. No Congresso americano, alguns membros se aliaram ao presidente Richard Nixon e concordaram em criar a Environmental Protection Agency (EPA — Agência de Proteção Ambiental). Esse é um pedaço da história da causa ambiental muitas vezes negligenciado: a agência governamental com maior responsabilidade em reprimir os poluidores e tornar os Estados Unidos mais verdes nasceu no governo de um presidente republicano conservador. Igualmente impressionante, a legislação de criação da EPA foi promulgada apenas oito meses após o Dia da Terra. As divisões partidárias e o impasse sobre as questões ambientais não são necessariamente um dado básico.

Desde o início, a EPA travou continuamente o bom combate. Sua missão é proteger a saúde humana e o meio ambiente. A agência trava uma batalha contínua pelo bem público, enquanto indústrias e indivíduos procuram externalizar seus custos. "Externalizar" é um termo de economistas que significa "fazer alguém pagar por isso". A externalização dos custos é a consequência do truísmo básico de que você não pode receber algo de graça. Em geral, poluir é mais fácil do que não poluir; caso contrário, as pessoas não estariam fazendo isso. Como consequência, quase sempre haverá alguma despesa envolvida em ser mais limpo e mais benigno. Esses custos viram rapidamente outro truísmo: as pessoas não gostam de pagar por algo se existe uma maneira de repassar a conta para outra pessoa. Hoje, as indústrias e os indivíduos brigam uns contra os outros o tempo todo para externalizar os custos de vida. O problema é que *alguém* deve pagar pelos serviços e pela qualidade do meio ambiente que todos queremos.

No caso do meio ambiente, todos pagamos pelas instalações de tratamento de resíduos, que precisam incluir sistemas que nos livram de todas as coisas sujas que produzimos, desde solventes industriais, entulhos, produtos derivados da preparação de alimentos, subprodutos digestivos até o óleo de motor usado que seu vizinho decidiu despejar no bueiro. Se a empresa de energia junto ao rio Potomac descarregasse um efluente muito quente que matasse os peixes, nós teríamos de lidar com carcaças de peixes em putrefação rio abaixo.

Pensando bem, tivemos que fazer isso. Quando escoteiro, certa vez, no rio Potomac, eu tive de atravessar por uma infinidade de peixes mortos com minha canoa. Foi uma experiência surpreendente e nauseabunda. Naquele momento, os peixes morreram porque a empresa de energia local não era obrigada a resfriar a água da usina elétrica antes que a água superaquecida fosse bombeada de volta para o rio. Finalmente, quando a empresa enfrentou o problema e instalou sistemas de resfriamento, cobrou dos consumidores tarifas maiores para compensar os custos do equipamento de resfriamento e da construção de um edifício adicional. Nesse exemplo, a empresa redirecionou seus custos externalizados para aqueles que pagavam as contas de luz, e não para os peixes e as pessoas que teriam tido de lidar com o descarte das carcaças de peixes em putrefação.

Os economistas chamam situações assim de "tragédia dos comuns"; uma referência aos pastos compartilhados nas Ilhas Britânicas. Algumas pessoas talvez decidam pastorear algumas cabeças de gado a mais do que é permitido no acordo dos bens comuns. Uma pequena fraude não dá a impressão de que vai causar algum dano. Mas se a maioria fizer isso, em pouco tempo os bens comuns não serão capazes de atender os animais de pastoreio de todos. Em outras palavras, os recursos comuns se esvairão, a menos que as pessoas compartilhem a responsabilidade de cuidar para eles. Então, como você assegura que os bens comuns, e qualquer outro recurso compartilhado, não estão sendo explorados por alguém, ou por alguma agência, que coloca suas necessidades à frente do bem comum?

É onde entra o termo "regulamentação", que é injustamente difamado. Como engenheiro, penso em regulamentação como uma complexa fábrica moderna, com soldadores robóticos, correias transportadoras, dispositivos de classificação, e assim por diante. Você pode facilmente se entusiasmar além da conta ao projetar uma fábrica assim, comprando muitas máquinas e dotando a linha de montagem de muitas reviravoltas. Isso desperdiçaria dinheiro e reduziria a eficiência, e talvez criasse problemas sérios no processo produtivo. Por outro lado, há um conjunto mínimo fundamental de componentes necessários para uma fábrica funcionar. Você não pode intervir arbitrariamente e decidir que não gosta da aparência de um robô e, assim, não se preocupar em projetar a parte do processo de soldagem. E uma vez que você calculou um conjunto conveniente de componentes, para manter as coisas se movendo sem percalços, precisa se manter alerta em relação ao mau funcionamento. Você não pode deixar as correias se desgastarem, pois, se não tiverem manutenção, quebrarão e paralisarão toda a fábrica.

O mesmo acontece com as regras ambientais. Queremos todas de que precisamos, mas não em excesso. Com regras demais, começamos a interferir na inovação e no crescimento econômico, propiciando pouco benefício prático. No entanto, poucas proteções legais representam um risco mais grave. Se não prestarmos suficiente atenção a nossas responsabilidades compartilhadas, poderemos provocar danos sérios aos seres humanos e às outras espécies das quais dependemos. A poluição ambiental, sobretudo as emissões de dióxido de carbono, em associação com a mudança climática, é a tragédia dos comuns em escala maior; tão grande quanto possível. Na realidade, a regulamentação é simplesmente um equivalente legal da engenharia inteligente. Ela formaliza nossas ideias sobre a melhor maneira de cuidarmos do planeta (e de nós mesmos), de modo que todo o sistema continue funcionando sem problemas.

Atualmente, em certos círculos, é chique falar de agências governamentais como se fossem órgãos autônomos que cuidam alegremente de perseguir suas próprias agendas. Isso é tão absurdo quanto criticar um supervisor de fábrica por cuidar mais das máquinas do que do produto final. Cuidar das máquinas é inseparável de cuidar do processo produtivo. Da mesma forma, agências como a EPA foram criadas para cuidar do planeta e prevenir tragédias. Posso dizer, como alguém que estava presente no primeiro Dia da Terra, que dificilmente podia haver algo mais humano do que a multidão preocupada, apaixonada e heterogênea que se reuniu ali para apoiar a causa de um planeta mais limpo. A EPA, e todas as outras agências que fazem um trabalho afim, é composta de nerds entusiásticos e verdadeiros, trabalhando duro para se concentrar no quadro geral e para atender às necessidades da maioria, e não às da minoria. Quando essas agências ficam sob ataque, todos nós ficamos sob ataque, e precisamos defender nossos interesses comuns.

A EPA é o povo americano, e vice-versa. Ao menos, o povo americano deveria ser.

Talvez seja difícil lembrar, mas durante muito tempo a ideia de que os seres humanos podiam mudar todo o planeta pareceu absurda. Desde o início da Revolução Industrial, a atitude prevalecente era que a Terra é muito grande, e os seres humanos são muito pequenos, de modo que o máximo que podíamos causar era um dano local. Só na década de 1960 essa visão começou a mudar a sério, por diversos motivos. Os astrônomos passaram a comparar os climas de outros planetas com o clima da Terra. Em dezembro de 1968, quando a primeira foto da Terra, parecendo delicada e solitária, vista pela janela do módulo de comando da *Apolo 8*, foi enviada para todo o mundo, o impacto foi imenso. Aquelas primeiras imagens de nosso planeta de longe provocaram uma mudança drástica de perspectiva.

E então ocorreu o primeiro Dia da Terra. Não foi o "Dia Local da Limpeza", nem o "Dia Nacional do Meio Ambiente". A manifestação teve o objetivo de fazer todos nós pensarmos em nosso planeta como um único e imenso ecossistema: a Terra, os bens comuns globais. Havia uma moralidade inerente nessa atitude do tipo tudo de uma vez. Somos todos responsáveis pelos bens comuns globais. Todos temos de nos preocupar com nossos vizinhos, e, agora, está claro que esses "vizinhos" podem estar na metade do caminho de todo o planeta. Quer você seja um cientista ou um artista, um líder muito importante ou um cidadão comum, tem a obrigação de contribuir com sua parte para o bem maior. Em pouco tempo, essa forma de pensar pareceu não só razoável como óbvia... Bem, para a maioria. Portanto, sim, o Dia da Terra surtiu efeito. Tinha e continua a ter impacto considerável.

Após seu sucesso inicial, o Dia da Terra passou a ser celebrado todos os anos no dia 22 de abril. Eu participei de mais alguns eventos quando estava no ensino médio, no início da década de 1970. Como tantas coisas de nossa sociedade, as manifestações do Dia da Terra ficaram mais organizadas e mais comerciais. De um ponto de vista, é fácil desejar saber que bem fizeram os meus curtos passeios de bicicleta até aquelas manifestações. Alguém pode sustentar que minha presença não fez nenhuma diferença importante para os políticos que dão as cartas no Capitólio e na Casa Branca. Porém, questiono essa visão. Acho que as multidões contínuas, ano após ano, ajudaram a manter o apoio para a EPA e para muitas outras agências governamentais menos visíveis que engrandecem seu trabalho.

Com certeza, posso dizer que o Dia da Terra me motivou. Convenci-me de que caminharíamos em direção a problemas como espécie, a menos que conseguíssemos usar nossos cérebros de modo mais racional, e isso moldou a maneira pela qual encarei meu próprio impacto ambiental e meus objetivos para o futuro. Desde aquele primeiro evento, fiz tudo que pude para travar o bom combate e para fazer você combater ao meu lado. Apoie as causas em que você acredita. Compareça às manifestações. Encontre sua comunidade, ou ajude a criar uma, se puder. Compartilhe o apoio e a inspiração pela compaixão e responsabilidade nerds. Levante-se e seja levado em conta como membro ativo, em vez de passivo, de sua democracia. E use seu tempo nessas manifestações para descobrir que linhas de ação você pode adotar a seguir, de modo a poder continuar a fazer diferença no âmbito local e além.

Nas últimas quatro décadas, muito do que fiz — incluindo escrever o livro que você lê agora — inspirou-se na necessidade de ajudar as pessoas a entenderem o que significa ser uma espécie global. Nós, seres humanos, sabemos que podemos mudar o mundo porque estamos fazendo isso neste momento; mas até agora isso tem se dado, na maioria das vezes, por acaso. O desafio é nos responsabilizarmos por nossas ações, assumindo controle deliberado da mudança. Estamos todos nisso juntos. Não há ninguém mais que possa arcar com a externalização dos custos. Exatamente para onde você enviaria a conta? Acho que nenhum de nós possui esse endereço.

Os nerds não desistem quando há um problema a ser resolvido. Assim, continuo trabalhando em minha mensagem sobre o clima, redobrando meus esforços para tentar tudo de uma vez. Descrevo a mudança climática em meus livros infantis e fiz questão de preparar demonstrações de mudança climática no programa *Bill Nye the Science Guy*. Em Washington, discursei nos eventos do Dia da Terra a convite de presidentes democratas e republicanos. No *National Geographic Channel*, consegui apresentar um programa especial junto com Arnold Schwarzenegger a respeito da destruição ambiental e do aquecimento global.

Uma coisa levou à outra, e o presidente Barack Obama me convidou para a celebração do Dia da Terra, em 2015. Fomos à Flórida para chamar a atenção para os problemas ambientais ali existentes, e para celebrar o sistema replanejado e reconstruído de obras públicas: pontes, barragens e rodovias, que juntas estão ajudando na obtenção de uma redistribuição importante da água superficial no Parque Nacional de Everglades e em seus arredores. O Everglades possui um ecossistema exótico e sensível, repleto de espécies que não são encontradas em nenhum outro lugar do mundo. Para se ter água limpa no sul da Flórida, é necessário que o escoamento superficial seja filtrado pela química complexa dos sistemas vivos do norte e do centro da Flórida. Tudo isso merece ser preservado, e as iniciativas em andamento atualmente são impressionantes. Isso foi parte do que o presidente Obama quis discutir comigo.

Porém, a restauração do Everglades é uma gota metafórica no oceano. À medida que as temperaturas globais aumentam, o nível do mar também aumenta. Em pouco tempo, a água salgada do oceano poderá inundar grandes regiões da Flórida, incluindo o Everglades. A humanidade, sobretudo os

Estados Unidos, fez muito pouco para enfrentar a mudança climática. Precisamos nos apressar e aplicar o pensamento nerd muito mais amplamente. Procuro fazer minha parte no nível individual. Eu reciclo. Vou de bicicleta a reuniões de negócios locais. Dirijo um carro elétrico. Tenho placas solares em minha casa. Disponho de um sistema solar de água quente. A maioria dos meus conhecidos também toma todo tipo de iniciativas pessoais para ajudar. Mas isso não é suficiente. Precisamos colocar nossos óculos de Big Data* e nos lembrar do poder da ciência aplicada e da engenharia, sobretudo quando utilizamos isso em conjunto.

Eu me pergunto (e espero que você também se pergunte): o que inverterá a maré dessa vez? O que motivará os Estados Unidos e o resto do mundo a se organizar e começar a trabalhar, enfrentando os efeitos de nosso mundo em aquecimento? Tenho certeza de que isso levará todos nós a trabalhar coletivamente na direção de uma causa comum. O idealismo louco em grande escala não é louco. De fato, pode ser posto em prática. Na maior parte do mundo desenvolvido, o ar e a água estão muito mais limpos do que estavam em 1970. Nos Estados Unidos, os rios não pegam mais fogo. Washington é uma cidade muito mais rica e sofisticada do que era naquele tempo. Os bairros destruídos pelo fogo durante os tumultos são comunidades vibrantes de novo. Contudo, o tipo de urgência que levou à adoção rápida de regulações ambientais está faltando dessa vez. Em 1970, a mentalidade de crise não foi agradável, mas obteve resultados.

A responsabilidade cabe a cada um de nós. Quer você enquadre o problema em termos de tragédia dos comuns ou em termos de tudo de uma vez, a mensagem é a mesma. Precisamos enfrentar a mudança climática de todas as maneiras possíveis, usando os melhores métodos científicos. Devemos reduzir nosso desperdício e fazer muito mais com muito menos. Temos de desenvolver tecnologias de energia limpa. Temos de fornecer acesso a essas tecnologias emergentes a todos que pudermos. E temos de fazer isso não apenas um por um, mas também como país e como planeta. É um imperativo moral, e também é imperativo para nossa sobrevivência.

* Big Data é um termo usado para denominar um conjunto de dados muito grandes ou complexos que os aplicativos de processamento de dados tradicionais ainda não conseguem lidar.

Atualmente, reavivar o senso de responsabilidade que muitos de nós sentimos no primeiro Dia da Terra é um dos grandes desafios que enfrentamos para colocar em prática as ideias ambientais. Em grande medida, somos vítimas de nosso próprio sucesso. O meio ambiente está muito mais limpo, e a economia, muito mais forte na maior parte do mundo ocidental. Os relatos de ondas de calor e inundações não incitam um senso de indignação imediata da maneira que um rio em chamas incitava. Com o crescente ceticismo em relação às instituições governamentais, as pessoas não estão tão envolvidas no serviço público como estavam outrora. Não há uma solução única para tudo isso, mas há uma ideia sobre a qual eu continuo pensando...

Talvez porque meus pais fossem veteranos de guerra eu tenha me interessado em ingressar na Força Aérea americana quando estava na faculdade. Eu me considerava um patriota, era fascinado por aviões a jato e queria fazer algo pelo país — ainda mais se isso ajudasse a pagar pela minha educação superior. Assim, em 1975, tomei as primeiras providências para integrar o Reserve Officers' Training Corps (ROTC) [Programa Universitário de Preparação de Oficiais da Reserva, em tradução livre]. Enquanto aguardava para fazer meu exame médico na base da Força Aérea em Rome, no estado de Nova York, comecei a conversar com alguns pilotos. Perguntei com que frequência eles voavam, e a resposta foi: "Ah, a cada dois meses, talvez a cada seis semanas." Então, eu quis saber o que eles faziam entre os voos. "Nós memorizamos procedimentos, fazemos trabalho de escritório." Os pilotos e suas habilidades estavam vegetando.

O que ouvi daqueles pilotos que não voavam soou enfadonho. Assim, desisti daquilo e me desalistei sem maiores consequências. No entanto, muitas vezes penso em quão diferente minha vida seria se tivesse ficado, se houvesse uma função excitante esperando por mim, quer isso envolvesse voar em aviões de caça, quer não. Quem sabe eu tivesse acabado em uma carreira vitalícia de prestação de serviços ao meu país nativo. No mínimo, teria tido experiência formativa no serviço público. Teria me envolvido em questões de política interna e externa de uma maneira completamente diferente do que me envolvo agora. Talvez houvesse encontrado meu caminho relativo às ideias de responsabilidade coletiva e solução de problemas coletivos de modo mais rápido.

Então, penso em como foi para os meus pais. Na Segunda Guerra Mundial, meu pai foi capturado e mantido em um campo de prisioneiros de guerra. Uma vez que você esteja em um campo de prisioneiros, tem de se manter nele. Você não pode se desalistar. Enquanto isso, minha mãe trabalhava para a Marinha, solucionando enigmas para ajudar a ganhar a guerra, e, ao mesmo tempo, perguntava-se de seu namorado, que desaparecera em uma ilha remota do Pacífico. Para eles, o serviço público não foi opcional. Eles não tiveram escolha. Precisaram trabalhar lado a lado com pessoas de todos os estilos de vida, todos perseguindo os mesmos objetivos. Trabalhadores braçais lutando ao lado de rapazes da faculdade de direito. Mulheres das regiões pobres e ricas das cidades rebitavam asas de aviões, trabalhando lado a lado. Todos contribuíam com sua parte, porque a situação era muito grave, e não havia ninguém que não se inteirasse do que se tornou um termo popular: a "ameaça existencial". A própria existência da terra natal de todos estava em risco.

Podemos recuperar algo desse espírito com um novo serviço nacional nos Estados Unidos? Estou imaginando um sistema em que todo cidadão americano tem de servir durante um ano antes de completar 26 anos. Seria internacional em escopo e, assim, a pessoa poderia servir domesticamente ou no exterior; algo como uma versão global da Works Progress Administration (WPA) criada durante os anos do New Deal. Você poderia ingressar nas Forças Armadas, mas também atuar em uma equipe montando torres de turbinas eólicas e de linhas de transmissão. Poderia ajudar a desenvolver células fotovoltaicas de baixo custo; ajudar professores em escolas; cuidar de idosos; ou poderia ir para o exterior e trabalhar para prover água limpa, eletricidade renovável e acesso à internet para cidadãos de países em desenvolvimento. Poderia ser embaixador da cultura ocidental e do conhecimento nerd, fortalecendo a colaboração e a confiança através de programas internacionais. Com certeza, você não se sentiria como se estivesse perdendo tempo em memorização em um trabalho *pro forma*.

O que estou imaginando é algo maior do que o Corpo da Paz ou mesmo o AmeriCorps. O serviço seria prestado durante um ano, e não apenas no verão, e seria obrigatório. Seria lei, e todos os solteiros teriam de servir. A pessoa poderia servir logo depois do ensino médio, da faculdade ou entre dois empregos. No entanto, se ela estivesse planejando fazer pós-graduação, em algum momento de sua carreira acadêmica teria de servir. Imagino que muitos estudantes de pós-graduação escolheriam o período após o mestrado e antes do doutorado. O espírito colaborativo do primeiro Dia da Terra seria parte da lei da terra, independentemente de sua trajetória acadêmica.

Alguns de vocês podem se irritar com essa ideia, mas acredito que um programa nacional de serviços nos mudaria para melhor e quebraria muitos clichês partidários que separam esquerda e direita. Os liberais desconfiam muito da coerção governamental, mas apoiam bastante a ideia de programas humanitários. Os conservadores desconfiam muito dos programas sociais do governo, mas apoiam bastante a ideia de prestação de serviço ao país. Extensível a todos, há profunda desconfiança em relação às instituições federais neste momento. Tudo bem; então suponha que cada estado tenha decretado um programa estadual de serviços. Os participantes talvez consigam matrícula nas melhores escolas estaduais em troca de seu tempo. Então, por exemplo, se Indiana tivesse um programa estadual, isso pressionaria Ohio a promulgar o mesmo tipo de legislação. Estado por estado, a prestação de serviços local se tornaria obrigatória e ubíqua. Esses programas poderiam dar início a um processo de cura. Espero estar plantando uma semente aqui, de modo que um líder possa cultivar a ideia e, algum dia, ele nos reúna para servirmos.

Agora, veja, devo lembrá-lo de uma coisa: eu não prestei serviços nem um único dia no Corpo da Paz ou nas Forças Armadas. Porém, quando comparo minha experiência com a de meus pais e seus amigos e contemporâneos, acho que esse tipo de prestação de serviços poderia ter feito muito por mim e também teria feito muito para os outros. Poderia ajudar a nos reunir, a nos engajar com o resto do mundo, a reduzir nosso medo de estranhos e a abraçar o futuro. Um programa nacional de serviços custaria dinheiro (impostos), mas os recursos gastos encontrariam imediatamente o caminho de volta para a economia. Os milhões de pessoas inscritos no serviço reconstruiriam a infraestrutura, nos moveriam para a energia renovável e trabalhariam com cidadãos de outros países, para ampliar o acesso à água limpa e à informação digital. Inicialmente, o Dia da Terra foi considerado como parte da contracultura. Num instante, pode passar a ser parte da cultura predominante.

Imagine junto comigo aqui. Algum dia, em breve, poderíamos ver jovens americanos trabalhando duro na montagem de turbinas eólicas, na instalação de painéis solares e na instalação de usinas de dessalinização de água onde são necessárias. Eles poderiam expandir a energia renovável na região dos Apalaches ou implantar acesso à internet na Etiópia. A cada passo ao longo do caminho, eles estariam quebrando as barreiras partidárias e culturais que erguemos na sociedade americana atualmente. Cada programa do serviço contribuiria com uma fração para combater a mudança climática, mas poderia contribuir muito para um senso de propósito compartilhado, antes de chegarmos ali da maneira mais difícil:

mergulhando em uma crise completa. Quer meu conceito de "corpo nacional de serviços" ganhe força, quer não, a questão importante é que há diversas maneiras de recapturar o espírito da década de 1970 e se mostrar à altura dos desafios de hoje. Se Nixon pôde criar a EPA praticamente de um dia para o outro na esteira do Dia da Terra, então o atual presidente e o atual Congresso também podem fazer coisas boas acontecerem. Só temos de concordar que isso precisa ser feito e, então, começar e avançar a toda velocidade em direção ao futuro.

CAPÍTULO 6

Como meus pais pararam de fumar

Afirmo que, se você quiser que os adultos parem simplesmente de falar de questões importantes, como mudança climática, e comecem a fazer algo a respeito delas, uma das atitudes mais eficazes que você pode tomar é envolver os filhos deles no processo. Os jovens são curiosos, idealistas e interessados, o que os torna os instigadores perfeitos da mudança baseada na ciência. Eles também possuem uma imensa vantagem tática: estão morando na casa dos pais, e, assim, podem realizar seus feitos persuasivos sobre eles da distância mais próxima possível. Eu me convenci de tudo isso por causa de uma aventura notável quando tinha 12 anos. E teve tudo a ver com cigarros.

Na década de 1960, durante minha fase de crescimento em Washington, muitos adultos que eu conhecia fumavam. De fato, naquele tempo, praticamente todos os adultos tinham esse hábito. Minha mãe e meu pai, inclusive. Mesmo o pai de meu vizinho, que era médico, fumava. E como quase todos os fumantes que conheci, todos falavam que queriam largar o vício. Até certo ponto, eles gostavam de fumar, mas, na realidade, no fundo do coração, queriam parar. Desde a década de 1950, existiam ações judiciais individuais e coletivas contra os executivos da indústria do tabaco. Lembro-me de alguns deles sendo entrevistados nos telejornais a que eu assistia com minha família. Com expressões sérias, esses homens afirmavam que nunca tinham ouvido falar de qualquer ligação entre tabaco e câncer.

Meus pais não queriam que eu começasse a fumar, e costumavam comentar sobre a dificuldade de largar o cigarro. Fazer planos para parar de fumar era tanto parte da cultura quanto o ato de fumar em si. Era rotineiro escutar anúncios no rádio que apresentavam a voz de um bombeiro, efeitos sonoros de fogo crepitando e sirenes. Em tom ameaçador, o bombeiro dizia que aquela destruição desnecessária foi causada por "alguém fumando na cama". Porém, a única mensagem que realmente me impressionou apresentava William Talman, o ator que representava o promotor público Hamilton Burger no muito popular drama de tevê *Perry Mason*.

Se essa antiga referência não lhe diz nada, note quantos programas de tevê recentes, e alguns ainda no ar, são protagonizados por advogados: *L. A. Law, Law & Order, Boston Legal, The Practice, Ally McBeal, Better Call Saul* e *The Good Wife* (de forma alguma, uma lista completa). Bem, *Perry Mason* foi o primeiro do gênero. Note que o nome "Hamilton Burger" parece muito com "hambúrguer", porque esse personagem era "moído" todas as semanas pelo nosso herói Perry Mason, o advogado impressionantemente brilhante. Perry (como nós o chamamos) sempre passava a perna no promotor público e nos policiais, extraindo a confissão do assassino verdadeiro bem no momento em que o programa estava indo para seu último intervalo comercial. Perry trazia verdade e justiça por meio de sua aplicação implacável da lógica e do *insight* humano. Eu amava esse programa. *Amava* isso.

Assim, quando Hamilton Burger — quero dizer, William Talman — apareceu na minha tevê e disse em tom de advertência "No momento em que você vir isto, eu estarei morto. Por favor, não fume!", fiquei comovido. Senti-me coagido de uma forma nova. Eu tinha de fazer algo para salvar meus pais. Admitirei que também havia uma pontada de remorso em relação a: "Esses adultos, com seus comportamentos do tipo 'façam o que eu digo, mas não façam o que eu faço'. Não está certo." Mas isso era, suponho, uma versão de meu impulso de "mudar o mundo". Eu só tinha 12 anos e, assim, tinha o objetivo mais modesto de mudar nossa família. Eu perturbava, lembrava meus pais repetidas vezes que eles haviam prometido parar de fumar. E a antiga trilha sonora deles se repetia: meus pais respondiam que realmente queriam parar, mas que era muito difícil, e então, em geral, exortavam-me de novo a nunca começar a fumar.

Como hábito parental, meus pais queriam "enriquecer meu verão" — um eufemismo para "Você está muito velho para ir para um acampamento e muito novo para conseguir um trabalho pago de verdade, mas é hora de sair de casa, Bill". Assim, para meu *enriquecimento*, meus pais arranjaram para mim um programa de verão no Instituto Smithsonian, no centro de Washington; uma fácil ida e volta de casa. Eu ia aprender tudo sobre oceanografia, que, na época, parecia a coisa mais legal possível. Para um cara da ciência embrionário, o verão foi um sucesso. Meus pais viciados em nicotina, por seu lado, assumiram que compraram para si algumas semanas de alívio do meu jeito intrometido e idealista. Ah, como eles estavam errados...

Para chegar ao Smithsonian, eu pegava o ônibus para o centro da cidade. Nele, conheci um grupo de garotos, quase todos mais velhos, que frequentavam o mesmo programa, mas estavam dois anos na minha frente na escola. Passamos a conversar e ficamos amigos. Em algum momento, começamos a caminhar até um ponto um pouco mais distante, porque o itinerário do ônibus passava perto de uma loja na avenida Pensilvânia chamada Al's Magic Shop. Era uma loja muito conhecida, lendária no mundo da mágica, que, no final, permaneceu aberta durante 58 anos. Junto com efeitos de dedo decepado, flores de seda facilmente compactadas e todos os tipos de truques com cartas, Al Cohen vendia o que era chamado de "cargas para cigarro". Esses pequenos dispositivos pirotécnicos parecem a ponta quebrada de um palito de dente. Você introduz essas cargas na extremidade de um cigarro. O inocente fumante o acende e, poucos minutos depois ou até mesmo segundos, dependendo da profundidade de introdução da carga, o cigarro explode abruptamente. Na sequência, o papel do cigarro se enrola como uma banana perfeitamente descascada. O que sobra do cigarro parece um charuto explodido em um desenho animado da Warner Bros.; o tipo que deixava preto o rosto do Patolino. Todo o processo é destrutivo, surpreendente e simplesmente maravilhoso. As cargas para cigarro são os instrumentos perfeitos para a maldade adolescente.

Assim, como um rapazinho criativo propenso a experimentação, o que você acha que eu fiz? Comprei algumas dessas cargas e as introduzi cuidadosamente nos cigarros de meus pais. Isso os ensinaria a deixar de fumar depois de terem me prometido repetidas vezes sem cumprir a promessa.

Como eu tinha pretensões a engenheiro, reformulei um pouco a brincadeira. Não segui as instruções de modo exato, em que o fabricante recomendava esvaziar parte do tabaco e colocar a carga na extremidade do cigarro. Em vez disso, utilizei um alfinete dos materiais de costura de minha mãe para empurrar cuidadosamente a carga bem fundo, de modo que ficasse invisível. Também podem ter havido algumas implicações físicas que considerei de modo insatisfatório ao formular meu plano. Com a carga totalmente embutida no tabaco e limitada pela "tensão circunferencial" do papel, talvez sua explosão fosse um pouco mais vigorosamente contida.

Toda a travessura foi surpreendentemente fácil de executar. Como as cargas para cigarro são muito pequenas — têm o tamanho de um grão de arroz —, foi bem simples escondê-las. Todas as noites, quando esvaziava os bolsos, meu pai tirava o maço de cigarros. Ele o deixava sobre a penteadeira, junto com a carteira e as chaves. Assim, não tive nenhum problema em colocar minhas mãos nos cigarros por alguns minutos sem que ele visse.

Então, meus pais foram à casa dos vizinhos para jantar. Não era um acontecimento muito incomum, pois nossas famílias haviam se tornado boas amigas. Em Washington, era verão, e os verões na cidade tendem a ser opressivamente quentes e úmidos. Aquelas noites indolentes eram momentos excelentes para a convivência descontraída. Como não tínhamos ar-condicionado, todas as janelas ficavam escancaradas para deixar entrar qualquer brisa quase fria que conseguíssemos criar com ventiladores elétricos, ventiladores e mais ventiladores. O mesmo era verdade na casa ao lado. Assim, quando os cigarros explodiram no vizinho, eu consegui ouvir todos os estouros muitíssimo bem. Uau!

Para minha surpresa, os adultos acharam aquilo engraçado. Facilmente, conseguiram adivinhar quem estava por trás da brincadeira. Eu podia ouvi-los rindo, mas testando cigarro após cigarro no café e na sobremesa depois do jantar. *Pop-pop-pop.* Em intervalos de poucos minutos, havia uma nova tentativa de acender um cigarro e uma nova explosão. Na verdade, eu tinha incorporado um incrível detalhe extra em minha experiência explosiva, que foi inesperadamente eficaz. O tempo entre acender o cigarro e a detonação não era uniforme; era aleatório, dependendo da profundidade em que eu introduzira cada carga. Assim que as cargas começaram a explodir, nem meus pais, nem os vizinhos conseguiam prever que cigarro estouraria na sequência, ou o que aconteceria quando acendessem outro. Como trabalhei com um orçamento limitado, não coloquei carga em todos os cigarros. A interação de cigarro e fumante era imprevisível, o que deixou o evento perturbador psicologicamente.

Se você quiser treinar seu rato de laboratório a mover uma alavanca com a pata, improvise um mecanismo para dar a ele uma deliciosa recompensa de semente de girassol toda vez que ele pisar na alavanca. Se pretender que o rato evite uma chapa de metal, aplique um choque elétrico fraquinho nele sempre que ele colocar uma pata naquela área. Esse foi o tipo de coisa que Ivan Pavlov descobriu. Mas se você quiser enlouquecer o rato um pouquinho, ofereça a recompensa ou dê o choque só de vez em quando, e faça isso aleatoriamente. Isso é o que eu, o gênio embrionário e não totalmente diabólico, fiz em relação aos adultos. Uá, há, há, há, há!

Apesar das risadas encorajadoras, meus pais não ficaram muito satisfeitos com o que eu tinha feito, e tiveram uma conversa comigo a respeito de minha proeza explosiva, de como aquilo assustou seus amigos, de como era errado mexer na propriedade deles. Porém, quanto à minha motivação, o que eles iriam dizer? "Desejamos largar, mas não faça mais isso. Não queremos sentir medo de fumar."

"Por que não, mãe? Por que não, pai?"

"Bem, hum..."

Como um cara voltado para a ciência que conseguiu viver em nossa sociedade por seis décadas, tenho plena consciência de que a dependência é algo sério. Queimar tabaco, sobretudo a nicotina que ele libera, afeta o cérebro dos fumantes. Os dependentes de todos os tipos começam usando a droga ou se envolvendo na atividade viciante para se sentirem bem, mas, com o tempo, precisam continuar para não se sentirem mal. Os efeitos sobre o cérebro são espantosos e preocupantes. No entanto, junto com o aspecto químico da dependência, também existe a parte comportamental. Fumar se torna um hábito, quase um ritual. A mesma coisa pode acontecer com álcool, outras drogas, até alimentos não saudáveis ou jogos de azar.

Por exemplo, rotineiramente, meus pais e nossos vizinhos acendiam os cigarros após a sobremesa. É o que eles e muitas pessoas faziam naquele tempo como parte normal da vida social. É o que víamos nos filmes e na tevê (até mesmo em *Perry Mason*). Porém, o efeito daquelas cargas explosivas nos cigarros foi poderoso e duradouro, até além do que eu esperara. Minha brincadeira fez mais do que simplesmente assustar meus pais. Aquilo os abalou. Deixou-os bastante conscientes de sua dependência, até o ponto em que eles conseguiram abandonar o vício.

Com isso em mente, é razoável concluir que, ao quebrar um comportamento habitual, podemos começar a nos libertar da dependência. Não tramei, ao menos não de modo consciente, desencadear algum tipo de resposta pavloviana em meus pais. Eu só quis lembrá-los, com toda a ênfase possível, como os cigarros são detestáveis. Tudo bem, também gostei da ideia de eles darem pulos, e, ao que tudo indica, fizeram isso de modo bastante expressivo. (Eles estavam na casa ao lado e não pude ver suas reações no momento.)

A noite dos cigarros explosivos levou meus pais a abandonar o vício de verdade. Pelo jeito, minhas cargas explosivas executaram o que meus anos de juventude importuna não conseguiram. Depois daquela noite, meus pais passaram a se perguntar em quantas cargas eu investira meu dinheiro; e onde, afinal, eu conseguira meu estoque. E se eu decidisse atacar de novo? Eles não tinham condições de prever se o próximo cigarro que estavam prestes a acender se transformaria em um acontecimento dramático e contestador. A rotina de meus pais foi sacudida de uma maneira que interferiu com a dependência social deles.

Entendo que minha brincadeira não foi todo o motivo para eles deixarem de fumar. Provavelmente, nem foi o motivo principal. Porém, isso os ajudou a mudar seu comportamento, e foi o suficiente para estimulá-los a desistir de um hábito ao qual ficaram presos durante muitos anos.

Devo acrescentar aqui, alto e bom som, que, em geral, não defendo o uso de explosivos contra amigos e familiares, independentemente de quão virtuosos sejam seus motivos. Não quero perder nenhum possível leitor e, além do mais, isso é indelicadíssimo. Eu carreguei os cigarros de meus pais só porque tinha certeza de que aquelas pequenas cargas explosivas da Al's Magic Shop eram inofensivas. O que eu defendo acima de tudo é ser um ativista em favor da mudança em sua própria casa. Quando está tentando mudar o mundo, é muitas vezes mais eficaz começar com as pessoas que você mais influencia pessoalmente. E se você puder criar essa mudança por meio de um processo científico, tanto melhor.

Meus cigarros explosivos integravam um movimento muito mais amplo, como se constatou mais tarde. William Talman morreu alguns meses depois, com apenas 53 anos, mas o movimento antitabagista continuou e cresceu. Atualmente, fumar é muito menos comum, ao menos nas sociedades ocidentais. As normas sociais estão mudando. É proibido fumar em bares e clubes noturnos na maior parte do país. Em Nova York, muitos donos de restaurante fizeram previsões catastrofistas de que seus negócios naufragariam se os clientes não pudessem acender seus cigarros tomando seu café depois da sobremesa. Mas não foi o que aconteceu. Em vez disso, mais clientes permaneciam por mais tempo no restaurante e pediam mais comida. O faturamento dos restaurantes aumentou. Hoje em dia, nos filmes modernos, fumar raramente se destaca como um ato descolado, a menos que seja um filme que retrata a época das big bands.

Da mesma forma que na família Nye, muitas dessas mudanças começaram em escala local e pessoal. Familiares passaram a exortar seus entes queridos a abandonar um hábito perigoso. Um número relativamente pequeno de indivíduos muito engajados começou a tornar o ambiente social diferente, e, com o tempo, muita gente começou a se comportar de um jeito novo e muito mais saudável. Isso é mesmo algo muito importante. Milhões de pessoas pararam de fumar, outros milhões nunca começaram, e, por causa disso, milhões escaparam de morrer de câncer de pulmão ou de sofrer de doença pulmonar obstrutiva crônica. Esse é um belo e sonoro eco do pequeno ruído que o adolescente Bill conseguiu com algumas cargas explosivas bem direcionadas.

Mais uma razão para expor nossos filhos à ciência e prepará-los para realizar seus próprios atos explosivos de progresso. Meus pais ficaram bravos comigo por causa dos cigarros, mas entenderam o meu objetivo, talvez ainda mais do que eu. Aos 12 anos, eu captara o suficiente sobre os riscos à saúde que o cigarro representava para saber o que estava em jogo. Eu queria os meus pais vivos. Que eu sentisse prazer como resultado da explosão era uma coisa, mas que fizesse aquilo como resultado do amor pelos meus pais era outra, e muito maior. Vejo o mesmo cenário acontecendo o tempo todo, agora: as crianças estimulam seus pais a reciclar, a parar de usar sacos plásticos, a reduzir o desperdício e a aprender a respeito de tornar o mundo um lugar melhor para o futuro. Elas estão trabalhando com uma mistura poderosa de idealismo e preocupação pessoal que me parece muito familiar.

Portanto, a educação científica de alta qualidade é uma fórmula duplamente poderosa em favor da mudança. Do jeito mais óbvio, fornece à próxima geração a informação e os instrumentos de pensamento crítico que são fundamentais para a tomada de decisão racional. Inspira os saltos orientados pelos dados da imaginação juvenil, quer as crianças acabem, quer não, em cursos abertamente científicos. No entanto, no estilo menos óbvio de minha travessura relativa ao cigarro explosivo, também as habilita a agir como agentes da mudança.

Por sua própria natureza, as crianças são mais abertas a novas maneiras de fazer as coisas do que seus pais. São dinâmicas e, para o bem ou para o mal, podem ser incansáveis. Com algum treinamento de estágio inicial do tipo tudo de uma vez, podemos impelir mais dessa energia para o lado "melhor" das coisas. Não estou falando de lamúrias e gritaria. Refiro-me ao tipo de persuasão que é muito mais eficaz quando vem de dentro de casa, exatamente como aconteceu para mim com meus pais.

Não subestime o poder dos laços familiares. Toda geração quer tornar o mundo melhor para seus filhos, mas toda geração também precisa de filhos para mantê-las íntegras. Se quer mudar o comportamento das pessoas, convença seus filhos do motivo pelo qual é tão importante que seus pais façam a coisa certa. Com nossos filhos, acredito que podemos levar a humanidade a um lugar melhor. Se os jovens admitirem a evolução e vincularem a ideia fundamental das ciências da vida com a mutação de bactérias e vírus patogênicos, as vacinações serão universalmente aceitas. A saúde pública vai melhorar. Se conseguirmos que os jovens entendam a mudança climática e se empenhem em afetá-la, as gerações mais velhas provavelmente farão um trabalho muito melhor de preservação da Terra e de seus ecossistemas.

Claro que os jovens não são os únicos que podem avaliar as evidências e trabalhar para um mundo melhor. Devemos todos tentar nos agarrar à energia e ao entusiasmo da juventude. Em todas as idades, devemos aspirar aos nossos pequenos atos explosivos de progresso e desafio construtivo. Vamos nessa!

CAPÍTULO 7

Ned e a placa "OBRIGADO"

Embora meu pai, Ned, gostasse de dirigir, não era um bom motorista. Para ser sincero, de vez em quando ele se mostrava um motorista bem descuidado. Entrava no trânsito de modo muito brusco e forçava o motorista que vinha atrás a frear para evitar uma colisão. Ou mudava de faixa e dizia, "Ele pode me ver", confiando que o outro motorista tomaria uma atitude. Tudo bem e graciosamente antiquado, suponho, a menos que o outro motorista não o visse. Hoje em dia, esse outro motorista parece ver os demais motoristas cada vez menos, por causa do envio de mensagens de texto, dos aplicativos e de todas as outras distrações em nossos celulares onipresentes. (Isso pode mudar com motoristas chamados por smartphones e os veículos autônomos do futuro próximo.)

Agradeço ao fato de essas coisas não existirem quando eu era criança. Posso imaginar o quão desconcentrado meu pai ficaria. Não me interprete mal; ele não estava imaginando jeitos de disputar jogos eletrônicos ou conversar com amigos distantes. O tempo todo ele verificava a sua bússola e o seu altímetro — sim, um *altímetro* que informava a altitude acima do nível do mar (uma informação que me impressionava quando criança). Ele também era uma espécie de inventor amador. Em combinação com sua fascinação por engenhocas, sua tendência para a cortesia e sua frequente desatenção para os acontecimentos do trânsito, meu pai passava muito tempo pensando sobre as maneiras de se comunicar com os outros motoristas. Como um nerd de verdade, meu pai se preocupava com formas de agregação ao bem maior. Muitas décadas antes de alguém usar o termo "fúria no trânsito", ele reconheceu as perigosas consequências do ato de dirigir com raiva. E, em seu inigualável estilo faça você mesmo, decidiu fazer algo a respeito. Ele era "faça você mesmo" antes que "faça você mesmo" significasse algo.

A solução de meu pai foi uma placa automotiva de agradecimento: uma mensagem para permitir que ele fosse ouvido pelos demais motoristas quando não podia ser ouvido de fato. Meu irmão e eu improvisamos essa placa, seguindo as especificações de nosso pai. Ele era plenamente capaz de medir a placa, ajustar cuidadosamente as letras recortadas com uma régua, papel vegetal e cola. No entanto, meu pai tinha outras coisas em mente. Fazer a placa tornou-se um projeto para ocupar seus filhos em uma atividade familiar que abordava não só desafios técnicos, mas também lições maiores de cortesia, cooperação e eficiência no trânsito. Já mencionei aqui os laços familiares. Meu pai se mantinha muito atento a isso. Assim, meu irmão e eu, de acordo com suas instruções, prendemos uma placa articulada de madeira no tampão traseiro do porta-malas do Renault 16 de nosso pai, montamos um parafuso olhal no teto e estendemos um pedaço de linha de pesca entre a placa e o espelho retrovisor. Até prendi uma tira de couro cru no fim da linha para dar ao motorista um domínio melhor.

Eis como funcionava: digamos que meu pai tivesse mudado de faixa sem dar pisca-pisca, ou tivesse entrado direto na frente de outro veículo, mas deixando espaço suficiente para o outro motorista não bater. Para expressar seu apreço pelas reações defensivas do outro motorista, meu pai puxava a linha presa no espelho retrovisor, e uma placa articulada com letras de 15 centímetros de altura se erguia sobre o tampão traseiro de seu carro. A palavra exibida era um simples "OBRIGADO". Então, o motorista atrás dele, em vez de ficar furioso com o comportamento irresponsável de meu pai, podia se sentir bem: "Uau, como esse motorista em que eu quase bati é atencioso... Ele está me agradecendo. Caramba, devo ser mesmo um motorista cortês por ter deixado esse sujeito cortar a minha frente".

Pensando bem, é possível que meu pai não fosse realmente um motorista tão barbeiro. Meu cérebro pode estar retendo seletivamente lembranças das vezes em que senti que nossas vidas estavam em risco, ou quando uma freada repentina fez o meu nariz de quatro anos se chocar contra o volante (eu estava no meio do banco da frente). No entanto, o que sei com certeza é que Ned Nye tinha uma profunda ideia de que, se todos nós cooperássemos em vez de competir por espaço nas ruas, o trânsito seria um pouco melhor para todos. Hoje, você pode ter um tantinho de controle sobre o trânsito planejando seu deslocamento por meio do Google Maps, Apple Maps ou Waze (ou qualquer novo *software* que surgir entre a escrita deste livro e sua leitura dele), que leva em consideração os congestionamentos ao recomendar o percurso. Amanhã, seu carro pode ter um piloto automático que se comunica com outros carros, ajustando a velocidade ou trocando os caminhos para otimizar o trânsito. Muito tempo atrás, meu pai teve a ideia de alcançar o mesmo objetivo não só por meio da tecnologia, mas mediante uma combinação amável de compaixão humana e tecnologia; especificamente, uma placa sobre uma linha de pesca.

A placa de agradecimento funcionou lindamente. De fato, as pessoas atrás de nós reconheciam a engenhosidade e as boas intenções de meu pai, ou até mesmo a habilidade artesanal de seus filhos. Após meu pai pisar nos freios inesperadamente na frente de alguém, ele abria a placa, e, na maioria das vezes, o outro motorista dava uma buzinadinha ou piscava o farol alto rapidinho. Quando recebíamos algum agradecimento por causa de nossos bons modos após o uso da placa OBRIGADO, uma conversa alegre irrompia em nosso carro. "Não foi incrível? O motorista entendeu. Ele buzinou para nós." (Nós não somos inteligentes? etc.) Desde o começo, talvez isso fizesse parte do plano mestre de meu pai. De qualquer forma, a placa funcionou tão bem que ainda admiro isso com certa prudência. Gosto de pensar que se tratou realmente de um passo significativo na longa marcha para otimizar o trânsito.

Alguns anos depois, meu irmão foi para a faculdade, e eu trabalhei sozinho improvisando um sistema de agradecimento similar nos dois carros do meu pai posteriores ao Renault. Pelos padrões modernos, o processo de engenharia era tosco e trabalhoso. Só a ideia de fazer furos no carro já é incomum na maioria das experiências. Se placas como essa fossem ser criadas hoje, provavelmente seriam eletrônicas, talvez utilizando um belo painel de LED. Seriam conectadas por cabo elétrico ou Bluetooth, sem a necessidade do uso de linha de pesca. Poderia ser equipada para trabalhar como um teleprômpter de apresentador de notícias ou palestrante de palco. Com um sistema assim, as palavras seriam configuradas em texto espelhado e projetadas do tampão traseiro horizontal do carro sobre a janela traseira inclinada, que seria meio metalizada para exibir as palavras para os outros motoristas, e, ao mesmo tempo, permitiria uma visão clara do interior do veículo. Iria se assemelhar vagamente a um painel transparente usado por pilotos de avião, mas invertido para visar os outros motoristas. "Espere um momento: tenho de seguir para o meu workshop..."

* * *

Então, e se o tempo aprovasse completamente a tecnologia de meu pai? A ideia de que podemos melhorar o mundo propiciando uma mensagem de agradecimento legível em todos os lugares pelos quais passamos ainda me ocorre. Eu admirava meu pai por ele pensar em termos de soluções para problemas do mundo real. E também por não só por imaginar a ideia, mas por realmente materializá-la e utilizá-la. Melhor ainda, por nos deixar fazer isso.

Com Ned Nye, ideias assim simplesmente continuavam vindo. Ele tinha outra invenção tão brilhante quanto (?) para melhorar a segurança automobilística: a buzina para pedestre; uma alternativa mais gentil para a buzina normal, barulhenta o suficiente para provocar um ataque do coração. Ao longo dos anos, tivemos dois automóveis Renault 16 franceses diferentes. (Naquele tempo, Ned respeitava a inovação encontrada em carros estrangeiros. Mas, por ter sido prisioneiro de guerra, não gostava de carros japoneses de nenhum tipo.) Na primeira versão da invenção, meu pai usou uma buzina para bicicleta, que era alimentada a pilha, sob o capô do carro. A buzina era ativada usando o que teria sido o botão do guidão se a buzina tivesse sido montada em uma bicicleta. Meu pai pendurou o botão da buzina no botão do afogador. (O afogador do fluxo de ar da admissão. Uma referência do passado. Não se preocupe com isso.)

Se meu pai avistasse um pedestre atravessando a rua na frente dele sem olhar, poderia pressionar o botão e alertar a pessoa. O toque resultante era sonoro o suficiente para chamar atenção, mas bastante suave para que os outros motoristas não reparassem ou percebessem que a buzinada não era para eles. Como a placa OBRIGADO, a buzina para pedestres era uma tentativa de fazer muito com pouco. Usando o que aprendi na aula de física, eu improvisei um circuito divisor de tensão para alimentá-la. As pilhas nessas pequenas buzinas duravam pouco. Foi muito divertido.

Essas invenções eram a maneira de meu pai rechaçar nossos impulsos mais negativos, estimulando todos nós a sermos flexíveis uns com os outros. Ele demonstrava isso para as pessoas com quem ele se comunicava, e ainda mais com sua família, envolvendo-nos no processo criativo. Ao agir assim, tornamos o mundo um pouco mais eficiente e nitidamente menos tenso.

Esse sistema é necessário hoje mais do que nunca, dada a tendência dos pedestres modernos de atravessar a rua olhando para seus celulares. Em Pasadena, na Califórnia, a prefeitura colocou adesivos duráveis sobre o asfalto junto ao meio-fio nas faixas de segurança. Os adesivos dizem: "Levante os olhos." Pessoalmente, acredito que deviam ser representados como um grito: "LEVANTE OS OLHOS! Agora!!!"

Meu pai pode ter sido um homem mais calmo do que eu. Ele era um inovador caseiro, fazendo o que podia para deixar as pessoas um pouco mais calmas, um pouco mais eficientes e um pouco mais agradáveis. A placa e a buzina erodiam a grosseria que ele via se espalhando ao redor. Naquele tempo, as soluções de Ned pareciam estranhas e, admito, ainda parecem um pouco esquisitas hoje. Nenhum investidor jamais apareceu implorando para produzir em massa nenhuma delas. A seu modo, porém, elas mudaram o mundo, ao menos para mim. No que me diz respeito, quase cinco décadas depois que Ned pensou em maneiras de tornar o mundo mais seguro para os pedestres, nós ainda tentamos recuperar o terreno perdido. Alguns carros modernos possuem tanto a buzina forte como a buzina fraca.

O que obtive dessas experiências, concebendo e usando as invenções excêntricas de meu pai, foi um apreço por sua forte crença no respeito aos outros. É quase instintivo achar que você tem o direito de ser beligerante quando outro motorista costura na sua frente, forçando-o a pisar no freio. É muito fácil pronunciar obscenidades impublicáveis quando um pedestre desce do meio-fio um pouco mais tarde do que devia, forçando-o a esperar para virar à direita (ou, em alguns países, à esquerda), ou pisar no freio de novo para evitar uma colisão. É tentador tocar sua buzina com agressividade quando um motorista na sua frente aciona o pisca-pisca poucos momentos depois que o sinal ficou verde. Não adianta negar isso: você transgrediu desse jeito inúmeras vezes. E confessarei aqui: eu também. E, sim, percebo que você, como cada um de nós, é um motorista que se considera acima da média. Não obstante, duvido muito que não faça besteiras de vez em quando.

A tendência atual da engenharia automotiva é reduzir os acidentes de trânsito tirando o controle do motorista. É uma maneira de eliminar o incontrolável elemento humano, e espero que propicie grandes benefícios, salvando vidas e liberando tempo pessoal. Terei muito mais a dizer sobre isso um pouco mais à frente. (Espero que você continue lendo.) Meu pai tinha um objetivo mais modesto. Ele queria um motorista humano melhor, uma pessoa mais amável e gentil controlando mais a experiência emocional e de segurança de estar no trânsito.

Espere: esse não é um objetivo mais modesto; é um ainda maior. Quero dizer, é imenso. De fato, é um tipo de objetivo muito tudo de uma vez.

Reconhecer e superar os pequenos erros que todos cometemos de vez em quando, seja dirigindo ou caminhando, nos estimula a nos concentrar mais no quadro geral da ação coletiva e da responsabilidade coletiva. O automóvel como o conhecemos não pode existir sem um sistema completo de regras e padrões com o qual todos concordamos. Alguns deles são tão ubíquos que raramente pensamos neles: placas de pare, sinais de trânsito, sinalização de faixas de rolamento etc. Alguns são mais explícitos, como os padrões de segurança ou as regras de emissão da EPA, que deixam nosso ar urbano respirável.

De certo modo, meu pai estava insinuando algumas das perguntas mais fundamentais a respeito de tecnologia: Para que serve? A quem deve beneficiar? Que responsabilidades assumimos criando isso? A placa OBRIGADO era uma pequena expressão de sua resposta. A tecnologia deve melhorar o jeito como vivemos — fazê-lo mais feliz, mais seguro, mais tranquilo, mais produtivo — e beneficiar qualquer um que esteja exposto a ela. O que quer dizer, em princípio, todos. Podem parecer ideias óbvias, mas olhe ao redor e veja com que frequência elas são postas em prática. Muitas pessoas e empresas criam coisas sem considerar seriamente seu impacto, ou, de bom grado, aceitam que algumas inovações beneficiarão apenas uns poucos sortudos e podem até ter um impacto negativo sobre o resto. Elas são reprovadas no que eu chamarei humildemente de "O teste de Ned Nye".

Mesmo se decidirmos colocar computadores no comando de todos os carros e caminhões, e mesmo se todo o sistema funcionar perfeitamente sem a necessidade de lampejar um único letreiro, o senso de responsabilidade coletiva de meu pai permanecerá importante. Ainda teremos de manter as estradas e as pontes. As pessoas continuarão mudando e se movendo, e teremos de construir nova infraestrutura e desenvolver novos tipos de trânsito para se harmonizar com essas mudanças. Fazer tudo isso exige impostos, governo eficaz e público envolvido. Como se diz: "O cargo governamental mais importante é 'cidadão'". Para muitos de nós, não são coisas fascinantes — e, sejamos francos, nem a placa articulada de meu pai era —, mas são fundamentais. São parte de um pacto implícito que todos fazemos para ser amáveis uns com os outros, para aceitar alguma responsabilidade em troca de promover o bem maior.

Quando mantemos esse pacto, progredimos. Quando o rompemos, as coisas ficam feias. O progresso não é apenas uma questão de construir mais *coisas*: prédios mais altos, pontes mais longas, computadores mais rápidos. É uma questão de utilizar a ciência e a tecnologia para melhorar a vida das pessoas. É uma questão de utilizar a inventividade humana para superar as limitações do mundo ao nosso redor. Uma dessas limitações é a própria natureza humana. Podemos ser pequenos, competitivos e vaidosos — ou podemos ser generosos, colaborativos e honestos. Cabe a nós escolher o progresso (o tipo de progresso de verdade) e nos esforçarmos para alcançá-lo em todas as nossas ações, grandes e pequenas.

No final das contas, é o que acho que a placa OBRIGADO de meu pai realmente resumia. Isso é algo que devemos exibir em neon uns aos outros o tempo todo.

CAPÍTULO 8

Por que a gravata-borboleta?

Tenho por costume observar os sapatos das pessoas. Não se trata de desrespeito, pois não é uma tentativa de evitar o contato visual. Eu presto atenção às imperfeições do mundo e procuro maneiras de ajudar a reparar algumas delas. Veja, os cadarços dos sapatos não são apenas cadarços quando você os vê através do filtro do tudo de uma vez. São a matéria-prima dos nós, e os nós são a corporificação da beleza matemática. A beleza matemática é uma ferramenta utilíssima para a solução racional de problemas, e a solução racional de problemas é, claro, a ferramenta mais poderosa para mudar o mundo. Em minha visão de mundo, amarrar um nó primoroso é como uma promessa pessoal de se envolver nesse processo glorioso único. Frequentemente, tenho três desses nós comigo: dois em meus sapatos e um ao redor do pescoço na forma de minha amada gravata-borboleta. Porém, quando analiso os nós ao meu redor... Bem, é preocupante. Há muito trabalho a ser feito.

Procure olhar para baixo; o que você vê? Cerca de metade das pessoas que encontro amarram os sapatos com nós de laço, que tendem a desamarrar com a flexão diária inerente ao modo de andar. Em geral, essas pessoas compensam os nós de laço amarrando os cadarços com nós duplos, amontoando um nó assimétrico sobre o outro, em uma tentativa desesperada de mantê-los juntos — ou pior, muitas vezes andam com os cadarços soltos e se arrastando. Não precisa ser assim. Com um pouco mais de noção e atenção, você conseguirá trazer ordem inspirativa para o que pode parecer um dos objetos mais triviais de sua vida diária. Além disso, os sapatos calçarão melhor e ficarão com os cadarços amarrados.

Comecemos com uma experiência simples, que podemos fazer juntos, aqui e agora, utilizando apenas os cadarços desamarrados de seu sapato. Inicie fazendo um dos nós mais úteis: o nó quadrado. Ele também é chamado de nó direito, pois era e é, de vez em quando, utilizado para reduzir a área vélica de uma vela em um barco, para rizar a vela em uma tempestade ou vento intenso.

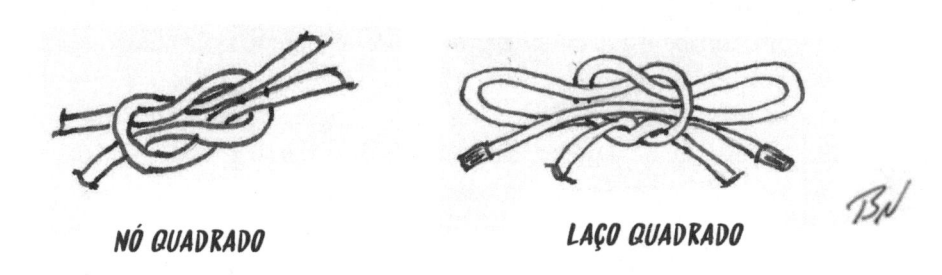

NÓ QUADRADO   **LAÇO QUADRADO**

Enrole um cadarço sobre o outro e, depois, o segundo cadarço sobre o primeiro. Você pode ter ouvido a expressão "direito sobre esquerdo; esquerdo sobre direito". Analise esse nó. É belo, simétrico; é o casamento de duas curvas. Esse nó quadrado, ou direito, é quadrado; significa que é simétrico. É a base para o nó que chamamos de "laço". Agora, desamarre o segundo dos dois enrolados. Você pode fazer "direito sobre direito, direito sobre direito". Examine esse nó. Espero que perceba que não é tão bonito quando o nó quadrado descrito acima.

Nesse momento, se você for como eu, pode exclamar: "Ah, a assimetria!". Essa falta de equilíbrio encontrada em cerca de metade de todos os nós de cadarços convencionais é de cortar o coração. O que queremos em um nó quadrado, ou direito, é a simetria. Nesse caso, a beleza matemática é um meio para um fim. É mais do que beleza por amor à beleza, embora isso não seja ruim. É uma questão de função: um cadarço amarrado com um nó direito permanecerá amarrado muito mais tempo do que com outros nós mais desleixados. Em cadarços de sapatos, como em muito da física, a simetria é a chave para o equilíbrio e a estabilidade.

Ao fazer um nó de laço convencional em seu sapato, verifique se seus dois laços, ou "orelhas de coelho", estão perpendiculares em relação ao seu pé, da esquerda para a direita, ou se estão na direção do comprimento ao longo do pé, dos dedos ao calcanhar. Se os laços (ou orelhas) estiverem em uma posição alinhada da esquerda para a direita ("transversalmente", como vemos no mar), esse é o modo que queremos. É simétrico, e esse arranjo raramente desamarra. É o que chamo de "laço quadrado". Se você puxar delicadamente os laços, de modo que as extremidades soltas dos cadarços fiquem livres, o nó que aparece ali embaixo é o belo nó quadrado. Mesmo se você perceber que seus cadarços estão entrelaçados por causa de algo corrediço, o nó de laço quadrado se mantém uma vez que está apertado, mas com delicadeza. Ou como se diz: qualquer nó precisa ser adequadamente "apertado". O nó assimétrico, por outro lado, ficará corrediço a cada passo. Começará a perder a forma, a integridade e a estabilidade no instante em que você começar a caminhar e pôr tensão sobre ele. Ah, o trauma. Ah, o sofrimento.

Como você deve ter deduzido, eu amarro meus cadarços formando um laço único e enrolando a outra extremidade do cadarço ao redor da base do laço. Se você está entre aqueles que amarram cadarços finalizando o nó com dois laços, ou orelhas de coelho, funciona da mesma maneira. As orelhas de coelho são os laços para amarrar o nó. Permita-me tranquilizá-las, pessoas do laço duplo, da orelha de coelho: vocês podem criam um laço quadrado muito bem. Se fizerem um nó por cima da base, então formem seus dois laços do tipo orelha de coelho, e os amarrem na direção oposta de seu nó por cima da base, gerando um belo nó quadrado.

Sabe, eu amava minhas avós. Elas eram incríveis. Criaram meus pais, afinal, e acredito que qualquer um que conhecesse uma ou outra diria: "Essa garota tem muito bom senso". Não obstante, o nó assimétrico, que não é exatamente um nó direito adequado, é, por longa tradição, chamado de nó torto [*granny knot*: literalmente, nó da vovó]. Desculpe, Nana. Desculpe, Mini. Nós almejamos um nó quadrado, e não um nó torto. Se você sofreu durante muitos anos com nós tortos assimétricos, descobrirá que é um hábito difícil de quebrar. Mas pode ser quebrado. Tente isso: inverta o primeiro enrolamento de seus cadarços. Em vez de fazer direita sobre esquerda, inverta isso, e faça esquerda sobre direita. Então, deixe sua memória muscular assumir o comando para finalizar o nó, enrolando cadarços individuais ou enrolando laços do tipo orelha de coelho.

Toda essa conversa a respeito de cadarços de sapato pode parecer um detalhe irrelevante da vida diária, mas está sempre no caminho (sob os pés), ou, literalmente, em cima dos pés. Um nó do cadarço também é uma metáfora para a abordagem científica da solução de problemas. Muitos aprenderam a dar nós em seus sapatos e aceitaram esse caminho imperfeito, assimétrico e demorado, em vez de ir mais fundo em busca de uma melhor abordagem de longo prazo. Então, quando poetizo a respeito da beleza do nó quadrado, não é apenas porque gosto de exibir minhas habilidades de marinheiro; é porque o bom projeto deve ser bom até nos mínimos detalhes, mesmo quando estamos falando de algo bastante óbvio como nós amarrados. Acho que todos devemos nos habituar a esperar a melhor solução de problemas a partir de nós mesmos, e não há melhor lugar para começar do que com os problemas de projeto que encontramos todos os dias. É onde coisas como cadarços de sapatos funcionam bem ou... não.

Nesse caso, há outra grande ideia, disfarçando-se de pequena. Mesmo se, por anos a fio, você vem amarrando seus cadarços de outra maneira, na forma do nó torto, você ainda tem chance de mudar. Esse potencial permanente de melhoria está no cerne do modo científico de analisar o mundo. Em política ou religião, mudar de ideia pode ser arriscado ou até herético. Na ciência, abandonar um hábito de muitas décadas em resposta a novas informações reflete uma qualidade vital de abertura a novas ideias. Essa abertura é essencial para fazer uma descoberta fundamental... Ou para manter o cadarço de seus sapatos amarrados.

Agora, do lado mais pessoal da teoria dos nós, aquele que está muito próximo do meu coração — apenas um pouco para cima e para a direita, para ser preciso. Claro, estou falando finalmente da gravata-borboleta. Trata-se de um laço exatamente simétrico, e quero dizer *exatamente*, como os nós em seus sapatos. Há laços e pontas, ou laçadas e extremidades. E quer você esteja trabalhando a bordo de um barco, amarrando seus sapatos ou se aprontando para um evento formal, as pontas soltas são chamadas de extremidades vivas. A propósito, os pequenos invólucros de plástico ou metal encontrados nas pontas dos cadarços chamam-se agulhetas. Também a propósito, o *bitter end** é a extremidade de um cabo dentro do barco que costuma ficar presa a um cabeço de amarração, ou seja, um longo pino de madeira. (As trivialidades alimentam uma mente nerd.) Uma gravata-borboleta segue as mesmas regras matemáticas e os mesmos princípios de simetria que descrevi para outros tipos de nós. Você precisa formar um laço ao redor do pescoço, trabalhar as extremidades, alinhar as laçadas e apertá-las. Então, você ficará com uma boa aparência. Quer dizer, *incrível*.

* Termo náutico. Em português, significa fim do cabo. (N. T.)

Como Jerry Seinfeld disse para mim e para alguns outros comediantes, certo domingo, em um *brunch*, quando excursionava por cidades em sua trajetória para o sucesso: "Você precisa se vestir melhor do que seu público". Como bons modos à mesa, prestar atenção extra a sua escolha de talheres ou roupas demonstra respeito por aqueles ao seu redor. Essa é outra ferramenta importante para mudar o mundo, sendo em geral uma maneira proveitosa de levar a vida. Eu descobri que quando me apuro no vestir, fico um pouco mais ereto. Projeto uma versão de mim mesmo que exibe a confiança e a elegância que sinto nos meus melhores dias, o que me permite ter outros melhores dias. Sinto mais respeito por mim mesmo, especialmente por saber que estou transportando comigo um mostruário ordeiro de matemática aplicada: uma habilidade que é tão útil e essencial quanto prender aqueles sapatos em seus pés.

Há uma antiga foto de férias familiares que me mostra, aos quatro anos, ostentando uma gravata-borboleta pequena e elegante. No entanto, meu sério interesse pela gravata-borboleta só teve início mesmo quando eu estava no terceiro ano do ensino médio. No banquete anual da equipe feminina de atletismo, os garotos da escola atuaram como garçons. Eu considerei que, se seríamos garçons, devíamos causar uma boa primeira impressão nos vestindo como garçons *profissionais*. Ocorreu-me que, se íamos servir os pratos para as garotas — sobretudo as sobremesas —, era quase certo que algumas delas conversariam conosco, ao menos por acaso e ao menos por alguns segundos. Imaginei que poderia ser o início de algo com alguma jovem.

Meu pai, que era versado em nós, ensinou-me como dar nó em uma gravata-borboleta, demonstrando com a gravata enrolada ao redor de minha perna. É mais fácil do que dar o nó ao redor do pescoço, ele explicou, ao menos nas primeiras tentativas. As coxas e os pescoços (dos homens) possuem aproximadamente o mesmo perímetro. Assim, uma gravata-borboleta circundando uma perna sairá com o comprimento muito próximo do correto. Praticando dessa maneira várias vezes enquanto um episódio de *Perry Mason* passava ao fundo, adquiri não só a capacidade de dar um nó em minha gravata, mas também um entendimento intuitivo da mecânica e da relação dos laços e das extremidades. Na época em que sobrevivi a uma semana de espetáculos, também consegui facilmente dar nós nas gravatas--borboletas nos pescoços de outros garotos. Assim, no vestiário masculino de minha escola do ensino médio, dei o nó nas gravatas de todos os colegas durante a preparação para o banquete. Em seguida, servimos para as garotas alguns pratos excelentes ao estilo escolar. E, até certo ponto, funcionou.

A garota de meus sonhos falou comigo, mas, bem, não chegamos a um acordo. Porém, aprendi uma lição que foi mais importante (em longo prazo) do que chegar a alguma espécie de acordo adolescente: eu desenvolvi autoconfiança. Com uma gravata-borboleta no pescoço, você causa uma primeira impressão respeitável. Essa parte me marcou muito.

Nessa experiência, descobri outra vantagem funcional importante de uma gravata-borboleta: ela não fica pairando sobre os botões da camisa como uma gravata comum. Essa característica impede a gravata de deslizar para dentro da sopa durante o jantar, ou lamber a bandeja de um garçom, ou cair dentro de um frasco enquanto você agita surfactantes ou solventes. Uma gravata-borboleta é tudo de bom.

No entanto, voltei a usar gravatas comuns por um tempo. Enquanto avançava na faculdade e seguia em frente na vida, em geral usava gravata comum no trabalho e na igreja. Era o que eu achava que o Homem (ou a Mulher) esperava que eu usasse. Porém, na década de 1980, pouco depois que comecei a tentar a comédia *stand-up*, passei a usar gravatas-borboletas como uma maneira de me diferenciar das dezenas de outros aspirantes a comediantes e como um jeito de evitar que minha gravata interferisse nos aspectos físicos de minha apresentação. Eu agitava os braços e produzia balões, ou a ocasional chave-inglesa amarrada na perna. Admito que não era muito engraçado. De vez em quando, eu arrancava risadas. No entanto, à parte a reação a minhas *gags*, eu ficava cada vez mais à vontade me apresentando com uma gravata-borboleta. Ela se tornou parte da representação, parte do que eu parecia no palco. Em geral, uma característica da comédia *stand-up* é que ela precisa ser honesta. O personagem que o comediante apresenta tem de ser fiel a si mesmo; é difícil rir quando o intérprete não é autêntico. No teatro, há um antigo ditado: "Você consegue fingir ser sério, mas não consegue fingir ser engraçado". Sem dúvida, tive uma vantagem, pois comecei não apenas sendo engraçado, mas também exibindo uma aparência engraçada.

Após o trabalho, eu chegava em casa, tirava um cochilo, desvestia minha gravata "para o Homem" e, em seguida, partia para algum clube de comédia. Espere: eu desvestia minha gravata antes de tirar um cochilo... Ao acordar, vestia a gravata-borboleta e saía. Além de tudo isso, quer fosse uma gravata comum, quer uma gravata-borboleta, eu também usava uma camisa. Eu trabalhava de acordo com as "regras" de nossa sociedade. Em janeiro de 1987, no primeiro quadro de *Science Guy* que apresentei na tevê, usei uma gravata comum. Estava na tevê, tentando me encaixar uma vez mais. Naquela primavera, à medida que as semanas passavam e eu produzia e apresentava mais cenas de *Science Guy*, descobri que uma gravata-borboleta era mais prática. Ela não lambia sopas nem solventes. Nem se confundia com a multidão.

Ah, houve uma recaída. Em 2004 e 2005, quando estava apresentando outro programa, intitulado *The Eyes of Nye*, voltei a usar gravatas comuns. O programa dava ao telespectador uma nova perspectiva a respeito de questões relacionadas à ciência, sobretudo aquelas que não tinham uma resposta óbvia. Podemos criar novos antibióticos que não geram patógenos resistentes? O lixo nuclear pode ser armazenado com segurança? Por que nenhum organismo se preocupa com sexo? Como eu vinha seguindo um novo caminho, os produtores e eu decidimos que eu usaria uma gravata comum. Tudo bem, mas, na realidade, àquela altura eu já havia usado gravata-borboleta durante anos em meu programa como o Science Guy. E, aliás, acho que grande parte do sucesso do programa *The Science Guy* era e é que eu era basicamente eu mesmo nele. Com Bill, "o que você vê é o que você tem", nossa editora Felicity costumava dizer. Acho que a intenção dela era elogiosa.

Comecei a preferir a gravata-borboleta por sua praticidade e singularidade, mas havia mais do que isso. A gravata-borboleta também tinha uma história rica como tipo artístico de nó; outra dose de trivialidade nerd prazerosa. A tradição de usar uma gravata remonta a mercenários croatas do século XVII. Os combatentes usavam um lenço de pescoço para informar a que lado pertenciam enquanto mutilavam, decapitavam ou matavam seus inimigos do outro lado. No entanto, os soldados nem sempre estão em combate; portanto, os lenços de pescoço também passaram a ser usados nos uniformes militares para ocasiões especiais. No século XVIII, os aristocratas franceses aderiram à tendência, e o lenço croata deu origem ao plastrão (usado pelos croatas), confeccionado com tecido sofisticado e com um laço de acordo com regras não familiares para homens de classe média e inferior. O plastrão, por sua vez, deu origem à gravata-borboleta, e aqui estamos. Algo de que gosto especialmente acerca dessa história é a maneira pela qual o uso da gravata se transformou de uma preparação para a guerra em uma expressão pacífica de respeito pelos aliados e colegas. Mais um outro passo para tornar o mundo melhor por meio dos nós!

De qualquer modo, as gravatas-borboletas são minha marca registrada agora. Seria difícil voltar atrás. Atualmente, nas faculdades que visito, as gravatas-borboletas viraram assunto. Muitos estudantes que dão as caras usam gravatas-borboletas de algum tipo. Fico comovido. Como o estojo de canetas ou a régua de cálculo, a gravata-borboleta deu origem ao distintivo de honra do nerd. Ela exibe uma mistura de profundo respeito pela tradição

Eis um pequeno presente para você, caro leitor: um guia de alguns dos nós mais úteis para quando você trouxer para casa um colchão ou árvore de Natal sobre o teto do carro, prender um barco na marina, deixar o cachorro seguramente amarrado enquanto você pede um café, ou apenas se sentir confiante com um cadarço na mão. Se ainda não conhece esses nós, espero que você se desafie e os experimente. Mesmo se você não tiver carro, barco, cachorro ou sapato, é bom desenvolver novas habilidades de vez em quando. É uma simples questão de conhecimento enquanto poder. Cada nó também é em si sua própria pequena lição em simetria e distribuição de forças: um microcosmo de elegância matemática. Acho que todos deviam saber como dar os seguintes nós:

**NÓ QUADRADO
LAÇO QUADRADO
DOIS NÓS SIMPLES**

**LAIS DE GUIA
VOLTA DO FIEL
NÓ CARIOCA
(NÓ DE CAMINHONEIRO)**

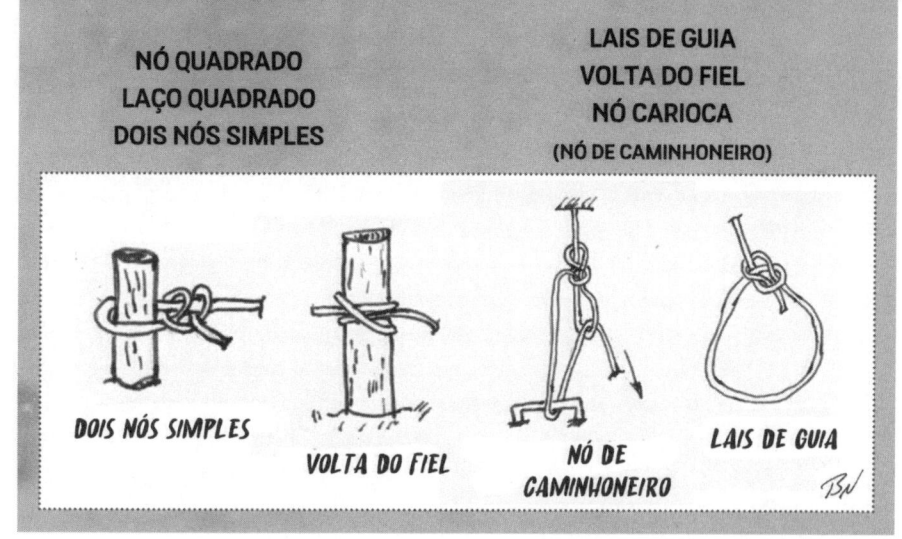

e uma satisfação confortável de se destacar da multidão. Em geral, ser aberto a novas ideias e ter espírito de equipe são considerados bons atributos de um funcionário ou chefe produtivo completo. As gravatas-borboletas podem ajudar a pensar em novas formas produtivas. Também mostram uma disposição de se destacar e priorizar a função e o *design* em sua vida diária; aspectos norteadores do estilo de vida nerd. Estou exagerando um pouco em relação à gravata-borboleta? Tal coisa é possível? De modo algum.

Um nó bem feito, e, sobretudo, um nó de gravata-borboleta bem feito, significa um apreço pela simetria atemporal, em vez dos caprichos do estilo comercial sempre em mudança. Então, recentemente, senti-me estimulado com o fato de que as gravatas-borboletas entraram de novo na moda. Gosto de pensar que minha resistência persistente às últimas tendências, e a dos nerds com ideias afins, ajudaram a estimular o retorno da gravata-borboleta. Esse retorno resultou em uma demanda renovada pela aplicação prática da teoria dos nós, permitindo que o nó se mostre perfeito e correto. Nesse caso, os nerds levam vantagem. De acordo com relatos de diversos eventos ao estilo coquetel — eu ouço coisas, pessoal —, muita gente hoje não sabe como dar um nó em uma gravata-borboleta, e se sente constrangida de usar uma. Quando estou em um evento em que diversos adultos estão presentes, pode acontecer de que eu seja o único com uma gravata-borboleta com o nó correto.

Também pode acontecer com você. Meu sentimento é: vamos lá, arrisque-se. Embora não seja possível desabotoar o colarinho com a mesma facilidade de alguém que esteja com uma gravata comum, a gravata-borboleta possui um certo atrativo nodoso, que é difícil de conseguir com uma gravata comum. Tente. Dê o nó. Tenha coragem.

Com essa meia dúzia de nós, você pode amarrar a maioria das coisas à maioria das outras coisas. Quase todas as pessoas descobrirão que podem sobreviver muito bem com esse conjunto de nós e nenhum outro. Porém, uma vez que você venha a apreciar a beleza de um nó bem construído, poderá descobrir que o conhecimento é viciante (no bom sentido). Como as equações matemáticas, os nós surgem em variações quase infinitas, que podem parecer similares superficialmente, mas possuem propriedades bastante diferentes. Alguns são quase impossíveis de desatar; outros parecem fortes, mas se separam facilmente; ainda outros atarão com facilidade, no entanto, de modo quase impossível de separar em dois pedaços distintos de corda. Se você for como eu, vai querer continuar e conhecer alguns outros nós famosos.

CATAU
CATAU COM NÓ DE ALGEMA
LAIS DE GUIA DOBRADO

LAIS DE GUIA SINGELO PELO SEIO
LAIS DE GUIA ESPANHOL

Incluí esses últimos especialmente para os nerds empedernidos entre nós. A maioria das pessoas nunca os aprenderá, mas cada um é importante e belo à sua própria maneira. Cada um possui uma origem diferente, uma história diferente, uma utilidade diferente. O lais de guia dobrado, por exemplo, é particularmente útil para escaladas. O lais de guia espanhol não só é um trabalho verdadeiramente elegante de simetria de laço duplo como também se revela realmente útil para o içamento de um corpo. Se você cair dentro de uma cova ou greta, a equipe de resgate poderá jogar uma corda com esse nó para você. Coloque suas pernas através dos laços, agarre-se à corda, e você vai ser resgatado com segurança. É uma solução refinada para um problema aterrorizante. Bem-vindo a outro canto do mundo do tudo de uma vez.

CAPÍTULO 9

Terra dos homens livres, lar dos nerds

Por mais que eu tente pensar global e universalmente, não escapo de minhas origens locais. Nasci nos Estados Unidos, obtive meu diploma de engenheiro e minha licença para o exercício da engenharia neste país, trabalho e vivo neste país. Então, é possível que eu não seja inteiramente objetivo sobre a qualidade e a eficácia do governo americano. Seja como for, me sinto impressionado e cheio de reverência quando visito o Arquivo Nacional, em Washington. O edifício fica no centro da cidade, ao lado do National Mall, perto de diversos pontos de referência muito mais famosos, incluindo o Museu Nacional de História Natural, do Instituto Smithsonian; o Museu Nacional de História e Cultura Afro-Americana; e o maravilhoso Museu Nacional do Ar e Espaço. Assim, o Arquivo Nacional costuma passar despercebido, injustamente. Eu vou lá e, uau!, sempre fico deslumbrado. Nenhum resultado eleitoral consegue mudar a maneira como me sinto ali. Se você for a Washington, recomendo enfaticamente que visite esse lugar.

Para mim, o Arquivo Nacional é o nirvana nerd, não só para os americanos, mas para qualquer um que queira ver o que pode acontecer quando princípios científicos são colocados para trabalhar na construção de todo um país a partir do zero. Ali, você poderá ver as cartas e os documentos registrando esse processo à medida que se desenvolvia. Os fundadores deste país foram produto do Iluminismo, o movimento intelectual do século XVIII que considerou a razão como a qualidade máxima da mente humana. Thomas Jefferson, Benjamin Franklin e companhia procuraram criar um governo que fosse melhor do que qualquer um surgido antes, e acreditavam que a maneira de fazer isso era formular perguntas honestas, examinar as evidências, discutir atentamente os prós e os contras de diversas soluções, e se envolver em ação racional. *Tudo de uma vez* não é uma ideia que começou comigo. Longe disso. Ela está entrelaçada no tecido deste país, mesmo se as pessoas parecem se esquecer disso a maior parte do tempo. Revisitar esses espíritos pode ser uma fonte constante de inspiração, independentemente de onde você vive no mundo.

Como visitante do Arquivo Nacional, você começa subindo muitos degraus. É a maneira de um arquiteto afetar seus sentidos. A escalada dos amplos degraus de pedra eleva metaforicamente (e literalmente) sua mente junto com seu cérebro. O edifício em si possui uma forma grandiosa em mármore, refletindo o longo apreço e imitação dos Estados Unidos das colunas e dos palácios da Grécia Antiga, e também das influentes experiências gregas com a democracia representativa. Na galeria principal, você encontrará uma notável coleção de documentos. As exposições do museu mudam todo o tempo. Assim, você verá algo diferente a cada visita. Em uma delas, o tema da exposição girava em torno do tópico dos direitos legais, incluindo reproduções da USA Patriot Act [Lei Patriótica dos Estados Unidos] e da Magna Carta. Essas exposições temporárias são um lembrete emocionante de que o Arquivo Nacional é, no fundo, um enorme cofre-forte de armazenamento de dados.

Ao avançar para os fundos do grande salão, você irá vislumbrar pergaminhos ligeiramente iluminados. São muito grandes, quase tanto quanto um típico cartaz de um filme de sucesso ou de um hotel de um bucólico parque nacional, informando-lhe de sua importância histórica. Eu era criança quando vi esses documentos pela primeira vez, e não pude compreender o que estava vendo. No entanto, meu segundo encontro está gravado em minha memória. Eu era adolescente, e enquanto caminhava pelo prédio do Arquivo Nacional, lembro-me de que pensei: "Hummm, isso parece a Declaração de Independência, e a outra coisa bem ao lado parece a Constituição dos Estados Unidos." Levei alguns instantes para compreender que estava vendo coisas reais; não eram cópias ou fac-símiles, mas os genuínos documentos fundadores do meu país. Bem ali, diante de mim, estava o manuscrito de Thomas Jefferson, expondo uma série de ideias significativas sobre liberdade e independência em um pergaminho muito fino.

Fale a respeito de mudar o mundo! A Declaração de Independência e a Constituição (junto com a Declaração de Direitos; também está ali, no

Arquivo Nacional) descrevem os princípios para a criação não só de uma nova nação como de um novo tipo de governo. Jefferson, Franklin, James Madison, Alexander Hamilton, Gouverneur Morris, John Hancock e os outros fundadores garimparam a história e a filosofia política contemporânea em busca dos melhores conceitos a respeito de como o governo deveria funcionar. Eles se inspiraram nos sonhos que tinham levado gerações de colonos para o Novo Mundo: liberdade da tirania, representação justa, fuga da superstição e repressão, e capacidade de seguir qualquer fé religiosa, até mesmo a falta de religião. A separação entre Igreja e Estado era fundamental na ideia de uma nação totalmente moderna, que incorporaria os ideais de liberdade e razão do Iluminismo.

A possibilidade de mudança progressista que está incorporada na Constituição americana faz lembrar a evolução darwiniana e, de modo mais fundamental, o próprio método científico. Da mesma forma que a ciência não pretende atingir a verdade absoluta, a Constituição não pretende alcançar o ideal utópico de governo. Promete "uma união mais perfeita" e não "uma união perfeita". Os fundadores entenderam que os documentos que redigiram não iriam incluir a última palavra (ou palavras) sobre como governar uma sociedade justa e pacífica. Em vez disso, reconheceram que as leis da nação tinham de permitir a mudança em resposta a novas necessidades e novas informações, exatamente como as teorias científicas mudam em resposta a novas ideias e novos dados. Compare isso com os costumes de uma monarquia, em que um rei pode criar leis incontestes e ordenar qualquer ação, incluindo a decisão fatal de ir à guerra. A monarquia é basicamente estática, a menos que o povo promova uma revolução. De certa forma, a Revolução Americana foi uma revolução científica e também política. Mesmo com as forças anticiência emergindo com a eleição de 2016, o sistema de governo se adaptará; a mudança e o processo de governança relacionado ao método científico estão incorporados.

Quando você lê as cartas de Jefferson, Franklin, Hamilton e dos demais fundadores, percebe que a escrita é floreada, apaixonada e plena de noção de importância. Fico maravilhado com os riscos assumidos por eles. Se a Guerra da Independência não tivesse acabado bem, todos teriam sido fuzilados, enforcados ou decapitados, dependendo do capricho do general vitorioso. Eles aceitaram que o que estavam fazendo era mais importante que suas próprias vidas.

Apenas imagine o estado de espírito no início do verão de 1776, quando se libertar da Inglaterra passou de uma ameaça abstrata para uma realidade capaz de mudar o mundo. Jefferson e os outros autores da Declaração de Independência podiam ter produzido um documento simplesmente formalizando uma rebelião militar; e, em parte, foi isso o que fizeram, listando as razões pelas quais queriam se livrar do rei Jorge III. No entanto, eles foram muito além. Pensaram: "Se conseguirmos projetar essa coisa de cima para baixo, poderemos ter um sistema que se refina continuamente, que afia continuamente seu corte. Teríamos um governo fantástico". A sentença determinante deles é tão famosa que é fácil esquecer o quão radical foi na época: "Consideramos essas verdades como evidentes em si mesmas, que todos os homens são criados iguais, que são dotados pelo Criador de certos direitos inalienáveis, entre os quais se incluem a vida, a liberdade e a busca da felicidade".

Os maiores intelectuais das colônias americanas se reuniram com um vertiginoso senso de propósito. Estavam declarando independência não só de um rei, mas também de todo um sistema de pensamento. Estavam declarando que todos tinham direitos iguais de acordo com a lei; ao menos até o ponto em que foram capazes de estender essa ideia dentro das posições da época. A igualdade permanece um dos maiores objetivos do progresso político em todo o mundo. Os fundadores dos Estados Unidos ainda eram humanos, claro, trabalhando com as suposições, tendências e ideologias da época. As mulheres foram praticamente excluídas da Constituição quando ela foi redigida. Para o censo, os negros foram referidos como se fossem dois terços dos homens e das mulheres caucasianos. Pior, foram tratados como insignificantes — propriedades em vez de pessoas — no que diz respeito ao direito de votar e a outros direitos democráticos básicos.

Em termos nerds, você pode dizer que os fundadores estavam criando o melhor sistema que podiam usando apenas a informação disponível naquele tempo. Os médicos daquela época davam o melhor de si para curar, ainda que não soubessem muito a respeito da teoria microbiana das doenças. Os engenheiros produziam tecnologias úteis, prejudicadas pela falta de um entendimento completo das leis da termodinâmica ou do comportamento dos átomos. Normalmente, não pensamos nas leis como coisas que as pessoas descobrem, mas isso é muito do que aconteceu durante a Revolução Americana e logo depois dela. Um grupo de intelectuais reuniu os melhores exemplos de boa governança, apesar das limitações, e, então, procurou descobrir algo ainda melhor. Os fundadores não tinham todos uma só opinião. Eles discordaram, brigaram, cederam e aceitaram relutantemente que uma realização consensual era melhor do que uma perfeição inatingível. Passaram por todos os testes associados ao pensamento do tudo de uma vez e acabaram chegando a um resultado maravilhoso. Ainda imperfeito, claro; como poderia ser diferente? Mas as ideias centrais por trás da Declaração da Independência e da Constituição americana eram muito poderosas e importantes.

Do ponto de vista científico, pessoas são apenas pessoas. Somos uma subespécie única, *Homo sapiens sapiens*, com diversidade genética muito pequena. Todos nós descendemos de um ancestral comum, e as variações regionais que chamamos de "raça" são minúsculas em comparação com nossa identidade biológica e genética geral. Séculos antes de essas ideias terem sido estabelecidas cientificamente, Jefferson e os outros fundadores estabeleceram o mesmo conceito básico politicamente. No sistema deles, nenhuma mulher chegava a ser rainha só porque não havia um homem adequado por perto, ou porque ela se casara com o homem certo. Nenhum homem chegava a ser rei só porque seu pai era rei. "Todos os homens são criados iguais" é a promessa ambiciosa de um mundo orientado por dados, em que as pessoas são julgadas por suas ações, e não por incontroláveis circunstâncias sociais de seu nascimento.

À esta altura, você pode estar pensando: "Caramba, Bill, você não está se entusiasmando além da conta com as perspectivas 'EUA! EUA!' e 'É tudo ciência!'?". Quero dizer, não é que os fundadores fossem cientistas reais. Ah, mas, na realidade, era exatamente o que eles eram. Não estou contando vantagem a respeito da minha gente, mas os rapazes que chamamos de Pais Fundadores eram, quase todos, "filósofos naturais", que são aqueles a quem agora nos referimos como "cientistas". Eles estudaram as maneiras pelas quais os governos foram configurados antes, tratando a história como seu laboratório. Pensaram bastante em como construir um sistema que continuaria funcionando de modo harmonioso e justo até muito depois que eles morressem. Também estudaram o funcionamento do mundo natural. Benjamin Franklin fez experiências com eletricidade usando bastões de vidro e uma suposta pipa. Ele ajudou a mapear a corrente do golfo, inventou as lentes bifocais, o para-raios, o fogão de alta eficiência, uma bateria elétrica aperfeiçoada e o cateter urinário. Thomas Jefferson projetou um arado agrícola aperfeiçoado, desenvolveu técnicas de escavação de sítios arqueológicos e publicou o primeiro texto sobre paleontologia nos Estados Unidos. Para mim, não é um exagero chamar esse grupo de Nerds Fundadores.

Sinto uma conexão nitidamente pessoal com eles e seus estilos científicos. Identifico a origem de minha linhagem familiar em Benjamin Nye, que abriu um negócio em Massachusetts em 1656. (Eu não estava brincando quando falei de minhas origens locais.) Ele deixou a Inglaterra em busca de aventura, e também para fugir das regras comerciais invasivas estabelecidas pela Igreja Anglicana. Na Escandinávia, *nye* significa "novo", e, de fato, os Nye eram recém-chegados. Primeiro, eles trocaram a Dinamarca pela Inglaterra e, depois, partiram da Inglaterra rumo ao Novo Mundo, procurando incansavelmente uma vida melhor todas as vezes. Meus antepassados participaram da Guerra da Independência. Eram gente do mar e dos negócios, aventureiros sempre à procura da próxima coisa a explorar ou inventar. Sou um elo de uma grande corrente. Meu pai, um inventor que se autointitulava Ned Nye, o Cientista. E minha mãe era "genial" no que diz respeito à química e à criptografia. Ela me ensinou a enfrentar quebra-cabeças com a mesma intensidade com que procurou decifrar códigos da Segunda Guerra Mundial. Então, aqui estou combatendo o antigo combate, cerca de 240 anos depois de Benjamin Nye e 2 milhões de outros colonizadores colocarem este país em seu presente rumo.

Antes de eu vaguear para muito mais longe, quero dizer que tenho bastante consciência dos primeiros povos de nosso continente: aqueles que, em épocas remotas, vindos da Ásia, chegaram a pé ou de barco à América do Norte e foram expulsos brutalmente de seus lares ancestrais por colonos europeus séculos depois. Isso virou uma guerra, e como em muitas guerras, inúmeros crimes humanitários foram cometidos. É difícil recompensar totalmente as vítimas. Apesar das atrocidades perpetradas antes e depois da fundação dos Estados Unidos, sustento que o governo deste país foi (e é) uma experiência notável, que criou os mecanismos para o processo moral e também político.

Por mais problemático que meu país nativo pareça de vez em quando, gente de todo o mundo ainda vem para cá, e muitos desejam fazê-lo. Sonham em trabalhar nos Estados Unidos e se tornar cidadãos americanos. Uma grande parte do que os faz querer se arriscar em uma terra estranha é a equidade. Neste país, as leis reconhecem o mérito em vez da genealogia. Há um tipo de honestidade nerd que foi incorporada no sistema desde o início, e os Estados Unidos ainda exemplificam isso. A Constituição teve a intenção de estabelecer um governo melhor e mais humano do que qualquer governo antes conhecido. Essa é outra ideia chave do Iluminismo consagrada nos documentos fundadores que comunguei no Arquivo Nacional: a história progride rumo a melhores condições, e o pensamento racional é o que impele esse processo para a frente.

Os nerds apreciam o conhecimento porque ele nos permite encontrar respostas e desenvolver novas soluções. Promete que o amanhã será melhor do que o hoje, porque assim o faremos. Basicamente, essa atitude é progressista. Nesse sentido, não resta dúvida em minha mente de que Jefferson, Franklin, Hamilton e companhia também eram progressistas nerds completos.

O progresso pode ser lento, mas, com o tempo, as consequências brotam. Esse é o caminho de qualquer sistema que é construído sobre um conjunto consistente e racional de regras, que permite que as ideias compitam e se adaptem. Apenas pense em quão diferente os Estados Unidos são hoje do que eram em 1789. A abolição da escravatura foi o avanço mais doloroso, mas esteve longe de ser o único avanço transformativo. Em 1913, minha bisavó causou grande espanto em minha família quando, em vez de tomar conta do neto de dois dias de idade (meu tio), foi participar de um desfile de sufragistas que lutavam pelo direito de voto das mulheres. Ela se indignava com o fato de que metade da população fosse excluída da possibilidade de direcionar o governo. Também me indigno quando penso nisso. Mas em outro nível, penso: "O quão bacana é isso?". Conseguir um lugar à mesa da governança era mais importante do que... Bem, quase qualquer outra coisa na vida. Finalmente, em 1920, ela viu seu desejo se realizar com a ratificação da décima nona Emenda.

Eu testemunhei o progresso democrático no correr de minha vida. Quando eu era criança, os cidadãos de Washington, minha cidade natal, não podiam votar nas eleições presidenciais. Era uma estranha relíquia do estabelecimento de Washington como jurisdição federal, separada de todo e qualquer estado. Manter as pessoas ali fora da política presidencial deve ter parecido uma boa ideia para os fundadores constitucionais. "Essa cidade será separada, e as pessoas que trabalham ali não serão impelidas a ter de escolher lados na votação mais importante disponível para os cidadãos de seu país", eles podem ter pensado. "E, além disso, estamos falando de uma população inferior a dez mil." No entanto, a população de Washington cresceu para centenas de milhares de indivíduos, e o arranjo se tornou evidentemente injusto. Assim, a lei foi mudada. Eu era criança, mas me lembro disso claramente. Meus pais, ambos veteranos da Segunda Guerra Mundial, votaram pela primeira vez para presidente em 1964. Isso foi exatamente um ano antes da promulgação da Lei dos Direitos de Voto, outro marco na expansão e proteção da democracia americana. (Washington ainda não tem plena representação congressional; a mudança leva tempo.)

Essas mudanças são possíveis por causa dos homens que produziram os documentos expostos atrás do vidro grosso e à prova de bomba no salão principal do Arquivo Nacional. Os autores desses documentos pensaram muito, ao estilo tudo de uma vez. Eles sabiam que estavam no início, que estavam criando a partir da imaginação, tomando decisões fundamentais que moldariam tudo que viria na sequência. Sabiam que tinham de ser bastante claros acerca de seus objetivos e implacavelmente honestos na consideração de todas as possíveis consequências de suas ações. Inspiraram-se em fontes intelectuais conhecidas (desde Aristóteles e Platão até Francis Bacon e John Locke) para encontrar maneiras de conciliar as necessidades da nação por força e justiça. Perceberam que tinham a chance de fazer uma mudança grande e duradoura em um governo e na própria natureza do governo. O musical *Hamilton* capta esse espírito em um de seus mais memoráveis versos, quando Alexander Hamilton promete apaixonadamente: "Não desperdiçarei minha chance!". Ele teve a oportunidade de mudar o mundo, e a aproveitou.

Em minha opinião, o processo contínuo de mudança política americana remonta à evolução biológica. Foi o que eu quis dizer antes, quando descrevi o sistema legal americano como algo que permite que as ideias *compitam* e *se adaptem*. Os indivíduos que produziram a Constituição e a Declaração de Direitos se deram conta de que não bastava acreditar na possibilidade de progresso e que eram necessários mecanismos institucionais específicos para possibilitar isso. Recorrendo à filosofia do Iluminismo, eles propuseram uma abordagem em relação ao governo que tinha paralelos interessantes com a teoria da evolução de Charles Darwin por meio da seleção natural; e fizeram isso uma década antes do nascimento de Darwin.

Os fundadores conceberam um arcabouço legal baseado em certas regras invioláveis de liberdade, tranquilidade, justiça e bem-estar pessoal, mas também permitiram leis baseadas na vontade dos eleitores. Por exemplo, nós decidimos dirigir do lado direito da rua em vez do lado esquerdo. Está em nossas leis, mas esse tipo de detalhe não se encontra em nossa Constituição. O presidente pode orientar as ações do governo, o Congresso pode redigir novas leis continuamente, e os juízes da Suprema Corte podem interpretar continuamente a Constituição à luz de novas realidades sociais, políticas, econômicas e científicas. Na natureza, os organismos mais bem adaptados superam competitivamente os menos bem adaptados. Em uma democracia constitucional, as leis boas podem superar competitivamente as leis ruins ou as piores. A Constituição define as regras básicas, mas é o início, e não o fim, do sistema legal americano. A partir daí, você pode obter inovações, como direitos de voto expandidos, maiores liberdades e novas estruturas governamentais, como, por exemplo, a National Science Foundation [Fundação Nacional da Ciência] e a EPA. Fico impressionado com toda essa presciência baseada na razão sempre que visito o grande salão do Arquivo Nacional.

Mesmo não fazendo uma visita ao Arquivo Nacional — aliás, sendo ou não um cidadão ou residente dos Estados Unidos —, você pode testemunhar o legado dessa revolução. Você faz isso o tempo todo, porque está ao seu redor, nas rodovias, nas linhas de transmissão de energia, nas regulações ambientais e nas proteções constitucionais. Se você vive em outro país, também já entrou em contato com essas poderosas ideias iluministas. Os conceitos fundadores de democracia, igualdade e abordagem racional à lei estão incorporados nos sistemas políticos mais livres e mais produtivos em todo o mundo. Há uma forma de pensar profundamente científica subjazendo nesses conceitos.

Sempre que trabalho em um projeto difícil, procuro ao máximo resistir ao pensamento de que "está pronto" logo que acho que alcancei o fim nominal. Quer seja um croqui de engenharia para uma base portátil de arremessador de beisebol ou um roteiro de um episódio de *Bill Nye Saves the World*, meu programa da Netflix, reconheço que os primeiros esboços das coisas quase sempre precisarão de mais trabalho. Desencorajo fortemente os roteiristas, produtores ou editores de usar a palavra "final" no alto de qualquer documento. Nada é final em um programa de tevê até que esteja gravado e no ar. O mesmo vale para qualquer projeto criativo. Se você quiser realizar trabalhos bons, terá de desenvolver a capacidade de mudar e se adaptar. A natureza faz isso. É o que devemos fazer.

Para mim, o mais emocionante em contemplar aqueles antigos pergaminhos é lembrar o quão modernos são. Sem dúvida, eles são iluminados fracamente para preservar a tinta desbotada, e estão fechados em uma caixa de gás argônio inerte para impedir que o papel vire pó, mas as palavras neles estão tão vivas como sempre. São lembretes comoventes de que, na lei, como na ciência, o pensamento bom o suficiente nunca é bom o suficiente. Por isso a Constituição precisa de reinterpretação constante. Remonta àquela maravilhosa noção de progresso. Talvez até nos livremos do Colégio Eleitoral um dia desses. Você não gostaria que a medicina moderna se baseasse em ideias do tempo anterior à teoria microbiana das doenças, nem que tentassem fabricar um motor a jato por meio da antiga teoria de que o calor é um fluido chamado "calórico". Felizmente, os fundadores adotaram uma busca sem fim pelas melhores ideias e melhores soluções. A Constituição é um dos mais belos exemplos do pensamento tudo de uma vez, sendo uma inspiração pessoal e também política.

Diga o que quiser sobre os defeitos da sociedade americana — e, com certeza, há muito a dizer —, mas nosso estilo progressista de agir é um lembrete constante de que coisas maiores são possíveis. Não temos de aceitar nada do jeito que é. Podemos estimular, adaptar, revisar, evoluir, aprimorar... E mudar o mundo.

CAPÍTULO 10

Todos sabem algo que você não sabe

Considere atentamente o título deste capítulo. Espero que você dedique algum tempo e deixe essas palavras ecoarem em sua mente. É uma ideia muito simples, mas eu a considero altruísta e empoderadora. Você está cercado por pessoas que são especialistas em uma área ou outra, e a maioria delas está pronta para compartilhar seu conhecimento irrestritamente com você. Tudo o que você precisa fazer é abordá-las de modo aberto, generoso e atento.

A *expertise* que os outros possuem pode não ser o que você ou eu espera. Talvez até não seja algo que você reconheça imediatamente. Posso quase garantir que um zelador sabe mais acerca de interações químicas entre solventes de limpeza do que um indivíduo comum. Com certeza, um comissário de bordo recebeu treinamento acerca das últimas técnicas de reanimação cardiorrespiratória. Provavelmente, um caixa de supermercado pode lhe dizer a textura exata de uma manga madura ou o significado verdadeiro da data de validade em uma embalagem de leite. É incrível pensar em todo o conhecimento que está ao nosso redor em cada momento. Porém, para utilizar todo esse grande saber, você precisa tentar se comunicar e perguntar. Há muitos motivos pelos quais não fazemos isso. Somos muito ocupados, muito acanhados, muito orgulhosos, muito desatentos. Muitas vezes nem sequer percebemos os outros; ou temos tanta certeza de que nosso conhecimento deve ser superior (ou ao menos bom o suficiente) que não nos damos ao trabalho de perguntar. Mas pense nisso: não importa o quanto você estudou ou quantas experiências de vida teve, outra pessoa estudou algo que você não estudou e experimentou coisas que você não experimentou.

Sou um estudo de caso ambulante: sei muito a respeito de muito, mas ainda dispondo de um depósito cheio de falta de conhecimento. Senti isso, principalmente, em 1977, quando comecei a trabalhar como engenheiro na Boeing, numa época em que eu tinha mais formação acadêmica do que experiência de vida. Estava na iminência de trabalhar em aprimoramentos de engenharia para o maior e mais famoso jato da empresa, o 747. Para minha sorte, Jeff Summitt, meu chefe, era um cara incrível. Ele cresceu com réguas de cálculo e tinha uma intuição no que dizia respeito a forças, pressões e mecanismos. Eu quis impressioná-lo com minha capacidade e tentava imitá-lo, tanto que até usava a mesma marca de sapatos de segurança dele e pedia o mesmo que ele para almoço no refeitório.

Havia um piloto de teste da Boeing que estava muito preocupado com as vibrações no manche — o volante dos pilotos de avião — do 747. Digo "vibrações", mas o que ele detectou foi mais um zumbido sutil. Era preciso concentrar-se por um momento para senti-lo. Porém, uma vez sentido, ele era notado toda vez que se tocava no manche (algo que o piloto faz durante todo o voo). Jeff me incumbiu de descobrir como se livrar das vibrações. O Boeing 747 foi o primeiro avião de passageiros comercial que era todo *fly--by-hydraulic*; ou seja, não havia conexões diretas e sem uso de energia elétrica entre os controles do piloto e as superfícies aerodinâmicas (ailerons, lemes e profundores) que direcionam o avião. Para dar ao piloto uma noção do que o avião estava fazendo no ar, havia um dispositivo denominado "computador de sensação". Utilizando fluido hidráulico em uma pressão de 2 megapascais, o computador do tamanho de um pacote de pão de forma gerava forças de controle artificiais. Da mesma forma que o volante de seu carro faz uma força contrária em suas mãos quando você faz uma curva, o computador de sensação proporcionava uma força de resposta no manche do piloto na cabine. O 747 possui quatro sistemas hidráulicos redundantes para lidar com as forças extraordinárias necessárias para controlar uma aeronave tão grande voando em altas velocidades. Esse arranjo significa que quase não há chance de que uma falha única, ou mesmo uma combinação de falhas, consiga incapacitar o avião.

Então, o que estava causando a vibração? O 747 é um conjunto complicado de mecanismos, e Jeff me ajudou a analisar o problema. Com todos os quatro sistemas hidráulicos funcionando em pressão total (isto é, normalmente), de vez em quando eles funcionam um pouco uns contra os outros.

Quando comecei a analisar o problema, Jeff observou friamente que qualquer vibração que os pilotos estivessem sentindo tinham de estar vindo daqueles sistemas hidráulicos, e não do ar. Investiguei mais detalhadamente, examinando todo o sistema, peça por peça. Por fim, concluí que os próprios tubos eram os culpados. Além de seu considerável comprimento, estavam criando de modo extremamente sutil uma onda de alta frequência no fluido hidráulico. Nada para ver, apenas um zumbido nos dedos.

Naquele momento, tínhamos um problema mais bem-definido: como suprimir as vibrações geradas artificialmente? Adicionamos um comprimento extra de tubulação hidráulica e fizemos a onda de pressão interferir destrutivamente em si mesma. Era um ardil engenhoso extraído da teoria das ondas. Quando a onda de pressão ficava maior, nossa nova antionda criada artificialmente ficava menor e eliminava todo o problema. Como eu acabara de sair da faculdade de engenharia, Jeff incumbiu-me de fazer as contas. Calculei a velocidade das ondas no fluido e o volume necessário para gerar a antionda correta. Meus números orientaram o nosso projeto, e a vibração desapareceu. Nunca vou me esquecer de quão pouco eu sabia das coisas que Jeff me pediu para fazer. Ele não só tinha conhecimento em detalhes sobre hidráulica e sistemas de controle como também sabia como filtrar seu conhecimento. Essa filtragem é o que, em geral, denominamos "intuição". Levei um tempo para avaliar o quanto Jeff sabia que eu desconhecia, mas ele teve paciência comigo. Com ele, eu nunca me senti constrangido por fazer perguntas. Jeff me integrou à equipe, cujos membros ele tratava com respeito, e estimulava todos nós a compartilhar nossas melhores qualidades. Todos contribuímos para o projeto, para a construção e o teste de nosso sistema antivibração. Foi o começo de uma jornada.

Anos depois, ao sair da Boeing, eu trabalhei em alguns outros empregos como engenheiro. Em 1982, ingressei na Sundstrand Data Control, a empresa que fabrica a maioria dos gravadores de dados de voo da caixa-preta dos aviões. Ela fica exatamente do outro lado da rodovia do que agora é o *campus* da Microsoft. Na época, ficava do outro lado de uma pastagem.

Além dessas caixas-pretas, a Sundstrand fazia todos os tipos de aparelhos eletrônicos de aviação: os aviônicos. Muitos desses aviônicos incorporavam acelerômetros pequenos e bastante precisos: dispositivos ultrassensíveis que medem pequenas acelerações ou desacelerações. Quando digo "ultrassensível", quero dizer *ultra* ultra. Mesmo naquele tempo, os acelerômetros eram tão precisos que conseguiam medir a gravidade da Lua a partir da superfície da Terra; existe uma atração de cerca de 30 micro-g de aceleração. Para colocar isso em termos mais concretos, minha balança doméstica diz que meu peso na superfície de nosso planeta é sem gordura supérflua; quer dizer, 70 quilos. Quando a Lua passa por cima, sua gravidade me atrai levemente e eu peso um pouco menos. Mais precisamente, se eu pesasse 70 quilos na balança antes, meu peso diminuiria em 30 partes por milhão, resultando em 69,99979 quilos.

Não, você não consegue perceber uma atração minúscula como essa, mas o piloto automático *ultra*ssensível de um avião a jato consegue, com certeza. Em vez de medir a Lua, os acelerômetros dos pilotos automáticos sentem os efeitos das acelerações e desacelerações do movimento do avião no que chamamos de "espaço inercial". Eles também podem ser usados abaixo da superfície, para ajudar a guiar a broca em uma mina ou um poço de petróleo. Na Sundstrand, o problema específico em que meus colegas engenheiros e eu trabalhávamos era como encontrar, com precisão extremamente alta, a direção de uma broca que estivesse trabalhando abaixo da superfície. Claro que não é possível enxergar no fundo da terra, mas quem usa uma broca tem de saber exatamente para onde ela está apontando. Estávamos usando uma combinação de acelerômetros nos modos x, y e z (basicamente, leste-oeste, norte-sul, para cima-para baixo), para apontar e dirigir complexos sistemas de perfuração.

Esse era outro problema cuja solução superava a extensão de meu conhecimento. Quando se está projetando um sistema como esse acelerômetro, há muitas opções disponíveis. Por exemplo, podem-se projetar algumas peças com tolerâncias perfeitamente justas, fabricando-as em uma sala especial com temperatura controlada. Isso exige muito trabalho, mas pode permitir que se fabriquem outras peças com tolerâncias não tão precisas, que, no fim, podem simplificar a montagem geral. Por outro lado, é possível fabricar todas as peças com tolerâncias um pouco folgadas, e então alinhá-las cuidadosamente e fixá-las nas posições corretas por meio de um dispositivo adicional que é fabricado para tolerâncias extremamente justas. Dessa maneira, o dispositivo é deixado para executar o trabalho de alinhar, ajustar ou montar.

Então, qual é a solução correta? Se, naquela ocasião, você tivesse me perguntado, como minha equipe perguntou, eu teria ficado desconcertado. A segunda opção não pareceu uma possibilidade realista para mim: "Você pode fazer isso? Os alinhamentos assim não estão além da capacidade de nossos instrumentos?" Naquele momento, esse foi o meu pensamento, mas só por causa das limitações do meu conhecimento, e não porque não havia solução. Eu não estava certo de que existia um jeito de solucionar o problema, e tinha apenas uma ideia aproximada de por onde começar. Realmente, não tinha certeza de qual fim deveria querer. Às vezes, você precisa de ajuda para descobrir como superar as limitações de seu conhecimento. Naquele instante, era onde eu estava. Não entrei em pânico quando me defrontei com a tarefa; vamos dizer que eu estivesse "preocupado". Assim, consultei Jack Morrow, meu colega de trabalho e projetista muito sarcástico. Ele também não sabia a abordagem correta, mas sabia *como saber*. Jack me disse: "Vá perguntar aos rapazes da usinagem".

Jack se referia aos operadores de máquinas; os caras que cortam metal usando máquinas grandes e complexas, com brocas de corte superduras, lâminas e escareadores capazes de produzir praticamente qualquer peça que você possa imaginar. Eu não tinha conhecimento das formas e tolerâncias que podem ser criadas e alcançadas por meio do corte de metal, mas Jack assinalou que os rapazes da oficina sem dúvida tinham. Então, ele salientou o fato com uma sentença irresistivelmente simples, que me marcou muito: "Todas as pessoas que você encontra sabem algo que você não sabe".

Percorri o longo corredor até a oficina e falei com Roger, Mose e Phil. Eles me mostraram quais peças do meu aspirante a inclinômetro (mede a inclinação por meio da aceleração) seriam fáceis de fabricar e quais seriam difíceis. Falaram comigo sobre o projeto do ponto de vista deles, alertando-me acerca dos erros comuns que são cometidos na definição das expectativas sobre os metais e me dando dicas de macetes úteis para evitar desalinhamentos. Eles me ajudaram, e, no processo, ajudaram toda a equipe a projetar um instrumento melhor. E sabe de uma coisa? Eles não riram de mim, nem fizeram com que me sentisse um idiota. Não fizeram piada sobre o novato ainda aprendendo seu caminho ao redor de uma mandrilhadora. Ficaram contentes e orgulhosos de compartilhar sua *expertise*. Quero dizer, quem não gosta de ter uma chance de mostrar o que sabe? Também tive a impressão de que eles apreciaram ser consultados no início do projeto, quando seus conselhos realmente fizeram a diferença. Também tiveram a permissão para integrar a equipe de projeto desde o início, em vez de serem convocados no fim para corrigir problemas existentes no projeto final por pessoas sem um conhecimento melhor do que o deles. Foi um ganho mútuo para todos nós e acabou economizando o tempo de todos, pois trabalhamos juntos desde o início para propor a solução mais conveniente e ideal.

Em relação ao meu chefe na Boeing, era óbvio quem tinha a *expertise*. Alguns anos depois, dei-me conta naquela oficina de que, na maioria das vezes, aqueles que possuem o melhor conhecimento não são tão óbvios. Naquele caso, eles estavam a alguns passos de distância, mas eu não tinha percebido. Após receber algumas instruções dos operadores de máquinas, voltei para a prancheta de desenho (real) e incorporei as sugestões deles. Segui seus conselhos sobre de que itens fazer planos de dados, que dimensões especificar como "básicas" e que peças alinhar. Sob a tutela de Jack, aprendi que o padrão recém-adotado se denominava "dimensionamento e tolerância de posição verdadeira". Se você não sabe o que são essas coisas, eu também não sabia. Agora você tem um pouco de noção de como me senti. Experimentamos uma sensação de inutilidade quando não sabemos o que está acontecendo. Porém, quando perguntamos e aprendemos, a satisfação é grande.

Não quero fazer de conta que todos tinham o mesmo *status* na empresa. Havia diferenças salariais consideráveis entre os operadores de máquinas, que tinham passado por um longo treinamento em relação ao seu exigente ofício, e Karl, o zelador. Em geral, os times de softbol eram formados por grupos de funcionários que trabalhavam muito juntos. Engenheiros com engenheiros, operadores de máquinas com operadores de máquinas. Não obstante, respeitávamos uns aos outros. Todos tínhamos uma função a desempenhar, e entendíamos que não podíamos executar nossos trabalhos corretamente sem a cooperação e a *expertise* de todos os demais. Em lugares onde todos estão colaborando dessa maneira sem percalços, frequentemente a coisa que você mais percebe é: nada. Você faz o seu trabalho, e tudo simplesmente parece um pouco mais fácil do que se esperava porque todos estão trabalhando em conjunto como uma equipe. No entanto, também trabalhei em diversos lugares onde as pessoas não valorizavam a *expertise* mútua, e isso faz uma grande diferença. É frustrante, até deprimente. Não há jeito de realizar nada grandioso em ambientes assim.

Há inúmeras maneiras de promover a ação de ouvir livremente e até institucionalizar a ideia. Grandes empresas, como a Boeing, e organizações sem fins lucrativos, como a Sociedade Planetária, possuem organogramas registrando a hierarquia dos funcionários. No topo, está o diretor executivo (CEO). No meio, encontramos os gerentes de nível médio. Na base, você talvez encontre Amy, a engenheira, ou Karl, o zelador. Mas no ramo hoteleiro, é o contrário. O CEO está na base, e o hóspede do hotel fica no topo. É uma maneira excelente de analisar as coisas. Na Sociedade Planetária, nós criamos um tipo similar de organograma, para destacar os membros que nos apoiam. Em meu programa da Netflix, *Bill Nye Saves the*

World, o telespectador é a pessoa mais importante. Em nossa lista de chamada do programa (o documento que registra todos que estão trabalhando naquele dia e o que estão fazendo), eu me registrei como parte do "Departamento na Câmera", em vez de no mais tradicional "Departamento de Talentos". Meu trabalho é fornecer palavras e imagens para a audiência, mas não sou o único com talento. Os operadores de câmera, os maquiadores, os operadores de áudio, os eletricistas, os contrarregras sabem de muitas coisas que eu não sei. Trata-se de uma equipe, e nós trabalhamos duro e de forma colaborativa para realizar bons programas. Não precisamos fingir, porque podemos recorrer uns aos outros em busca de respostas. Nós nos respeitamos mutuamente.

Gosto de pensar que os nerds são ouvintes naturais, porque eles são aprendizes naturais, o que lhes dá uma imensa vantagem em romper algumas dessas barreiras pessoais. Mesmo assim, é uma batalha constante. Sob vários aspectos, grandes e pequenos, nossa sociedade nos condiciona a não prestar atenção às pessoas que são diferentes de nós. No entanto, você não pode aplicar o método do tudo de uma vez se não se abrir para a parte do "tudo".

Essas ideias a respeito da importância da *expertise* e do respeito passaram ao primeiro plano para mim após um incidente no ano passado quando estava a bordo de um avião voltando de Guadalajara, no México. Eu acabara de participar do Congresso Internacional de Astronáutica, e vi quando Elon Musk apresentou ao mundo seus planos de enviar centenas de passageiros para Marte a bordo de imensas naves espaciais. O público ali ficou comparando (embora por curto tempo) a apresentação de Musk com o discurso de John Kennedy, em 1962, sobre a viagem à Lua. As pessoas estavam nervosas, e, em seus voos para casa, cochichavam a respeito das ideias sobre Marte. Aliás, muitas daquelas discussões enfocavam o tema da *expertise*: Musk sabia como pôr em prática seus planos fantásticos ou seus sonhos tinham superado sua capacidade?

Enquanto aquelas conversas animadas, e às vezes acaloradas, aconteciam, eu me encontrava confortavelmente abrigado a bordo de um Boeing 737 e sentindo minha habitual expectativa de pedir uma bebida para a comissária de bordo que se aproximava. Metodicamente, no corredor, ela atendia os passageiros com uma solicitude perfeita e bem ensaiada. Então, o rapaz no assento situado à minha frente começou a falar alto sobre como aquela comissária o desrespeitara. O homem reclamava que ela não lhe perguntara o que ele queria beber antes da pessoa ao lado dele, que as opções de comida eram horríveis, que ele não merecia ser tratado daquela forma etc.

Eu não conseguia acreditar. "Cara, deixa disso", pensei. Quase perdi a calma, e eu estava sentado na fila atrás da do rapaz. De fato, eu não tinha de lidar com ele. Mas, meu Deus, a comissária era incrível. Ela permaneceu muito calma e fez diversas tentativas para acalmá-lo. Com toda a gentileza, explicou que sentia muito que as opções de refeição da noite não fossem do agrado dele. Ofereceu-lhe uma caixa de lanche, que incluía húmus, queijo, azeitonas e bolachas. O rapaz não sossegou por mais alguns minutos, mas, finalmente, a tranquilidade dela funcionou. Talvez a gentileza da comissária, afinal, tivesse feito o rapaz se sentir ridículo. Talvez ele houvesse, enfim, decidido que recebera o respeito que merecia. O que quer que fosse, a comissária resolveu o problema e fez as pazes com ele. Acho que pessoas como ela são treinadas para ser gentis com passageiros problemáticos, mas aquela atitude causou boa impressão em mim e em todos os demais passageiros sentados perto do rapaz exasperado.

Basicamente, acho que aquele sujeito não estava pensando na comissária de bordo como alguém com pensamentos, sentimentos, percepções. Ele pode ser o tipo que gosta de ter controle sobre as pessoas do setor de serviços porque carece de controle em outras partes de sua vida. Quem sabe tivesse achado que, naquele ambiente no avião, podia ficar no comando, porque era cliente. No entanto, o que notei naqueles poucos e embaraçosos minutos foi que a comissária o comandou. Pelo jeito, ele presumiu que, porque ela trabalhava em um emprego do setor de serviços, era menos do que ele, e não era merecedora de respeito ou civilidade, mas, na verdade, era ele quem carecia disso. No modo de pensar dele, por qualquer motivo, o rapaz não conseguia enxergar a comissária como alguém com muita *expertise*, como uma profissional realizando seu trabalho em alto nível.

A desagradável cena me fez entender tudo aquilo que uma comissária de bordo deve saber. Ela sabe a respeito de horários de voo, operações do avião e os diferentes estilos técnicos dos pilotos. É treinada em uma grande variedade de procedimentos de segurança, está pronta para lidar com tudo, desde um pouso de emergência (talvez no rio Hudson) até um passageiro vítima de um ataque cardíaco. Sobretudo, ela sabe muito sobre gerenciar pessoas, de todos os tipos, em um ambiente confinado, que frequentemente causa ansiedade e inquietação. A habilidade gerencial é um recurso muito importante. Se você já teve um chefe abominável — e duvido que não tenha tido —, entende o que quero dizer. Sem dúvida, você já esteve em um restaurante ou negócio que era mal administrado, e sentiu isso na hora. Talvez você tenha sido um mau administrador. Aquela comissária pode nunca ter pensado em escrever um livro intitulado *Dicas de gestão a 10 mil metros de altitude*, mas aposto que seria capaz de escrevê-lo. E eu o leria.

Então, comecei a pensar um pouco mais no passageiro raivoso. Fui muito implacável em meu julgamento a seu respeito? Afinal, ele era um estranho completo. Talvez o dia dele tivesse sido muito ruim. Pode ser que houvesse acabado de receber alguma notícia terrível. Além disso, tenho certeza de que em uma ou outra ocasião eu fui rude com as pessoas. Por cansaço. Por raiva. Aquele pequeno episódio me lembrou de como é fácil perder a calma, de como é fácil esquecermos de que estamos todos juntos nessa. Somos muito mais parecidos do que diferentes. Todos temos a mesma humanidade e os mesmos direitos aos olhos da Constituição. Meu pai me ensinou a tratar os outros com respeito: devemos trabalhar o máximo possível para nos vermos com compaixão e valorizar o conhecimento que os outros possuem.

Conforme a situação se dissipava e todos voltavam para suas atividades em voo, mais eu pensava a respeito do que testemunhara. A comissária de bordo me proporcionara uma lição importante sobre o que constitui uma habilidade: além de toda a informação técnica que ela precisava ter, das precauções de segurança e do talento logístico para se deslocar naquele espaço tão pequeno, ela necessitava de habilidades interpessoais. Essas não são mensuráveis, não dão as caras em um currículo nem numa entrevista, mas aqueles que possuem habilidades interpessoais causam um impacto visível e duradouro sobre todo o ambiente. Tratar os outros com respeito, paciência e compreensão não só os estimulará a tratá-lo bem em reciprocidade, mas também é o primeiro passo para atrair ligações, conversas e colaborações, deixando o dia de todos um pouco melhor.

Todos possuem habilidades e competências muito valiosas, e temos a responsabilidade de tratar as habilidades de todos com respeito. Isso significa *todo o mundo*, independentemente do cargo, do nível educacional ou da posição social. Essa tolerância e abertura satisfazem os padrões da honestidade nerd, e também atende ao nosso interesse próprio bruto. No entanto, estou escrevendo este capítulo em um momento em que muitos, nos

Estados Unidos e em grande parte do mundo desenvolvido, estão se opondo ativamente à *expertise* de outras pessoas; sobretudo aqueles aos quais eles percebem como "a elite". Atualmente, há um equívoco terrível acerca da autoridade advinda do tipo de conhecimento que os cientistas representam.

Com regularidade, ouço comentários furiosos contra os cientistas do clima e os políticos que são favoráveis a eles. As pessoas acreditam que alguns desses especialistas querem novas regulações, de modo que possam ganhar mais poder, aparentemente tentando nos cegar com palavras sedutoras e, depois, explorando-nos. Na realidade, eles só estão fazendo seus trabalhos. Alguns dos ataques mais preocupantes foram direcionados contra pesquisadores do clima como Michael Mann, da Universidade do Estado da Pensilvânia. Muitos foram levados a crer que esses cientistas querem mudar a estrutura tributária em seu próprio benefício, em vez de fazer isso para podermos criar uma economia energética que seja sustentável, mais limpa e mais eficiente do que aquela que temos agora. Os negacionistas climáticos e os adeptos de teorias conspiratórias perderam de vista a verdade básica de que todos sabem algo que você não sabe. De fato, eles distorceram a ideia de forma esquisita. Uma linha de argumentação muito comum diz o seguinte: Quem são esses "especialistas" para me dizer qual é a verdade a respeito do clima? Eles acham que sabem coisas que eu não sei. Bem, talvez eu saiba mais do que eles!

Agora, isto é importante: a *expertise* precisa ser adquirida. Outras pessoas sabem coisas que você não sabe porque estudaram, trabalharam e viveram o que você não estudou, trabalhou ou viveu. Os especialistas em clima são especialistas porque passaram a vida estudando, fazendo perguntas e procurando respostas honestas. Neste momento, quero deixar claro que o objetivo real dos cientistas do clima é tornar a vida de todos mais segura e mais saudável. Abrir-se para o conhecimento de outros indivíduos pode ser difícil, até mesmo perturbador, sobretudo se esses outros são muito diferentes de você. Pode ser frustrante perceber que outras pessoas sabem mais do que você, pois é da natureza humana se sentir desconfortável e vulnerável diante de informações desconcertantes que ainda não fazem sentido para você. O passageiro furioso a bordo do avião não conseguiu perceber que a comissária estava tentando cuidar dele, porque ele estava absorto demais em sua própria suposição de que o estavam negligenciando enquanto outra pessoa conseguia melhor tratamento.

Nesse caso, nós, nerds, cientistas e companheiros viajantes, temos uma responsabilidade dupla. Primeiro, precisamos nos defender contra aqueles que tentam de maneira ativa desvalorizar o conhecimento por cuja conquista tanto lutamos. Acredito que temos de defender ideias científicas e, ainda mais importante, defender o processo científico, o princípio de estar aberto a novas informações. Devemos promover de maneira ativa a filosofia de que todos sabem algo que você não sabe. Isso significa envolver-se com escolas locais, trabalhar em projetos educacionais, falar abertamente com amigos e familiares e se engajar com políticos. Também precisamos ter debates construtivos (quero dizer, em vez de discussões estridentes) sobre como sabemos o que sabemos na ciência, principalmente acerca da mudança climática causada pelo homem. Acho que o "como sabemos" é básico para que mantenhamos um debate.

Segundo, temos de adotar esse tipo de sinceridade com nós mesmos. Precisamos fazer mais do que apenas perseguir os projetos e eventos mais interessantes e mais nerds porque achamos que são bacanas. Temos de pensar bem em como pomos em prática nossa busca pelo progresso. Não pode ser só bacana, mas também tem de melhorar a vida e ser acessível a todos. Ouvi muitos "debates" a respeito do clima que consistiam de negacionistas afirmando que a mudança climática é uma farsa e de pessoas ostensivamente pró-ciência respondendo que os negacionistas são idiotas negligentes ou malfeitores amorais. Veja, estou bastante familiarizado com o quão frustrante pode ser conversar com gente que rejeita a evidência científica, mas tenho certeza de que ninguém mudou de ideia como resultado de ser chamado de idiota.

Devemos defender instituições importantes como a EPA, explicando exatamente o que fazem e por quê. É preciso cobrar responsabilidade dos líderes do movimento do negacionismo climático, que são inimigos da ideia de que todos sabem algo que você não sabe. Temos de desmascarar o que eles não sabem e desacreditá-los. Ao mesmo tempo, devemos encontrar maneiras de difundir informações e evidências reais de modo a inspirar confiança e segurança. Sempre que possível, deveremos trabalhar para tirar do poder os criadores de caso, expondo sua corrupção e oferecendo uma alternativa clara que realmente vai proteger e animar a todos nós. Uma resposta significativa à mudança climática exigirá mais pesquisa científica e soluções de engenharia. Também exigirá ação de *lobby*, sensibilização do público, organização da comunidade, campanhas para fomentar o voto em eleições e apoio empresarial.

Todas essas ações se beneficiarão muito de trocas que, aparentemente, podem parecer quase nada: conversar com Karl, o zelador, sobre seu trabalho, ou observar uma comissária de bordo acalmar um passageiro difícil. Um nerd de verdade aspira atrair esses tipos de *insights* o tempo todo.

Ainda estou trabalhando em tudo isso, exatamente como até o melhor e mais nerd entre nós ainda está. Observo o comportamento humano, tentando me tornar um gestor mais competente dos pequenos negócios em que estou envolvido. Dou o melhor de mim para contratar as melhores pessoas para cada cargo, mas, além disso, empodero as pessoas com quem trabalho a fazer o máximo de gestão possível. Se outro estiver gerenciando um projeto ou trabalho, então não terei de gerenciá-lo. Em pouco tempo, essa pessoa saberá mais a respeito dele do que eu saberei algum dia, e se tornará uma nova fonte de *expertise*. No final das contas, confiar nos outros e respeitá-los resulta em um melhor trabalho em equipe. Os indivíduos produzem mais e se divertem mais. Quando estou trabalhando na Sociedade Planetária, significa que ficamos mais propensos a construir velas solares e explorar novos mundos. Quando estou trabalhando em meu programa da Netflix, significa que estou mais propenso a entreter meus telespectadores, partilhar algumas informações e ampliar sua imaginação.

Abraçar a ideia de que todos sabem algo que você não sabe é parte de fazer com que muitas pessoas trabalhem juntas para o bem comum. É mais uma parte do caminho para a mudança positiva.

PARTE II

IDEIAS NERDS POSTAS EM PRÁTICA NERD

CAPÍTULO 11

A alegria das limitações

Nunca esquecerei minha primeira semana do curso de física no ensino médio, quando o senhor Lang desenhou uma elipse no quadro-negro. Uma elipse é um círculo achatado ou esticado. Apresenta mais ou menos a forma de uma pista de corrida ou de um ovo simétrico. Uma elipse é, teoricamente de modo exato, a forma da trajetória anual da Terra ao redor do sol. No entanto, a forma que meu professor desenhou não era reconhecível de imediato. Sua elipse estava inclinada em relação aos eixos X e Y, e também em relação ao chão, à bandeja de giz e, bem, a tudo. Ele me escolheu e lançou esse desafio: Posso dar sentido à forma e descobrir uma maneira de descrevê-la matematicamente? Posso escrever a equação para uma elipse inclinada?

Os números e as equações são utilizados para descrever cada aspecto do mundo ao nosso redor. Para isso, porém, precisam fazer mais do que corresponder às formas idealizadas de um livro escolar. Devem ser capazes de captar todos os detalhes complicados e desleixados encontrados na realidade. As equações devem fazer sentido sem referência ao papel milimetrado ou aos sistemas de coordenadas. Sem dúvida, eu, como bom aluno, conseguiria descobrir como descrever uma elipse simples que estava um pouco inclinada. Assim, segui em frente. Estando em um ótimo lugar com minhas habilidades algébricas, pensei, adicionarei simplesmente alguns termos inclinados para os Xs e os Ys, alguns senos e cossenos, talvez. Resolvi tentar. Bem, essa equação pode se tornar pesada para qualquer um, e mais ainda para um aluno da décima primeira série tentando demonstrar sua capacidade no início do ano letivo. O senhor Lang percebeu a direção que eu estava seguindo. Então, ele me interrompeu com estas palavras: "Nye, a elipse não está inclinada. *Você está inclinado.*"

Havia muita sabedoria acumulada naquelas poucas palavras. O senhor Lang estava me dizendo para analisar o problema de maneira distinta. À primeira vista, o problema pareceu bastante difícil, mas a sugestão dele era de que a dificuldade residia na maneira pela qual eu estava analisando o problema mais do que no problema em si. O segredo era parar de pensar nos outros objetos ao redor da elipse (o quadro-negro, a sala de aula, eu mesmo) como tendo algo a ver com a figura inclinada. Eu podia contornar o assustador aspecto inclinado do desenho no quadro-negro simplesmente analisando-o de modo distinto. Se eu imaginasse o desenho como existente dentro de um mundo inclinado, aquele voltaria a ser o desenho de uma elipse perfeitamente normal; então, eu poderia solucionar o problema com facilidade. Em vez de propor uma solução complicada para um problema de aparência complicada, eu precisava retroceder e reavaliar o problema real à mão. De fato, tudo o que eu tinha de fazer era inclinar a cabeça.

Minhas duvidosas habilidades algébricas e trigonométricas me impediram de executar a complicada solução que de início considerei, e essa limitação me forçou a encontrar o que era, em última análise, uma solução muito melhor. Em geral, falamos de limitações como se fossem coisas ruins. Elas nos impedem de fazer algo; muitas vezes exatamente a coisa que mais queremos fazer. Porém, vou sustentar aqui que as limitações podem ser úteis, até belas. As limitações ajudam a orientar as decisões em sua vida, das menores às mais profundas. Por causa dessas limitações, há certas abordagens em relação aos problemas que não funcionarão. As limitações o ajudam a descobrir o que não fazer e, o mais importante, que ideias abandonar. Elas o auxiliam a tomar decisões sobre aquilo que você compra, sobre aquilo que você come, sobre o emprego que aceita, sobre com quem você casa (ou não). Elas tornam o mundo compreensível científica e matematicamente. Foi o que o senhor Lang me ajudou a entender naquele dia aparentemente rotineiro.

Neste livro, falo muito do poder de considerar tudo de uma vez. Porém, quando é hora de agir, você não pode processar *tudo*. Na verdade, você não pode filtrar cada opção através do filtro da lógica. Isso o deixaria louco e consumiria tanto tempo que você acabaria nunca agindo em relação a nada. Assim, temos de aprender a tomar decisões com restrições. Damos mais peso a alguns detalhes do que a outros, e, constantemente, avaliamos que informação é mais relevante e confiável. Alguns dos maiores triunfos tecnológicos (o Projeto Manhattan* ou os pousos na Lua das naves do Programa Apollo) ocorreram sob limitações graves. Isso é o que fazemos aqui, na terra dos nerds, estejamos encarando um pequeno problema teórico ou um enorme do mundo real: pegamos as habilidades e os recursos disponíveis para nós, analisamos todos os ângulos e fazemos o melhor com o que temos.

Uma das maravilhas relativas ao cérebro humano é sua capacidade de classificar rapidamente a informação recebida, ou rápido o suficiente para manter nossa espécie viva pelos últimos milênios. Não podemos saber tudo acerca das coisas e dos acontecimentos ao nosso redor. Assim, temos de recorrer ao conhecimento à mão e escolher um rumo. Há uma leoa na savana nos espreitando para seu jantar? Temos pouco tempo para decidir o que fazer: correr, nos esconder ou *realmente* correr? Programar um robô para realizar uma tarefa assim levaria muito tempo, mas nossos cérebros classificam muito rapidamente os sons, os cheiros, a direção do vento e a distância até a árvore mais próxima que pode ser escalada. Não fica claro por que um robô fugiria correndo dos leões. Talvez o robô fosse energizado por uma deliciosa bateria feita de carne. As mesmas habilidades básicas entram em jogo para soldados no campo de batalha, motoristas no trânsito, jogadores no campo de futebol ou compradores no supermercado. Em cada caso, é uma questão de destilar muitas possibilidades em uma ação única.

Foram realizados diversos estudos nos quais estudantes universitários tinham regras diferentes para apresentar determinado trabalho. Alguns não tinham uma data fixa para concluir a tarefa, para outros, a data de conclusão era negociável, e ainda outros tinham um prazo final fixo. Sistematicamente, de longe, os estudantes com prazo final fixo foram os que se saíram melhor. A limitação imposta que tinham para entregar o trabalho em uma certa data os motivou a planejar seu tempo e se concentrar de maneira apropriada na tarefa. As limitações ajudam a nos orientar para uma solução ou abordagem necessária para executarmos as coisas. Sem limitações, tendemos a perder de vista o que é importante, exatamente como aqueles estudantes universitários desorganizados perderam e ainda perdem.

* Projeto americano de pesquisa e desenvolvimento que produziu as primeiras bombas atômicas durante a Segunda Guerra Mundial. (N. T.)

Neste momento, há um grande exemplo do poder das limitações se desenvolvendo em Nova York, a cidade em que resido parte do tempo. No fim de outubro de 2012, uma grande tempestade chamada Sandy (os restos ainda selvagens do furacão Sandy) fustigou o litoral de Nova Jersey e partes de Nova York, sobretudo as regiões mais ao sul, que são as mais baixas de Manhattan. Houve apagões, inundações, perdas significativas de produtividade e enormes custos de reconstrução. A prolongada interrupção de atividades da cidade economicamente vital e da região circundante causou impacto na economia de todo o mundo. Assim, os estados de Nova York e Nova Jersey começaram a procurar soluções de engenharia capazes de impedir nova ocorrência desse tipo de dano.

As limitações encaradas pelos arquitetos eram rigorosas. As áreas ao longo da margem do rio têm de permanecer agradáveis e habitáveis. As pessoas precisam ser capazes de ir e vir, se deslocar para o trabalho, se encontrar, comer fora, passear nos parques às margens do rio, se sentar às mesas, digitar livros etc. No entanto, quando a próxima grande tempestade chegar, todos os parques, calçadas, avenidas e linhas de metrô nas áreas que estão em risco terão de ser duráveis ou flexíveis o suficiente para deixar os cidadãos em segurança; em seguida, deverão voltar a ser habitáveis e utilizáveis tão logo as águas da tempestade recuem. Não é nada trivial. As chuvas intensas e os ventos provocam inundação costeira. Os sistemas das subestações de energia elétrica desligam quando são inundados, e os túneis do metrô cheios de água se tornam intransitáveis.

Não é preciso saber muito a respeito de rios e inundações para pensar em algumas possibilidades de evitar danos provocados por tempestades. Quão difícil pode ser? Basta construir um grande muro ou dique à prova de água. Mas eis o problema: se a cidade de Nova York fosse construir um muro alto o bastante para enfrentar uma tempestade como a Sandy, essa barreira precisaria ter 3 metros de altura, no mínimo. Também deveria ter muitos quilômetros de comprimento. Tecnicamente é possível construí-lo, mas ficaria muito feio e não satisfaria o objetivo de garantir qualidade de vida. Um muro longo e serpenteante isolaria a cidade do rio. Temos de rejeitar isso, já que muitos negócios da cidade estão às margens do rio. A construção de um muro entre o rio e a cidade eliminaria um grande segmento da economia. O mesmo problema ocorreria com o bloqueio entre a praia e os negócios da conhecida Jersey Shore.

Se fornecedores de cimento estivessem comandando o governo sozinhos, poderiam dizer: "É assim que tem de ser." Os importadores, os exportadores, as pessoas transportadas por via marítima, as agências de turismo etc. precisariam se transferir rio acima, para terrenos um pouco mais elevados. Porém, em nossa realidade democrática, a solução de um grande muro teve de ser rejeitada imediatamente. A realidade inegociável de que os nova-iorquinos, e aqueles que fazem negócios com os nova-iorquinos, não aceitariam um muro contínuo afetou todo o projeto. Era uma limitação, que fez os arquitetos e os engenheiros voltarem aos seus computadores e refazerem o projeto.

O Bjarke Ingels Group, escritório com sede na Dinamarca que obteve o contrato para proteger a margem do rio de Manhattan de futuras tempestades, previu todos os tipos de problemas em seu projeto para satisfazer todas as demandas práticas e estéticas. Ele criou um plano incluindo uma série de projetos contíguos para enfrentar uma possível inundação que afetaria todos os bairros, do centro até a periferia. Com um mapa orientado com o norte no topo, os projetistas idealizaram uma série de parques, túneis, bermas e pistas elevadas e reforçadas ao longo de 10 quilômetros, para se opor à grande ressaca de águas de enchente que acompanharão a próxima e inevitável supertempestade, e também a contínua elevação do nível do mar. Com o formato de uma ferradura, o projeto completo passou a ser chamado de "o Grande U".

Junto com as limitações de precisar manter a área adequada para negócios, manter ou melhorar a qualidade de vida e ter de usar as avenidas e ruas existentes, os arquitetos também receberam muitas informações para orientá-los. Os dados sobre os danos causados pela supertempestade Sandy são detalhados e completos. Os engenheiros têm uma boa ideia do que pode dar errado. Os bairros reconstruídos à margem do rio foram projetados para funcionar normalmente quase o tempo todo, mas quando uma grande tempestade chega, a margem revisada deve absorver as inundações. Em grande medida, a próxima tempestade gigante deve deixar a área intacta e completamente habitável. Haverá ainda muito para limpar — quando uma inundação urbana diminui, deixa para trás um monte de lixo e outros dissabores —, mas os autores do projeto acreditam que os bairros e os trens do metrô ficarão em condições muito melhores do que ficaram depois da Sandy.

Naturalmente, o dinheiro é outra limitação. O custo do projeto de reconstrução da margem do rio em Manhattan é estimado em 335 milhões de dólares, de acordo com o Bjarke Ingels. Pode parecer muito dinheiro, mas equivale a cerca de 0,5% do que a Sandy custou para a cidade em negócios perdidos e danos à infraestrutura. O Grande U valerá muito a pena se funcionar como planejado.

Na maioria das vezes, não temos dificuldade de identificar o problema que queremos solucionar. A parte mais difícil é descobrir por que o problema é um problema. Então, definir essa causa esclarece as limitações e torna tudo mais fácil de solucionar. No caso de minha elipse, a causa era que não entendi os sistemas de coordenadas ortogonais. Se você perceber que seu porão está inundado, por exemplo, há muitas causas subjacentes diferentes que são possíveis. Será que a drenagem é inadequada e você precisa instalar uma bomba? Será que os antigos proprietários não vedaram as paredes do lado leste da casa? Ou será que a mudança climática está provocando mais chuva todos os anos, e esse não é mais um lugar sustentável para morar?

Aí é onde a *expertise* externa — o nerd coletivo — torna-se indispensável. Em minha aula de física, não tive de olhar longe; o senhor Lang desempenhou o papel de observador versado. No caso de minha hipotética inundação do porão, eu avaliaria a causa da melhor maneira possível, mas, por outro lado, provavelmente apelaria para pessoas com conhecimento complementar. Talvez até precisasse passar por uma sequência de *expertise*, incluindo encanador, engenheiro civil e cientista ambiental, antes que eu tivesse definido adequadamente a causa e isolado minha limitação útil. Apelar para especialistas não reduz seu controle da situação; ao contrário, aumenta esse controle. Acho que inúmeras pessoas entendem mal essa questão quando se queixam dos "especialistas" que lhes dizem o que fazer. Os especialistas o ajudam a limitar o problema e avançar. Sem eles, você ainda pode fazer algo, mas há uma boa chance de que não seja a coisa certa.

Em geral, quando não me encontro em Nova York, estou em Los Angeles trabalhando como CEO da Sociedade Planetária. Ali, a *expertise* ao meu redor é simplesmente impressionante. Meus colegas tiveram de me convencer de que eu poderia dar conta do recado, e às vezes ainda não consigo acreditar que sou o cara no comando (ver o Capítulo 21 para mais detalhes a esse respeito). A Sociedade Planetária é a maior organização pública que apoia e defende a exploração espacial. Como chefe, dou o melhor de mim para orientar políticas espaciais mundialmente, com o objetivo de encontrar evidências de vida em outros mundos. Sinto de verdade que essa descoberta seria um dos acontecimentos mais profundos da história humana. Porém, para a maioria dos legisladores, independentemente do país, enviar robôs para procurar micróbios em Marte parece um luxo singular, e um luxo caro. Reconciliar essas duas perspectivas é um estudo de caso de outro tipo de restrição.

Às vezes, a maior limitação que enfrentamos é como chamar atenção para os problemas que queremos solucionar, sobretudo quando nossas soluções exigem tempo, dinheiro, esforço e/ou atenção. Houve um tempo em que só a geopolítica era suficiente para impulsionar a exploração espacial. As viagens do programa *Apollo* para a Lua foram realizadas visando vencer a Guerra Fria; nunca teriam acontecido sem os Estados Unidos e a União Soviética competindo pela superioridade. Aqueles de nós que acreditamos muito no valor da exploração espacial precisam vender isso de novas maneiras para superar as limitações políticas modernas. Precisamos pensar rigorosamente acerca do que é importante no espaço e dos benefícios aqui na Terra.

Grande parte de ter sucesso como nerd é descobrir como contar uma história sobre um problema de um jeito que deixe os outros empolgados de ser parte da solução. Por exemplo, acredito muito que a exploração espacial traz à luz o melhor da humanidade: alcançamos coisas imensas quando nos aventuramos acima da atmosfera e enviamos nossos melhores instrumentos, projetados pelos nossos melhores cientistas e engenheiros, para fazer descobertas em outros mundos. Estamos em nosso melhor quando nos opomos às maiores limitações.

Em primeiro lugar, há a educação. A exploração espacial é um motivador poderoso, que ajuda a atrair as crianças para a ciência e a tecnologia. O Departamento de Educação americano gasta quase 80 bilhões de dólares por ano. Em comparação, o orçamento de ciência planetária da NASA é de cerca de 1,5 bilhão de dólares, o equivalente a nem 2%. Pergunte a si mesmo: o que empolga mais os jovens estudantes e os inspira a enfrentar o trabalho duro de cálculo, física e química?

Também há a tecnologia. Nesse caso, não estou falando apenas das invenções derivadas dos programas da NASA e referentes à NASA, embora sejam numerosas, desde células de combustível até câmeras digitais. Considere o valor muito mais amplo da *World Wide Web*, da previsão do tempo e do sistema de posicionamento global [GPS, na sigla em inglês]. Mas muitíssimo mais significativo para mim é que a exploração espacial é como aprendemos mais sobre nós mesmos e sobre nosso lugar no espaço. Ao explorar mundos além do nosso, solucionamos problemas que nunca foram solucionados antes. E quando nos acostumamos a solucionar problemas que nunca foram solucionados antes, o mundo se torna um lugar melhor. A exploração espacial criou uma cultura de inovação que afeta todos na Terra todos os dias.

Nesse caso, você pode perceber que há um ciclo de *feedback* de limitações em ação. Lidar com as limitações tecnológicas referentes ao lançamento de sondas espaciais para outros planetas força os engenheiros a serem extremamente criativos; essa criatividade, por sua vez, ajuda a enfrentar as limitações políticas que muitas vezes impedem essas missões de obter financiamento. Ao longo do caminho, aliciar nerds para trabalhar em problemas da exploração espacial rende todos os tipos de benefícios secundários para a sociedade. Fortalece toda a cadeia de *expertise*. Muito ardiloso. Muito tudo de uma vez.

A batalha contra as limitações pode parecer estimulante e inspiradora quando estamos falando de exploração espacial imbuída de altos ideais, mas a história é diferente quando a conversa se converte em preocupações práticas. Mesmo um projeto focado, como, por exemplo, o Grande U de Nova York, exige muita negociação e bajulação não glamorosa. Quando se trata de desafios maiores, as limitações tendem a levar as pessoas ao desespero, ao pessimismo e à inação. É muito fácil se prender aos caminhos que são cortados e achar que não há nenhum outro caminho a seguir. A partir daí, é uma curta jornada para a negação, ou para uma lembrança nostálgica de um tempo anterior, em que nossos problemas pareciam menos difíceis.

Se você me conhece de alguma maneira — e a esta altura do livro, aposto que me conhece —, pode supor que, quando penso em progresso em uma área, estou pensando em como isso também se aplica a outras áreas e disciplinas. E, aqui, estou sempre pensando em nosso mundo em rápido aquecimento e em nosso clima em rápida mudança. Hoje em dia, muitos acreditam, ou dizem que acreditam, que a mudança climática não está acontecendo de verdade. Há políticos e líderes empresariais que afirmam que seria melhor se voltássemos para a era do carvão e do petróleo. Eles acham as limitações de nosso futuro energético muito assustadoras para contemplar. No entanto, estou seguro de que essa crise de confiança passará. Nós superamos muitas crises similares no passado.

A exploração espacial força os cientistas e os engenheiros a expandir seus pensamentos por causa da natureza extrema das limitações. Para proteger a margem do rio em Manhattan de futuras tempestades, as limitações foram definidas por considerações práticas, como, por exemplo, o transporte de carga e o acesso de pedestres. Para os tipos de missões defendidas e financiadas pela Sociedade Planetária, as limitações são completamente impraticáveis, às vezes de modo cômico. Um projeto pode começar com uma sessão de *brainstorming* nos seguintes termos: "Ok, pessoal, vocês têm de pousar um carro em Marte. Vamos nessa!". Esse não é um exemplo inventado. É o próprio problema com que a NASA teve que lidar com a criação do rover *Curiosity*, que está se deslocando atualmente em Marte, e com o qual terá de lidar de novo no fim da década quando a agência enviar um rover ainda mais avançado, atualmente chamado de *Mars 2020*. Os dois rovers têm aproximadamente o tamanho e o peso de um Chevrolet Spark. Então, como a NASA vai fazer isso?

Se você tiver a confiança ingênua de um engenheiro embrionário, talvez pense: "Não pode ser tão difícil. Tudo o que precisaremos fazer é desacelerar o suficiente para rolar ou escorregar até parar. Pousamos aviões em todos os lugares e todos os dias. Pousamos todos os tipos de coisas na Lua. Sem dúvida, a esta altura temos equacionados os fundamentos para isso". Em outras palavras, você começaria com o problema que conhece, exatamente como eu comecei tentando solucionar a elipse por meio da matemática que já havia aprendido. Mas acontece que esse negócio de colocar um veículo intacto sobre a superfície de Marte é algo bem complicado. Na Terra, você tem bastante ar para trabalhar, e mesmo os aviões de caça mais velozes lidam com velocidades muitíssimo menores. Quando a sonda que transporta o rover *Curiosity* se aproxima de Marte, ela está se deslocando a uma velocidade seis vezes maior do que um F-35. Há muita energia para dissipar na desaceleração.

Ao longo dos anos, os engenheiros criativos da NASA projetaram alguns sistemas de retrofoguetes incríveis. Da mesma forma que no antigo seriado *Flash Gordon*, os módulos *Viking*, da década de 1970, pousaram na superfície de Marte com os retrofoguetes flamejando atrás de si (quero dizer, cara, esses foguetes eram totalmente *retrô*; ah, desculpe...). Porém, por mais bacanas que sejam, os retrofoguetes não são uma opção acessível para pousar um rover com suavidade. Os foguetes levantam uma imensa nuvem de poeira, que pode danificar instrumentos sensíveis e peças móveis. Também criam uma pequena cratera onde a língua de fogo atinge a superfície. Sair dessa cratera pode ser um problema para o rover, exatamente quando o veículo começa a funcionar. E todo o combustível e os dispositivos para direcionar o escapamento do motor são pesados. É muita coisa para solução usual número 1.

Na solução número 2, utiliza-se a atmosfera para perder velocidade. Os dois módulos de aterragem *Viking* possuíam protetores contra calor, que proporcionavam resistência aerodinâmica e reduziam a velocidade alcançada no espaço sideral, de modo que os retrofoguetes não tinham de fazer tanto esforço. Se um protetor contra calor pode reduzir um pouco a velocidade, então um paraquedas deve proporcionar uma grande perda de velocidade, certo? Ah, mas isso é onde a intermediação de Marte bagunça as coisas de novo. Acontece que a atmosfera marciana é muito rarefeita para asas e paraquedas ao estilo da Terra. Em Marte, a pressão atmosférica equivale a 0,7% da pressão terrestre. Não existem muitas moléculas de ar para um paraquedas funcionar. Além disso, uma espaçonave e seu paraquedas estarão mais rápidos do que a velocidade do som na atmosfera superior de Marte. A entrada na atmosfera em velocidades supersônicas gera mudanças de pressão e ondas de choque que podem rasgar um paraquedas. Seria um estrondo sônico de morte.

Então, não existia uma tecnologia capaz de realizar o trabalho à mão. Os engenheiros do Jet Propulsion Laboratory [Laboratório de Propulsão a Jato] da NASA, em Pasadena, quebraram a cabeça e analisaram o problema de um modo diferente. As limitações das condições sem precedentes e da tecnologia existente os forçou a criar algo totalmente inédito, misturando o velho com algo completamente novo. Eles identificaram o problema, concentraram a atenção em suas causas, misturaram *expertise* e alcançaram um belo progresso. Recorreram a ideias não só de missões espaciais anteriores, mas também da pesquisa de aviões a jato militares e dos testes de segurança automobilísticos. Você pode perceber por que as limitações referentes às viagens espaciais são tão construtivas.

Um grande avanço ocorreu quando os engenheiros constataram que não tinham de obter uma parada completa da espaçonave. Tudo que precisavam conseguir era garantir que o pouso fosse o mais suave possível. Eles começaram com um paraquedas supersônico para reduzir um pouco a velocidade, seguido por uma fase com retrofoguete para reduzir a velocidade um tanto mais, e, finalmente, uma fase de pouso ajudada por... quatro grandes balões. (Põe tecnologia antiga nisso.) Sem brincadeira. Pouco antes de chegar ao solo, a cápsula contendo o rover soprou quatro *airbags* super-resistentes. A cápsula caiu livremente os últimos metros e saltou mais de uma dezena de vezes ao longo do equivalente a alguns campos de futebol sobre a superfície coberta de poeira vermelha antes de os *airbags* esvaziarem e a cápsula se abrir, de modo que o rover enfiado dentro pudesse sair. A NASA pousou três rovers — *Sojourner, Spirit* e *Opportunity* — em Marte, dessa maneira com grande sucesso.

O *Curiosity*, o quarto rover, era consideravelmente maior e com mais capacidade do que os rovers enviados antes. Com peso maior, ele originou um novo conjunto de limitações. *Airbags* não seriam suficientes. Então, os engenheiros tiveram de quebrar a cabeça de novo, e emergiram de suas sessões de *brainstorming* com uma solução ainda mais excêntrica. Dessa vez, seu *insight* foi que os retrofoguetes funcionariam desde que não chegassem perto o bastante do solo para levantar grandes nuvens de poeira marciana. A solução dos engenheiros: começar a desaceleração usando um paraquedas supersônico especialmente ventilado. Em seguida, acionar os retrofoguetes, mas sem deixar os bocais de descarga chegarem muito perto da superfície. Depois, começar a baixar o *Curiosity* situado do lado de baixo de um propulsor a jato com oito foguetes, que os engenheiros chamam de "Sky Crane" [guindaste aéreo]. Após o Sky Crane acionar seus retrofoguetes, levar todo o pacote a uma quase parada, suspenso a cerca de 20 metros cima da superfície marciana por alguns segundos. Então, o rover de uma tonelada podia rapidamente descer por meio de três cordas de náilon, como um soldado do exército descendo de um helicóptero no campo de batalha. Uma vez que o rover estivesse a salvo no solo, as cordas se soltariam, e o Sky Crane decolaria de novo, afastando-se a uma distância segura antes de colidir contra a superfície. Difícil de acreditar, mas esse sistema também funcionou maravilhosamente bem.

Enquanto estamos em Marte — não, espere, ainda estamos na Terra. Melhor dizendo, enquanto estamos no assunto de colonizar Marte, devemos considerar o que precisaríamos para colocar seres humanos ali. Para uma missão tripulada, pousar uma carga de uma tonelada não será suficiente. Será necessário pousar dezenas de toneladas, talvez 30 ou 40 toneladas, de uma vez. Teremos de enviar equipamento suficiente para construir um sistema de suporte à vida completo e sistemas de *backup* completos com proteção contra radiação e contra o ambiente adverso de Marte. Precisaremos enviar alimentos e materiais médicos. Além disso, deveremos enviar equipamento científico necessário para estudar o planeta e a busca por micróbios marcianos, quer vivos, quer fósseis. Teremos de analisar essas limitações e concluir que enviar astronautas faz sentido mesmo depois que levarmos tudo isso em consideração.

É todo um novo conjunto de limitações a superar, de longe as mais difíceis até agora. É como a questão anterior sobre pousar um veículo no solo marciano, mas muito mais. Neste momento, não há resposta conclusiva. Os engenheiros da NASA e da SpaceX, empresa comandada por Elon Musk, proprietário da afamada Tesla, ainda estão quebrando cabeça para solucionar o problema, mas possuem um conceito promissor. Como os paraquedas e os retrofoguetes têm limitações, eles pensaram, que tal um sistema que combinasse os melhores aspectos de ambos? O sistema que eles têm em mente acionaria retrofoguetes no ângulo correto e na velocidade correta para atuarem como um gigantesco paraquedas virtual na atmosfera rarefeita marciana. Testar esse conceito será bastante desafiador. Experimentos com foguete de alta altitude na Terra são a melhor aproximação que temos. Em última análise, será necessário um pouso real em Marte para provar que funciona. Se for bem-sucedido, será o resultado das mesmas lições que aprendi na escola de ensino médio. Saber quais abordagens não funcionam torna mais fácil encontrar as que podem funcionar. Se não funcionarem, transmitirão novas limitações em relação à próxima iniciativa.

Eu trouxe à baila tudo isso para realçar um fato a respeito do processo de criação de progresso. Todos os projetos que discuti aqui — *airbags*, Sky Crane, paraquedas com retrofoguete — agregam ao kit de ferramentas da exploração espacial. Todas as limitações inspiram uma nova solução a recorrer para o futuro. Tenho confiança de que, algum dia, pousaremos sondas em outros mundos intrigantes, incluindo Europa, a lua oceânica de Júpiter, e Titã, a lua de Saturno com lagos de metano e etano líquidos. Quando isso acontecer, os engenheiros utilizarão esse kit de ferramentas. Se nenhuma das soluções existentes estiver correta, eles simplesmente voltarão a se debruçar sobre o problema. E cada pedaço da crescente *expertise* coletiva também ajudará na superação das limitações na Terra.

Há menos de um século, todos achavam que a varíola era invencível e, com o tempo, mataria todos os seres humanos da Terra. Na década de 1790, e de novo em minha vida na década de 1960, muitos acreditavam que o crescimento populacional sobrepujaria nossa capacidade de produzir alimentos suficientes, levando à inanição generalizada. Por mais estranho que possa parecer agora, para muitos, o problema do ano 2000 (bug do milênio) levaria nossa sociedade a uma paralisação, e talvez tivesse levado se os engenheiros não houvessem enfrentado a questão em todos os computadores que puderam encontrar. Não foi uma fórmula mágica que impediu o bug do milênio de se tornar um grande problema, mas, sim, o empenho e a atenção aos detalhes em grande escala.

A mudança climática é um desafio maior que qualquer problema individual que já enfrentamos. Espero que inspire mais criatividade e mais dedicação do que nunca antes, tornando-se parte da natureza do progresso. À medida que nossas ambições ficam maiores, as limitações devem lidar com isso. Então, essas limitações nos impelem a nos empenhar e encontrar soluções novas, maiores e mais criativas. Isso é verdade para cada um de nós como indivíduos, e é verdade para a sociedade em geral. No entanto, não podemos nos permitir parar, ou até desacelerar. Temos de fazer frente às nossas limitações quando elas nos confrontam.

Assim que as coisas ficarem difíceis, confio que pessoas obstinadas irão encarar os desafios. Em breve, outras cidades terão de começar a reconstruir suas margens do rio ou do mar, como Nova York está fazendo. Esse trabalho começa a acontecer como reação aos desastres naturais devastadores que vêm ocorrendo em todo o mundo. Assim que os andares térreos em Norfolk, Pensacola, Galveston e Miami passarem a ficar inundados até a altura do tornozelo dia e noite, as pessoas levarão tudo isso a sério. Elas poderão recorrer ao trabalho de engenharia criado em Nova York e outras cidades que reagiram cedo. Contudo, pense nos danos e nas tragédias que poderíamos evitar se começássemos a solucionar os problemas antes de acontecerem. Do ponto de vista científico e de engenharia, podemos vê-los chegando claramente, e temos mais do que a informação e a evidência necessárias para prever as limitações que precisarão ser enfrentadas.

Em vez de andar em círculos, agitando os braços — ou, pior, cuidando de nossas vidas em cegueira deliberada —, podemos começar a trabalhar agora. Podemos erguer turbinas eólicas na costa leste dos Estados Unidos, do Canadá e do México. Instalar painéis fotovoltaicos em quase todos os lugares onde o sol brilha. Aquecer e resfriar grande parte de nossas residências, escritórios e fábricas por meio de fontes geotérmicas. Nós criaríamos empregos, estimularíamos a economia, limparíamos o ar e enfrentaríamos a mudança climática. Se quisermos tornar a América e o mundo todo incríveis, essas são as atitudes mais importantes que precisamos tomar. Parece uma enorme tarefa, e é, mas, como vimos repetidas vezes, a enorme tarefa começa com pequenas mudanças de percepção.

Tenho certeza de que você deparou com tarefas que pareciam bastante complicadas até dedicar algum tempo para pensar nelas e dar conta do recado. Todos nós já passamos por isso. Na maioria das vezes, é algo pequeno, mas instrutivo, como tentar solucionar aquele desenho problemático de uma elipse no quadro-negro. De vez em quando, porém, deparamos com um desafio realmente grande. Então, aqueles menores oferecem inspiração para como proceder. Eles nos mostram como as limitações podem fazer os problemas parecerem menos desanimadores e ajudar a nos orientar a soluções mais viáveis. Neste momento, essa é a situação em que todo o mundo se encontra. Devemos recorrer àquelas experiências de vida decisivas. Em vez de nos desesperarmos ou nos esquivarmos, precisamos admitir as limitações, encarar nossos problemas e começar a trabalhar.

CAPÍTULO 12

A pirâmide invertida do projeto

Os jovens costumam me perguntar que conselho eu daria para ajudá-los a ter sucesso. Minha resposta reflete lições que aprendi em meus primeiros tempos trabalhando em engenharia. Se você possui quaisquer pendores nerd e gosta de experimentar — o que, em algum nível, abrange quase todo o mundo —, eu o incentivo a entrar no início de um projeto. "Faça parte do começo" é um dos meus aforismos preferidos. Ao ingressar em uma conversa, no primeiro esboço de uma ideia, seja solucionando um problema existente, criando uma nova empresa ou projetando um novo produto, você pode influenciar o processo de desenvolvimento e garantir que deu tudo de si para fazer parte de algo bom. Naturalmente, trata-se de um risco. Você pode vir a fazer parte de algo não tão bom, ou de algo que simplesmente é uma droga. Contudo, é melhor assumir esse risco e se empenhar do que trabalhar em algo medíocre ou em outros projetos que o fazem se sentir como um velho Ford Pinto ou Chevrolet Vega. (Eram carros terríveis.) Mas eu estou me adiantando.

Você deve se lembrar de que, nos meus tempos na Sundstrand Data Control, eu trabalhei com um projetista chamado Jack Morrow, muito sarcástico e um tanto rabugento. Ele era incrível. Jack estava na faixa dos 50 anos, o que parecia alguém bastante velho para mim naquele tempo. Agora, percebo, é claro, que é na realidade o próprio apogeu da juventude. Apesar da idade "avançada", Jack era um superesquiador, praticamente um atleta. Sua mente nunca parava de se mexer; nem ele. Conversando com a gente,

Jack tirava e recolocava seus óculos de leitura sem cessar. Enquanto os gerentes se ocupavam de embaralhar memorandos e mexer nos organogramas de suas empresas, Jack fazia mais do que pensar em como superar as limitações. Ele delineava todo o plano organizacional sozinho.

Jack deve ter me avaliado como um cara capaz de aproveitar um pequeno e sábio conselho. Assim, muitas vezes, ele me falou da importância de obter o projeto correto. "Se o projeto for ruim, não importa quão bem todos façam seu trabalho, pois o resultado nunca será bom" (ou, no mínimo, "nunca tão bom quanto poderia"). Na Sundstrand, eu fazia parte de uma equipe que vinha projetando equipamentos de perfuração, e Jack me estimulou decididamente — não, ele insistiu bastante — para que eu e minha equipe tivéssemos certeza de que tudo se encaixava antes de pedirmos para os operadores de máquina fabricarem as peças. Devíamos superar os obstáculos e termos certeza absoluta de que tudo funcionava corretamente no papel antes de comprometermos o tempo de mais alguém, a habilidade de mais alguém e os materiais de mais alguém em uma peça acabada ou montagem.

Jack entendia que é muito fácil conseguir as coisas *quase* certas. Mesmo para projetistas e engenheiros trabalhando com grandes orçamentos e maquinário apropriado, há a tentação constante de parar no momento em que as coisas estão 90% boas. A preguiça faz parte da razão, mas não de toda ela. Quando você encontra uma solução viável, mesmo que seja apenas algo viável, começa a experimentar uma mistura de alívio e satisfação na superação de outra limitação. Você sabe do que estou falando: é como a sensação que se tem no momento em que o gramado está quase cortado, a louça está quase toda lavada, a segunda mão de tinta parece boa sem nenhum retoque final. É preciso muito mais esforço para obter as coisas perfeitas. Porém, como aprendi trabalhando ao lado de Jack, na Sundstrand, as coisas que *quase* funcionam não funcionam perfeitamente, o que quer dizer que não funcionam de modo algum. Eu deixei a Sundstrand alguns meses antes de a empresa ser processada por declarar aviônicos defeituosos como em perfeito estado em seu estoque vendável; uma forma de sonegar impostos. Nem todos ali pensavam como Jack.

Sempre que você começar a criar algo, seja um gancho para pendurar seu casaco ou uma cadeia de caracteres de uma programação de computador que pousa um avião, você tem de dedicar algum tempo para o projeto. Quando mais tempo você conseguir reservar para pensar, Jack me lembrou, melhor será a coisa criada. Entre as duas habilidades decisivas para o progresso tudo de uma vez, incluem-se: filtrar a informação atentamente, para que você possa se concentrar na melhor maneira de solucionar seu problema, e, em seguida, desenvolver suas ideias plenamente na teoria antes de executar, de modo que o sistema resultante execute realmente o que você pretende.

Fácil de escrever, mas muitas vezes difícil demais de realizar.

Então, ali eu estava, o jovem Bill, trabalhando na Sundstrand, criando instrumentos para ajudar a direcionar operações de mineração e perfuração. Enquanto isso, também absorvia o que Jack e meus colegas discutiam sobre o estado geral da engenharia nos Estados Unidos. Na época, especialmente na indústria automobilística, parecia que estávamos ficando cada vez mais para trás da concorrência internacional. Isso causava grande preocupação em Jack e nos outros.

Eu não era, nem sou, projetista de automóveis. Sou engenheiro mecânico, e gosto de saber o máximo possível sobre mecanismos. No entanto, como diversão de engenharia nerd, eu costumava desmontar a transmissão, tirava o motor ou trocava a junta homocinética do carro ou caminhão de um amigo. Naquele tempo, a cultura do carro era muito mais relevante. Até meus pais se sentiram atraídos por ela. Por causa de nossa origem francesa, acabamos com alguns Renault em nossa garagem, incluindo o Renault 16 em que meu irmão e eu instalamos nossa primeira placa OBRIGADO. Mesmo como estudante do ensino médio, eu podia perceber que aqueles carrinhos franceses eram cheios de inovações engenhosas. Os materiais podiam desapontar, mas as ideias eram ótimas. Os automóveis tinham tração dianteira, o que proporcionava mais conforto para os passageiros, pois não havia necessidade de deixar espaço para um eixo de transmissão que ligava o motor às rodas traseiras. Possuíam freios a disco para melhor frenagem; caixa de direção tipo pinhão e cremalheira; suspensão MacPherson, que é um sistema compacto e eficiente; e um compartimento traseiro maior por causa da montagem de dois eixos ou semieixos traseiros lado a lado, em vez de um sobre o outro. Por volta de 1970, comecei a perceber que Detroit, sede da indústria automobilística americana, estava ficando para trás em relação ao que os projetistas do exterior vinham fazendo. Os europeus e os japoneses inovavam mais do que os americanos.

Durante toda a faculdade de engenharia em Cornell, senti-me frustrado com o que a indústria automobilística americana estava fazendo; ou, de modo mais exato, *não* estava fazendo. Justamente naquela época, as montadoras americanas lançaram dois carros pequenos terríveis, o Ford Pinto e o Chevrolet Vega, que reafirmavam minha opinião negativa a respeito deles a todo instante. Para realizar uma manutenção de rotina no Vega, você tinha de soltar os suportes do motor, para poder incliná-lo e alcançar uma das velas de ignição. O bloco do motor era feito de alumínio, enquanto o cabeçote e a placa do motor eram de ferro. Foi uma tentativa da General Motors de engenharia progressiva, mas o bloco de alumínio tendia a se deformar em altas temperaturas, o que provocava vazamento de lubrificante e líquido de arrefecimento. Queimava óleo e parava de funcionar de vez em quando. E quanto à ferrugem no para-lama, era uma questão de contar os dias até ela — certamente — aparecer.

O Pinto era ainda pior, famoso por explodir em chamas quando sofria uma colisão traseira. Os gerentes da Ford sabiam do risco, mas se convenceram de que não valia a pena reconfigurar o tanque de gasolina, de modo que o carro passasse a ser menos vulnerável em impactos traseiros. Eles estavam moralmente errados, e também acabaram se revelando economicamente errados. Ao menos vinte e sete pessoas morreram devido a incêndios do tanque de combustível, cerca de cento e dezessete ações judiciais foram abertas, e a reputação da Ford ficou seriamente abalada durante anos.

Na década seguinte, os carros importados, sobretudo os do Japão, aumentaram drasticamente sua participação no mercado americano. Não foi coincidência. Detroit começou com projetos de baixa qualidade e, então, deixou as coisas piorarem a partir daí. Meus colegas e eu conversamos muito a respeito desse preocupante rumo dos acontecimentos. Jack tinha minha idade atual na época do programa *Apollo*. Ele desenvolveu mecanismos e sistemas que ajudaram a pousar homens na Lua. E ali estava ele observando todo o país descer ladeira abaixo, ao menos em engenharia doméstica. Jack quis fazer sua parte para se opor a isso e estimular os bons projetos, e, com isso em mente, compartilhou comigo um exemplo de sabedoria bastante memorável.

Jack fez um desenho — e eu dei o melhor de mim para segui-lo ao longo dos anos. Ele chamava aquilo de "pirâmide invertida": um triângulo com um vértice apontando para o pé da página. Eu embelezei a designação dele, intitulando-a "pirâmide invertida do projeto", por motivos óbvios, e refinei-a em um plano mestre para gerar o sucesso do projeto. Nós dividimos a pirâmide em níveis horizontais, cada uma representando um passo no projeto ou a produção de algo. A pirâmide invertida do projeto não é (ainda) um ícone nerd como a régua de cálculo, mas deveria ser. É uma forma abreviada que ilustra a melhor maneira de pôr as ideias em prática.

Como eu falava de carros há pouco, começaremos com um deles como nosso exemplo. No vértice inferior é onde o projeto acontece. Os projetistas automotivos levam em conta muitos detalhes: unidade de tração, número de assentos, recursos de segurança e aparência geral. Por exemplo, como o manejo e o espaço interior mudam se o motor aciona as rodas traseiras, e não as dianteiras? Quantos prendedores, quanta tinta e quantos pneus ou dobradiças serão necessários? Tudo tem de ser calculado. Em geral, o projeto é onde o menor número de pessoas é envolvido. É o passo mais barato de levar ao mercado um produto. São apenas pessoas pensando em requisitos, formas, materiais, aparências e sensações. Porém, uma vez que o projeto esteja pronto, então a fábrica de automóveis (ou a empresa de construção civil, o estúdio de cinema ou qualquer entidade que esteja envolvida) começa a gastar dinheiro de verdade, que é o que torna essa fase a mais importante.

Na pirâmide invertida, acima da fase de projeto vem a fase de aprovisionamento: obter as coisas que você precisa para fazer algo. Em um carro, há placas de aço, plástico, vidro, borracha, fios etc. Em um empreendimento imobiliário, seria cimento, painel de parede, isolamento e vidro. Para uma costureira é quando ela compra o tecido e começa a cortá-lo em formas que seguem um padrão ou desenho. É quando não há mais volta, do ponto de vista financeiro ou da mesa de costura. É o nível em que você começa a realmente desembolsar dinheiro. Alguém tem de fazer tudo isso. Estamos falando do departamento de compras e dos engenheiros de produção; ou seja, pessoas que descobrem onde conseguir os materiais, que precisam ter certa qualidade, em certa quantidade, a um preço viável, disponível no lugar correto em um prazo viável.

No caso do projeto, estão sendo pagos salários aos projetistas. Porém, no nível do aprovisionamento, além do pagamento dos salários, compras estão sendo feitas. Se for um carro do qual se pretende produzir milhões de unidades, serão necessários muitos milhões de dólares para as matérias-primas. Também há decisões importantes a serem tomadas na fase de aprovisionamento. Os materiais escolhidos têm grande influência no projeto final. Um tecido barato pode arruinar o corte de um terno feito sob medida. Belos prédios novos podem ser estragados pelo escoamento mineral do revestimento de tijolo pré-fabricado barato. Um plástico duro e brilhante pode deixar o interior de um automóvel de luxo parecido com o interior do carro de locação mais popular do mercado.

Pirâmide invertida do projeto

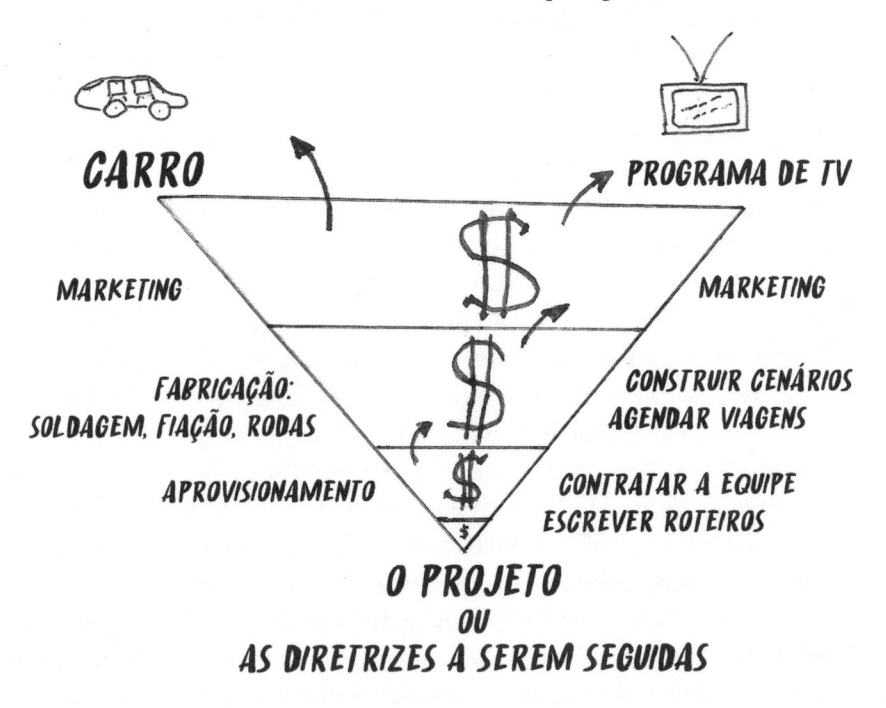

Então, vem o próximo nível da pirâmide. Começa-se usando-se as matérias-primas para fabricar as peças: rodas, para-lamas, para-choques, transmissões e tanques de gasolina. Segue-se para o próximo nível, no qual se encontram soldadores e pintores. De novo para cima, e todas as peças compradas começam a ser ajustadas. Agora, estamos realmente gastando dinheiro, porque todas essas etapas exigem mão de obra qualificada, prestando atenção ao que se está fazendo. Muitos milhões de dólares, euros ou ienes estão circulando. Finalmente, no topo da pirâmide invertida situa-se o mítico nível amplamente conhecido como "marketing". Os carros acabados devem ser enviados para todo o continente ou para todo o mundo, e não há nada além de concorrência. Inúmeros outros fabricantes tentam escalar a mesma pirâmide. O marketing pode contribuir para o sucesso ou o fracasso do veículo.

Naturalmente, os mesmos princípios são válidos para milhões de outros produtos, e não só os manufaturados físicos. A pirâmide se aplica igualmente a *softwares* e provedores de serviço de tevê por assinatura. Se o projeto não for bom, o produto tampouco será. A Apple conseguiu o projeto certo e prosperou, ainda que muitas empresas já estivessem vendendo celulares. A Google descobriu a maneira certa de fazer buscas na web e prosperou, ainda que já existissem muitos programas de busca. Sem querer me gabar (desculpe), o programa de tevê *The Science Guy* ainda é utilizado em salas de aula e nos lares. Acredito que isso ocorra porque pensamos muito bem nele e fomos disciplinados no currículo e no formato.

Em cada caso, há algo incrível a respeito dessa pirâmide: todo o topo cambaleante — o lugar onde a criação finalmente vê a luz do dia e captura a imaginação do público, ou não — depende do pequeno triângulo do projeto na base. Os pintores de carro trabalharam fazendo ginástica olímpica juntos, formando uma equipe de pintura campeã; os soldadores realizaram sua tarefa cantarolando "Que grande dia para soldar um painel lateral!", cheios de orgulho de seu trabalho; os estofadores instalaram de todo o coração os melhores assentos que o dinheiro consegue comprar; a equipe responsável pela fiação elétrica instalou aqueles feixes de fios em curvas graciosas. No entanto, como o projeto inicial era uma droga, a melhor coisa que pôde sair de todas essas pessoas que se reuniram para criar, mesmo em seu melhor dia, foi um sórdido Ford Pinto. Você nunca conseguirá nada melhor dessa linha de montagem do que foi projetado em um quadro branco, papel milimetrado ou mesa de projeto.

Se o projeto não for bom, independentemente de quão duro todos trabalhem, o produto também não será bom. Em um programa de tevê, você pode ter a apresentadora mais encantadora, o melhor diretor e os operadores de câmera mais rápidos e brilhantes, mas se a ideia do programa for uma droga, o programa não dará certo. Os depósitos de videoteipe e os servidores digitais das redes de tevê estão repletos de programas que jamais conseguiram passar de alguns episódios porque o projeto ou a concepção inicial não deu certo.

Por outro lado, se o projeto for excelente, então haverá uma chance real de se ter um produto também excelente, que as pessoas sentirão orgulho de criar e que os consumidores desejarão usar ou assistir. Foi a mensagem indelével que levei de minhas experiências na Sundstrand. Um bom projeto não garante um ótimo produto, porque há muitos lugares para dar errado na execução. No entanto, você jamais terá um ótimo produto sem um projeto muito bom.

Há outro ditado, que aprendi quando pertencia ao Seattle Bicycle Advisory Board: "A boa engenharia encoraja o uso correto." Durante muitos anos, nas grandes cidades, eu ia e voltava do trabalho de bicicleta. É muito mais agradável do que ficar sentado em um carro ou trem, desde que se entenda como a ciclovia deve ser utilizada. Porém, se um estrangeiro estiver dirigindo em uma rua com ciclovia, ele será capaz de descobrir instantaneamente onde as bicicletas devem andar e onde os carros devem trafegar? Muitas interações entre bicicleta e carro perigosas ou fatais acontecem por causa da confusão evitável a respeito da sinalização da ciclovia. Os motoristas deveriam sempre saber exatamente onde precisam manter a ciclovia desimpedida para os ciclistas, e deveriam sempre existir placas ou sinais inequívocos indicando quem tem o direito da via. Os exemplos de encorajar o uso correto são infinitos. Os instrumentos na cabine de pilotagem de um avião devem ser óbvios. Sempre penso, ao deparar com uma maçaneta, que eu nunca deveria ter de adivinhar se preciso empurrar ou puxar a porta. Adote a ideia, e você terá a chance de criar algo de valor real.

Por mais esperançoso que se esteja do começo de um projeto, é importante lembrar que as coisas em geral não surgem logo da primeira vez. Mesmo com a ideia da pirâmide invertida, você quase certamente vai deparar com defeitos em seu projeto, seja a estampa de um vestido, um novo sistema de frenagem atmosférica de uma espaçonave ou um módulo de *software*. Porém, quando você está na fase de projeto, tudo bem! É muito fácil ficar arrebatado pelo discurso de venda de outra pessoa, ou acompanhar a vontade de um grupo porque é o caminho de menor resistência. Mas eu lhe digo: não faça isso. Aceitar os valores de outras pessoas sem questionamento é exatamente o que trouxe o Pinto ao mundo. Antes de você começar a gastar dinheiro, aplique os valores nerds básicos. Pergunte-se: você acredita honestamente na linha de ação? Ela abrange um problema significativo? Encoraja o uso correto? Tornaria o mundo um lugar melhor? Se tiver êxito, você ficará orgulhoso? Se desapontar, você terá aprendido algo no processo e se sentido satisfeito com a tentativa?

É por isso que estimulo bastante todos a se dispor a uma segunda tentativa, para terem a expectativa de que, mesmo se a primeira coisa construída for boa, provavelmente não será boa o bastante para vender a um estranho. Na minha opinião (de novo correta, obviamente), você quase sempre tem de construir o segundo protótipo.

Dedique algum tempo ao projeto inicial, mas inclua no orçamento a sua segunda chance e dedique mais tempo a ela. Tenha em mente que você cometerá erros, e planeje aprender com eles. Para a maioria de nós, essa é uma dura lição, porque custa a única coisa que poucos de nós temos

— tempo —, mas nos poupará muito mais tempo (além de energia, dinheiro e reputação) se nos empenharmos em realizar toda melhoria concebível antes de passarmos para a próxima fase de desenvolvimento.

Dedicar esse tempo a avaliar o trabalho e encontrar meios de reforçá-lo faz toda a diferença. O Datsun B210 — um carro pequeno criado mais ou menos na mesma época do Vega e do Pinto — foi produzido pela empresa agora conhecida como Nissan. Ele foi fabricado com a mesma matéria-prima de seus congêneres americanos, mas funcionava melhor e rodava bem além de 160 mil quilômetros. Os projetistas começaram com um conceito similar (um carro pequeno e econômico), mas fizeram mais com o que tinham. Por causa da aparência peculiar e da confiabilidade incomum, o carro conquistou uma legião de adeptos afeiçoados. Então, mais de uma década depois do lançamento do B210, a Mazda, outra empresa japonesa, apresentou o Miata. Como o Datsun, o Miata se assemelhava aos seus concorrentes em *design* e materiais, mas os superava na execução. Comparava-se em aparência e manejo aos conversíveis britânicos que o inspiraram. A grande diferença era que o Miata funcionava perfeitamente o tempo todo. Neste momento, em sua quarta geração, o Miata é o carro esportivo mais vendido da história.

O que percebi como declínio na habilidade de manufatura e engenharia americana teve um efeito profundo em mim. Observei os carros americanos ficarem para trás em comparação com os produzidos pelo resto do mundo. Isso aconteceu aproximadamente na mesma época em que os estaleiros, as usinas siderúrgicas e diversas outras indústrias pesadas americanas também enfrentavam problemas. Vi isso acontecer de dentro, trabalhando em uma empresa de engenharia de alta tecnologia que me direcionara a projetar aviônicos que não funcionavam e não podiam ser vendidos. Fiquei desencantado, e quis fazer algo diferente. Eu gostava de engenharia, e, sobretudo, gostava de meu país, mas fiquei muito preocupado com o futuro de ambos.

Pensei muito sobre o que dera errado. Os Estados Unidos são um país enorme, onde as empresas podem continuar a encontrar compradores por muito tempo mesmo vendendo produtos de qualidade inferior. Em muitos casos, essas empresas dominaram seus setores, levando a uma falsa sensação de superioridade. Os engenheiros e os gerentes não podiam imaginar que os concorrentes estavam igualando e, depois, superando seus próprios produtos. Enquanto isso, frequentemente, a gerência e a mão de obra incorriam em relações antagônicas. Muitos fatores influenciavam, com um resultado geral: a incapacidade de reconhecer erros, a busca contínua de novos padrões de excelência e a rejeição a projetos inadequados levaram a perdas constantes e ao derradeiro fechamento das portas. Também pensei muito sobre o futuro dos Estados Unidos. Percebi que mudar as coisas de verdade levaria muitos anos, mas seria possível. Se enfocássemos os jovens, algum dia os Estados Unidos voltariam ao caminho certo, realizando um trabalho de engenharia incrível e produzindo produtos incríveis capazes de mudar as coisas.

Quando saí da Sundstrand, pensei muito a sério a respeito dos bons projetos e tomei uma atitude que, aparentemente, não fez o menor sentido: eu me comprometi a fazer comédia *stand-up*. Ponderei muito sobre o meu objetivo e como eu queria contribuir para o mundo. Não estou dizendo que foi divertido, mas eu estava tentando. Continuei trilhando um novo caminho, que levou ao programa *The Science Guy*, à série *Bill Nye Saves the World*, a este livro. Pelo meu ponto de vista, projetar um sistema ou dispositivo que alguém acha importante é exatamente como escrever uma cena ou elaborar um formato de programa que alguém acha divertido. Está no sangue, no andaime ou no chassi.

Um programa de tevê pode não parecer muito com um automóvel, mas os princípios do bom projeto se aplicam em qualquer lugar. A única maneira de um programa com um apresentador **funcionar** é se esse programa for uma extensão da pessoa no letreiro. *The Tonight Show Starring Jimmy Fallon* é uma extensão da natureza brincalhona de Jimmy Fallon. *The Late Show with Stephen Colbert* é uma extensão da ironia e do humor de Stephen Colbert. O mesmo acontece em relação ao *Chelsea*, de Chelsea Handler e, espero, em relação ao *Bill Nye Saves the World*. Meus programas têm de ser uma extensão de mim mesmo e de minha visão de mundo para que tenham sucesso. Têm de ser verdadeiros em relação ao projeto na base da pirâmide invertida. Como uma visão claramente delineada de nossos objetivos, nossa estrutura, nosso tom e nossa mensagem, todos que trabalham no programa estão em sintonia e avançando com uma visão compartilhada.

Misturar comédia com ciência continua a ser a minha paixão. A sua paixão é, sem dúvida, algo que reflete seu conhecimento, suas experiências e seus desejos inconfundíveis. Seu trabalho pode parecer muito diferente. No entanto, estamos todos trabalhando de acordo com o mesmo conjunto de regras. Coisas importantes podem acontecer se você tiver uma ideia clara do que está tentando projetar e se você faz parte do começo. A boa engenharia encoraja o uso correto.

Neste momento, temos muitos impulsos — na política, nos negócios, na engenharia e, de fato, em todas as áreas — que nos empurram para reparos baratos, soluções de curto prazo e decisões apressadas. Quando as coisas dão errado (e em geral dão, sob essas circunstâncias), muitas vezes o resultado envolve muita acusação inútil. É fácil ficar desencorajado. No entanto, como aprendi ao longo dos anos, também há muita alegria em ver seu conceito seguir em frente, passar a marca de 90%, até o ponto em que você consiga levá-lo dentro das limitações práticas. É a emoção nerd de rejeitar a mediocridade. Usando a pirâmide invertida como guia, você pode permanecer concentrado naquilo que precisa fazer para tornar o mundo um lugar melhor... por meio do projeto.

CAPÍTULO 13

A comédia e eu

S e de algum modo eu pudesse mostrar cinejornais de minha infância, você não teria dificuldade de perceber como meu senso de humor (se de fato tenho um) se manifestava. Meu pai era engraçado, assim como minha mãe. Minha irmã ri como ninguém. Ela chega ao ponto de perder o fôlego de tanto rir. Costumo dizer que meu irmão é o homem mais divertido que conheço. Entende? A comédia é bem simples. Mas como pode lhe contar qualquer um que tentou fazer uma plateia dar risada no momento certo, a comédia também é bastante complicada. Exige empatia e perspectiva. Ser capaz de achar humor saindo de seu ponto de vista normal é uma habilidade importante, e não só para fazer sua irmã perder o fôlego. É, sustento, uma ferramenta muito subestimada para mudar a maneira pela qual analisamos os problemas da vida e para encontrar soluções originais.

Tive sorte de o humor ter sido valorizado em minha família, a ponto de parecer completamente normal passarmos nossos dias procurando superar uns aos outros na tentativa de ser engraçados. As piadas e as respostas cômicas eram parte de como passávamos nossos dias. Uma brincadeira recorrente era: "O café já saiu?", um de nós perguntava, de fora da cozinha, e quem estava lá afirmava: "Já." E então: "Quando ele voltar você me avisa?" Minha família brinca assim ainda hoje.

Quando criança, levei um tempo para compreender que humor e comédia não são cultivados em todas as famílias. Quando fiquei mais velho, descobri que aqueles que se tornaram meus amigos são, via de regra, bastante engraçados; pode ser mais uma diretriz do que uma regra. Porém, também percebi que algumas pessoas são sérias o tempo todo. (Tenho a sensação de que você não tem ideia de quem você é.) Além disso, alguns, mais do que outros, podem gerar ou induzir uma boa risada. (Sabemos quem *você* é.) Perguntei-me: por que a diferença? Com o tempo, dei-me conta de que não há muita diferença. Em todos os lugares, as pessoas gostam de uma boa risada, independentemente de sua habilidade cômica, tendência ou *background*.

Tenho a satisfação de dizer que o humor é predominante entre os nerds. Há uma qualidade nitidamente nerd em comediantes, incluindo Groucho Marx, Steve Martin e Louis C. K. Por que tantos nerds são engraçados? Ou talvez a pergunta devesse ser: Por que tanta gente engraçada é nerd? A popularidade entre o conjunto nerd de um estilo específico de humor — trocadilho, jogo de palavras — oferece algumas pistas. Lembra quando compartilhei meu amor permanente e profundo pela letra do alfabeto grego φ e todas as piadas "phi-fi-fo-fum" que envolvem temas da ciência e que provêm dessa letra? Naquela ocasião, eu estava pensando acima de tudo na minha *phixação* em φ como uma expressão da conexão do conhecimento. Agora, percebo que também há outra coisa acontecendo ali. O jogo de palavras, por sua própria natureza, conecta pensamentos que você normalmente não agruparia. (O café saiu, ou seja, ficou pronto; o café saiu: foi dar uma volta.) O confronto resultante é o que torna o jogo de palavras engraçado, mas também é um ato criativo sério. Exercita o cérebro a adotar uma flexibilidade conceitual, separando interpretações possíveis da apresentação literal de uma palavra ou ideia. Juntar de um jeito novo e inesperado pensamentos relacionados de modo distante é uma das fontes de criatividade mais importantes, tanto nas ciências como nas artes. Ao menos deveria ser, *oui*?

De forma indireta, o que estou dizendo aqui é que o jogo de palavras é uma forma de brincadeira de informação. Claro que os nerds se sentem atraídos por tal jogo! Mesmo quando contam piadas, eles estão fazendo conexões, e, assim como com qualquer habilidade, quanto mais eles fazem, melhores ficam. Há um *feedback* positivo engraçado em ação: o humor estimula novas conexões, e novas conexões abrem a mente para outros tipos de humor. É um processo nerd, mas, sem dúvida, não pertence exclusivamente a nenhum grupo. Você pode se envolver nesse tipo de exercício mental abrindo sua mente para as ricas e absurdas justaposições ao seu redor. Você poderá se surpreender com as novas conexões que fará. Pode até fazer alguém rir (mesmo se esse alguém for você mesmo).

O poder de mudança de perspectiva relativo ao humor também o torna um mecanismo de defesa bastante eficaz em face da adversidade. Tenho certeza de que você experimentou o que muitas vezes se denomina "humor negro": o riso de alívio que irrompe em situações tensas ou tristes. É como o processo do jogo de palavras, mas se desenrola de um jeito diferente; reinterpreta os acontecimentos até encontrar o tipo de absurdo que desencadeia uma risada. É, sem dúvida, de onde algo do humor da família Nye veio. Em 8 de dezembro de 1941, o Dia de Pearl Harbor (a oeste da Linha Internacional de Mudança de Data), meu pai e seus companheiros foram atacados pela Marinha japonesa. Em 24 de dezembro de 1941, meu pai e seu contingente foram capturados pela Marinha japonesa em um atol remoto chamado Ilha Wake, no meio do oceano Pacífico. Ele passou quarenta e quatro meses em um campo de prisioneiros de guerra japonês. Eu estive em alguns encontros dos defensores sobreviventes da Ilha Wake, e, após escutar suas histórias, concluí que foi o senso de humor de meu pai que o fez superar as dificuldades.

Ser um prisioneiro de guerra era... estressante. Todos os dias eles eram submetidos a espancamentos. Todos os dias passavam fome. Todos os dias ficavam exaustos. No verão, trabalhavam sob um calor opressivo. No inverno, sofriam muito com o frio. Logo no início, um marinheiro foi selecionado ao acaso e decapitado com uma espada, numa reencenação bizarra de uma cerimônia do período Edo do século XVII, só para mostrar aos prisioneiros que seus captores não estavam de brincadeira. Meu pai descreveu os guardas do campo como "*gung ho*". Uau! É isso mesmo? Eles decepavam a cabeça de um rapaz e se trata só de "*gung ho*" (uma versão americanizada de um termo japonês que significa "trabalhar em conjunto", que se tornou uma expressão típica no Corpo de Fuzileiros Navais dos Estados Unidos)? Mas era assim que meu pai e seus companheiros lidavam com as coisas muito difíceis de se falar abertamente na época, e que permanecem assim hoje em dia, mesmo com suas mulheres e filhos.

Para meu pai e os outros prisioneiros, brincar com a linguagem se tornou um jeito importante de manter o moral. Eles inventaram uma língua inteiramente falsa denominada "tut", para impedir que os japoneses entendessem suas conversas privadas. Na língua tut, você soletra as palavras, letra por letra, de modo muito rápido: se for uma consoante, você pronuncia "[consoante]-u-[consoante]"; assim a letra "b" se torna "bub", e "f" se torna "fuf". Você diz as vogais de forma normal: "a, e, i, o, u". Certas letras são exceções: "c" se pronuncia "cash", para distinguir do "k", ou "kuk".

Após quatro anos disso, todos falavam o tut com muita rapidez. Os companheiros de meu pai pronunciavam seu nome, Ned: "Nun-E-Dud". "Hey, Nun-E-Dud, wow hash e roy e i shush tut hash a tut shush hash o vuv e lul? (*"Hey, Ned, where is that shovel?"* [Ei, Ned, onde está aquela pá?])

Anos depois, quando meu pai nos ensinou a língua tut, era apenas um jogo aparentemente bobo, que disputávamos para ver quem falava mais rápido. Porém, naquele tempo, sob a guarda dos japoneses, esse jogo podia ficar muito sério. Meu pai e os demais veteranos daquele campo relutaram em descrever suas experiências de guerra. Assim, não posso ter certeza do que realmente aconteceu. No entanto, como Ned Nye e seu amigo Charlie Varney ficaram tão rápidos na língua tut, imagino que tenha sido mais do que apenas um passatempo para eles. Suspeito que os prisioneiros alertavam uns aos outros dos perigos, como um guarda que se aproximava, fazendo advertências sucintas que pareciam incompreensíveis para seus captores. Eu não ficaria surpreso com o fato de a língua tut ter salvado a vida de alguns prisioneiros. Sem dúvida, ajudou-os a se manter mentalmente sãos e concentrados. Converter o ruim em bom é parte do que torna o humor tão valioso.

Na realidade aterradora, privada de alimentos e dolorosíssima da vida diária do campo de prisioneiros, havia um capitão dos fuzileiros navais que comandava teoricamente o contingente de meu pai. Pelo relato de Ned, o capitão era bastante inseguro, o que ele encobria com arrogância e um vocabulário que parecia imponente. Em particular, ele era dado a apimentar suas sentenças com o termo "*disirregardless*". Agora, pessoal, isso não é inglês padrão, e nem sequer estamos falando a respeito de "*irregardless*", que também não é padrão. O capitão adicionou um extra "dis" no início, forjando uma palavra de verdadeiro valor sem sentido (embora seja um triplo negativo que matematicamente retorna a um significado real). Para meu pai, que era o homem das letras, ouvir seu capitão bufar uma palavra inexistente era uma provação, que, ao longo do tempo, virou uma irritação que rivalizava com a fome, as agressões e todo o resto. Tornou-se o ponto focal relativo à mudança de perspectiva para proteger a sanidade, um que lhe permitisse enfocar um pequeno absurdo, em vez de um terror enorme.

Dando vazão ao sentimento de meu pai da melhor maneira possível, sua reação foi algo assim: "Essa guerra é uma merda. O campo de prisioneiros é uma merda. Tudo é uma merda. Mas agora... Agora, tenho esse sujeito e seu '*disirregardless*'. Isso é mesmo uma merda". De algum modo, essa palavra se tornou uma das coisas mais engraçadas na vida de meu pai.

Permitiu-lhe distanciar-se de sua terrível situação, capacitando-o a encontrar algum alívio, uma distração básica que o ligou com sua identidade de artífice da palavra que existia e lhe importava, apesar de seu cativeiro. Ser capaz de se ofender com *"disirregardless"* diante de circunstâncias tão terríveis permitiu que meu pai permanecesse ligado a uma parte fundamental de si mesmo; a parte civilizada, articulada, humana de sua identidade, que existira em seu país e que, em breve, ele esperava, se reafirmaria assim que a guerra acabasse.

Todos estavam imobilizados na mesma situação — prisioneiros em um campo de prisioneiros, sem saber o que estava acontecendo no resto do mundo durante a guerra —, e não fazia sentido rediscutir os passos em falso ou as oportunidades perdidas da Marinha americana que jogaram todos eles ali. Isso teria sido muito real e nada divertido. Em vez disso, meu pai encontrou humor em seu desamparo e foi atrás de *"disirregardless"*. O alívio de tensão é um dos propulsores fundamentais do humor, e a palavra do capitão se tornou outra piada familiar duradoura. Meu irmão, minha irmã e eu ainda dizemos *"disirregardless"*, muitas vezes abreviando para apenas "dis-irr", para comunicar algo parecido com o atualmente popular *"I'm just sayin"* [Só estou dizendo].

O que me leva a um terceiro aspecto de mudança de perspectiva relativo ao humor. Além de mudar a maneira pela qual você analisa as ideias e situações, muda a maneira pela qual analisa as pessoas. Muitas formas clássicas da comédia o forçam a se distanciar de si mesmo e pensar a respeito de como os outros enxergam o mundo, ou força os outros a analisar o mundo através de seus olhos. É a essência do distanciamento irônico: um padre, um rabino e um monge entram num bar. O garçom olha para os três de cima a baixo atentamente e diz: "O que é isso: uma piada?" É engraçado porque é familiar, mas ainda consegue levá-lo a uma mudança inesperada de perspectiva. (De fato, é uma piada em segundo nível, que força o ouvinte a adotar o ponto de vista de alguém contando a piada para um ouvinte que já conhece uma versão prévia da piada. Coisa complicada.) Suponho que meu pai conseguisse imaginar o processo de pensamento do capitão, sua teimosia absurda em dizer palavras que pareciam importantes, em um esforço inútil de dar a impressão de que ele ainda estava no controle de uma situação totalmente fora de controle. Mais importante, meu pai também conseguia ajudar seus companheiros prisioneiros de guerra a enxergar aquele absurdo. Isso permitia que todos compartilhassem uma risada e, no processo, ajudava a manter a coesão social, que era fundamental para a sobrevivência.

Essas são algumas das lições básicas que absorvi durante a fase de crescimento: o humor é uma maneira divertida de experimentar novas ideias. O humor é uma maneira de desalojar a raiva e o estresse. O humor é uma maneira de forjar um vínculo profundo com outras pessoas. O humor pode redimir algumas de nossas experiências mais sombrias.

Na minha infância, eu não tinha consciência de nada disso. Só sabia que gostava de ser engraçado e do jeito como as pessoas reagiam a isso. Quando estava no ensino médio, um professor de inglês me consultou sobre representar um papel em nossa apresentação escolar de *A megera domada*. Arranquei algumas boas risadas como Trânio e desenvolvi minha afeição pela comédia teatral. Enquanto isso, Darby, meu irmão, me apresentou à notável arte do monólogo cômico. Darby era fascinado pelo monólogo de abertura de Johnny Carson, comediante e apresentador de tevê, e sua capacidade de falar a respeito de coisas do cotidiano de maneira divertida. Nas noites de sexta-feira, meu irmão e eu tínhamos por hábito assistir ao monólogo de Johnny antes de ir dormir. Eu prestava muita atenção para ver como Johnny fazia aquilo: um homem entretendo sua audiência em rede nacional.

Muitos anos depois, Ross Shafer, meu amigo de longa data, contou a história de seu encontro com Johnny Carson. Ross perguntou a Johnny como ele conseguira permanecer na tevê durante 30 anos. Johnny respondeu: "Nunca tentei ser o melhor convidado de meu próprio programa". Em vez disso, ele tinha um interesse genuíno em seus convidados e mantinha um distanciamento cuidadoso de si mesmo. Johnny possuía aquele padrão-ouro da comédia: a perspectiva. Ele mostrava empatia com seus convidados e também mostrava empatia com seus telespectadores, convidando-os a se sentir como se estivessem no programa com ele. Há uma intensa vulnerabilidade e honestidade resultantes dessa abordagem, pois remove a proteção de se ocultar atrás de uma imagem falsa. Quando Johnny fazia comédia, também levava a perspectiva para lá; isso é o que tornava seus monólogos tão instigantes para mim. Seu humor era do tipo de ligação, e não do tipo desagregador. O mesmo acontece em relação a Louis C. K. Há certos comediantes que formam um círculo com a audiência, criando um forte senso de camaradagem. Ele deixa a audiência *rir com* ele e também *dele*.

Quando fui para a faculdade, a ciência e a engenharia se misturaram com a comédia e a performance em meu cérebro em desenvolvimento.

Trabalhei com Audrey Moreland, engenheira civil (uma nerd como eu, em outras palavras), e nos inscrevemos no show de talentos de Cornell, apresentando um número de dança ao estilo *jitterbug* que criamos. Terminamos em quarto lugar, mas, gente, o aplauso! Foi estrondoso! Levamos nosso show para excursionar — bem, para um bar perto do *campus* — e apresentamos uma versão local de *The Gong Show*, que foi bastante popular durante alguns anos. Audrey e eu nos saímos bem. Ganhamos alguns torneios de dança etc. Certo dia, meu amigo Dave Laks veio correndo até minha casa e balbuciou: "Você tem de ver isso. Você tem de ver isso, cara". (Dave e eu fomos companheiros de quarto quando éramos calouros. Ele optou por ciência dos materiais, enquanto eu fui cursar engenharia mecânica. Eu sei o que você está pensando: "Que excitante..." Bem, na realidade, isso estava a caminho. Dave é outro nerd engraçado.)

Acontece que Dave e seus colegas de quarto tinham aquela tecnologia nova em folha chamada "tevê a cabo". A tevê fechada começou a mudar a maneira pela qual a informação influenciava a nossa cultura. Com respeito à tevê aberta, havia basicamente três redes nacionais nos Estados Unidos na época: ABC, CBS e NBC. A tevê a cabo começou a fragmentar isso, o que significava que cada canal podia ser mais específico, dando à audiência americana e de todo o mundo acesso a todos os tipos de vídeos e performances jamais vistos antes. Era uma quantidade ridícula em comparação ao tipo de proliferação de dados que aconteceu na década de 1990 com a *World Wide Web*, mas, na ocasião, a tevê a cabo foi uma revelação. E o que Dave quis que eu visse era algo não familiar, que talvez nunca chegasse a uma das três redes nacionais: um vídeo de Steve Martin, na casa noturna Boarding House, em San Francisco.

Não é só que Steve Martin era engraçado. Ele era engraçado de um jeito diferente do que tínhamos visto antes na tevê — de um jeito que parecia estranhamente familiar. Enquanto eu assistia, Dave dizia: "Olhe para isso! Olhe para esse cara! É exatamente como você!". Achei que a perspectiva de Steve Martin sobre nosso mundo era brilhante. Queria fazer parte daquela cena. Senti que eu compartilhava o mesmo senso de ironia ou absurdo dele. E, sim, confesso: achei que tinha o mesmo senso de *timing* dele. Se isso é fato, cabe a você — a audiência — julgar. A cena absurda de Steve Martin esperando que sua plateia estivesse repleta de encanadores que gargalhavam com piadas envolvendo o "O Manual Kinsley" e uma chave-inglesa Langstrom de 7 polegadas era muito próxima de minhas cenas hilariantes sobre o aço inoxidável 316. Não era? Bem, achei que fosse.

Percebi que a comédia em público não tinha de se limitar ao discurso de Johnny Carson a todo o país. Cada cena da comédia de Steve Martin estava cuidadosamente empacotada com seus monólogos aparentemente de improviso. Houve uma cena que me impressionou porque foi direito ao cerne da comédia: aquela conscientização angustiante de que algumas pessoas em nossa sociedade estão do lado de dentro e de que outras estão do lado de fora. Steve Martin começou a cena em seu estilo falso sincero. "Lembra quando o mundo explodiu e todos nós chegamos a este planeta naquela arca espacial gigante? Lembra, o governo decidiu não contar para as pessoas estúpidas, porque temia que..." E aconteceu aquele curto período antes que a plateia da casa noturna entendesse a piada e começasse a rir. Era brilhante. Todos nós, toda a plateia, somos as pessoas estúpidas do lado de fora. Examine isso: uma imensa mudança de perspectiva em 12,5 segundos. Nada mal.

Vejo um ponto em comum em todos esses exemplos diferentes de humor. Todos brincam com os pontos de vista do "de dentro" e do "de fora" para criar uma experiência compartilhada. Não há a crueldade de zombar da pessoa do lado de fora, porque o comediante conduz a plateia para ambos os lados: às vezes, todos nós somos o de fora, e, outras vezes, todos nós somos o de dentro. Esse movimento pendular nas mãos de um comediante habilidoso pode abrir os olhos da plateia para perspectivas distintas e sacudi-los um pouco. Steve Martin permanece um gênio na mudança entre arrogância fingida e humildade fingida, levando sua plateia consigo.

Meu pai foi um prisioneiro impotente em um campo de prisioneiros de guerra, mas ao menos ele e seus companheiros estavam no grupo de dentro, que sabia o que a palavra "regardless" [independentemente] significava. Ser capaz de se mover fluidamente entre o de dentro e o de fora permite analisar o mundo de muitos ângulos distintos ao mesmo tempo, o que capacita a ver muito mais.

A partir do momento em que meu amigo Dave me mostrou aquele vídeo de Steve Martin, o cabo de guerra entre engenharia e comédia dentro de mim começou. Continuou através de todo o início de minha carreira. Mas como a ciência e a engenharia também são belas, eu ainda gostava do meu emprego fixo. Apreciava observar as dimensões se somando para criar peças perfeitamente acasaladas (ah, por favor, gente, estou falando de projetos de engenharia) e de sentir um desenho tomando forma por meio das minhas mãos.

O trabalho em uma grande prancheta, projetando aqueles mecanismos maravilhosos, é um tipo especializado de arte, bela e refinada em sua física e precisão. Era 1978, eu era jovem e queria fazer algo de bom no mundo. Ficava fascinado com aqueles que conseguiam visualizar e projetar os refinados mecanismos que conectam os controles da cabine de pilotagem com as superfícies de controle móveis do avião. Você sabia que pode pilotar um 737 mesmo com os dois motores parados? Os mecanismos de conexão permitem que os pilotos utilizem a energia do ar em movimento para acionar as superfícies de controle, que, por sua vez, direcionam o avião. Como você podia não querer estar perto de pessoas que pensam em coisas assim?

A engenharia e a comédia, duas das grandes habilidades nerds, lutavam pelo domínio de meu tempo e minha atenção. O sucesso de Steve Martin era incrível. Seus álbuns ganhavam discos de platina. Um deles se tornou tão popular que a Warner Bros. Records patrocinou uma competição em busca do melhor imitador de Steve Martin. Meus novos amigos de Seattle ficaram completamente expostos à minha obsessão... ao meu "interesse permanente" pelo álbum *A Wild and Crazy Guy*. Suponho que aqueles amigos gostavam do que ouviam, porque me pressionaram a entrar na competição. Fui até a respeitável loja Peaches Records & Tapes para me inscrever (na época do disco de vinil original). Pouco tempo depois, dirigi-me à casa noturna Montana, que pegou fogo há muito tempo. Ali, os concorrentes apresentavam alguma cena cômica ao estilo de Steve. Fiz isso e ganhei. Em seguida, o gentil pessoal da Warner Bros. me pagou uma passagem de avião para San Francisco, onde concorri contra caras com muito mais experiência de palco, e fui eliminado. No entanto, fiquei viciado. Tenho certeza de que não estaria aqui escrevendo para você como Bill Nye, o cara da ciência, se não fosse minha peculiar ligação com a genialidade de Steve Martin.

Após meu modesto sucesso como imitador, diversos produtores me pediram para fazer números de Steve Martin em festas ou reuniões corporativas. Participei de algumas, e foi legal, mas nada mais do que isso. Eu queria apresentar minha comédia, escrever minhas piadas e arrancar minhas risadas. Tentei repetidas vezes. Frequentei noites em clubes de comédia em que qualquer um da plateia podia participar e fazer uma tentativa. De vez em quando, eu conseguia uma risada real, e aquilo era viciante. Estimuladas pelo rápido crescimento da tevê a cabo, em pouco tempo todas as principais cidades dos Estados Unidos e do Canadá tinham ao menos um ou dois clubes de comédia *stand-up*. O formato padrão é um show com três indivíduos: o mestre de cerimônias, que aquece a plateia; o sujeito que faz a cena do meio, muitas vezes chamado apenas de *"middle"*, e o cara que é a atração principal. Eu sonhava em ser *"middle"*. Chegava em casa de meu emprego fixo (depois de trabalhar em uma prancheta de desenho, documento técnico ou teclado de computador) e, imediatamente, tirava um cochilo. Então, acordava lá pelas sete e meia da noite e me dirigia ao centro da cidade para me apresentar em um clube de comédia.

Nessas noites, em que qualquer um podia se apresentar, conheci Ross Shafer, ex-dono de loja de animais e de loja de aparelhos de som, que acabou apresentando diversos programas em redes de tevê junto com um segundo comediante chamado John Keister, e eles acabaram mudando minha vida. Cerca de dois anos depois, começamos a trabalhar juntos. Em uma das emissoras de tevê locais, a KING-TV, havia um diretor de programas chamado Bob Jones, que também era o responsável pela grade de programação. Por acaso, Bob contratou Ross para apresentar um programa chamado *Almost Live!*, com John escalado como uma versão de um correspondente independente. Então, John me pediu para representar um maluco em um esquete em que Ross era sequestrado. Pelo visto, eu estava bastante engraçado como um doido usando um chapéu em forma de pirâmide feito de canudos curvados. Eu estava desenvolvendo meu próprio senso de absurdo.

Por um motivo qualquer, Ross e John me prendiam na produção do programa durante tanto tempo que, finalmente, criei coragem para sair de meu emprego de engenheiro. Foi em 3 de outubro de 1986. Eu tinha 5 mil dólares no banco. Imaginei que isso seria o suficiente para me sustentar por seis meses, mesmo que eu não ganhasse nenhum tostão nesse meio-tempo. Eu tinha uma hipoteca modesta e assim por diante. Parecia um risco que precisava correr. Acho que meus amigos consideraram minha decisão como uma escolha interessante, mas deram o melhor de si para me apoiar. Quando eu não conseguia ser muito engraçado em meu número de *stand-up*, era duro para eles. Isso aconteceu mais de uma vez. Eles me incentivavam a continuar perseguindo minha paixão, mas tendo a engenharia de reserva em caso de necessidade. Foi o que fiz.

Na época, meu maior medo era fracassar e me tornar inapto como comediante e inútil como engenheiro. Para mim, era um momento do tipo síndrome do impostor (mais detalhes no Capítulo 21). O *Almost Live!* era transmitido por vinte e seis semanas não consecutivas ao ano. Eu vivia preocupado com as outras vinte e seis semanas, que tinham de ser preenchidas com algo que desse dinheiro. Por sorte, eu podia conseguir trabalho como engenheiro temporário. Eu tratava minha vida como um problema de projeto e dava o melhor de mim para fazer as peças se encaixarem. Realizei trabalhos *freelance* de desenho industrial em algumas pequenas empresas de engenharia de Seattle e, ao mesmo tempo, escrevi cenas e piadas para o *Almost Live!*, apresentei-me em clubes de comédia e fiz algumas participações no programa.

A essa altura, Ross Shafer não era apenas o apresentador do *Almost Live!*, mas também do mais popular programa de rádio da hora do *rush* vespertina da região de Seattle. Foi há muito tempo. Tanto que a estação mais quente da cidade ainda era uma rádio AM. Para seu programa, Ross redigia entrevistas fictícias com pessoas fictícias, e depois fazia todas as vozes sozinho. Eu escutava todos os dias, muitas vezes em minha prancheta de desenho, em meu trabalho *freelance* para a Avtech, empresa aeroespacial de Seattle que fazia mostradores para cabine de pilotagem e painéis de instrumentos para aviões. Eu vinha projetando um botão de rádio resistente à intrusão de líquidos para cabines de pilotagem; um jeito especial de dizer que se podia derramar café ou refrigerante sobre eles e tudo bem. Basicamente, eu aplicava meu conhecimento de engenharia em qualquer serviço que conseguisse para me pôr em meu caminho.

Bem, certo dia, eu escutava o programa de Ross quando alguém (um ouvinte de verdade!) ligou para responder uma pergunta sobre o primeiro filme *De volta para o futuro*. Algo acerca da quantidade de potência elétrica para enviar DeLorean em viagens através do tempo. A resposta correta, Ross explicou, era 1,21 *"jigawatts"*. Bem, não consegui deixar passar em branco aquele modo de se expressar. Alguns instantes depois, liguei para explicar que, na ciência, preferimos dizer 1,21 *"gigawatts"*, com gê. Era algo idiota, mas o cuidado com a linguagem é uma característica da família Nye, e todo bom nerd sabe que é necessário ter a terminologia correta. Acontece que os ouvintes (Ross ao menos) achou divertida minha inoportuna precisão. Uma coisa levou a outra, e fui incumbido da missão de ligar para o programa de Ross todos os dias, às 16h35, para dar uma resposta vagamente baseada em ciência para as perguntas dos ouvintes.

Uma pequena ideia começou a incubar no recôndito de minha mente. Não se tratava de um pensamento conscientemente, ao menos não ainda, mas o projeto estava ali tomando forma: o poder conectivo do humor é uma grande maneira de fazer as pessoas prestarem alguma atenção à ciência. Muita gente vai dizer que a ciência é chata, alienante ou não divertida, mas ali estava eu, conseguindo fazer com que as pessoas escutassem e rissem. Eu brincava com ideias, e inúmeros ouvintes — muitos dos quais, provavelmente, nunca haviam visto a si mesmos como nerds — estavam gostando. Além disso, eu achava que os Estados Unidos vinham perdendo sua vantagem em ciência e tecnologia. Talvez eu pudesse ajudar, só um pouco.

Em seguida, surgiu o próximo elo em minha grande cadeia de acasos, ou algo assim. Em janeiro de 1987, eu participava de uma reunião de roteiristas do *Almost Live!* quando uma convidada, Rita Jenrette, cancelou sua participação. (Rita ficou conhecida por declarar que transara nos degraus do Capitólio dos Estados Unidos; ainda mais bizarro, fez sexo com seu próprio marido.) Quando Ross conta essa história para seu público, diz que o convidado era Geraldo Rivera. Quando Bill Stainton, o divertidíssimo produtor de *Almost Live!*, é quem conta, afirma que foi Eddie Vedder, vocalista do Pearl Jam. Era uma época muito movimentada; as lembranças ficam borradas. De qualquer forma, precisávamos preencher seis ou sete minutos do tempo do programa. No mundo da televisão, isso é muito. Imagine observar uma tela em branco durante o período necessário para cozinhar dois ovos. Ross, eu e os demais roteiristas nos pusemos a caçar ideias desesperadamente. Ross ficou tão aflito que me disse: "Por que você não faz algo com aquelas coisas de ciência de que sempre fala? Você podia ser, sei lá, 'Bill Nye, o cara da ciência', ou algo assim". Em um instante, minhas duas vidas nerds distintas se chocaram. Não, melhor: digamos que minhas vidas "se fundiram".

Minha primeira ideia foi criar algum tipo de esquete usando nitrogênio líquido, que é ótimo para fazer névoa e estilhaçar flores. Trabalhando com Jim Sharp, chefe dos roteiristas, nós inventamos um quadro chamado "The Household Uses of Liquid Nitrogen" [Os usos domésticos do nitrogênio líquido]. Achei que seria divertido. Mais incrível, *outras* pessoas acharam divertido. O quadro ganhou um prêmio Emmy local. Depois disso, fiquei encarregado de produzir cenas para o cara da ciência a cada três semanas. Constatei que poderia apresentar efeitos impressionantes na tevê se estivesse disposto a blefar, basicamente apresentando truques de mágica. A mágica, uma habilidade bastante apropriada para nerds, que prestam atenção aos detalhes que os outros ignoram, agrada a audiência. Tentei fazer parecer que uma toranja podia gerar energia suficiente para acionar um motor elétrico, o que é possível só com a ajuda de fios elétricos escondidos. No entanto, os truques e as mágicas não eram satisfatórios para mim. De modo algum. Eu queria mostrar coisas reais, que as pessoas não percebiam que era possível, e também a limitação de fazer ciência de verdade. A comédia e a ciência têm muito em comum: ambas dependem da mudança de perspectiva que provém da honestidade verdadeira.

Pouco a pouco, o sucesso dos quadros de *Almost Live!* foi me dando credibilidade como intérprete e, em menor grau, como autor. A partir daí, uma coisa levou a outra. Jim McKenna e Erren Gottlieb, dois funcionários da KING-TV, criaram sua própria produtora de tevê e me contrataram para apresentar o *Fabulous Wetlands*, vídeo educacional para o Departamento de Ecologia do estado de Washington. Acho que eles perceberam minhas diversas referências à gestão ambiental, o uso da bicicleta para ir ao trabalho etc. Outras piadas foram escritas, mais tempo passou, e, então, em 1992, criamos o piloto do programa *Bill Nye the Science Guy*.

Você talvez saiba um pouco sobre como essa parte da história acabou. Eu me dediquei de corpo e alma a isso. Adorava ciência e adorava humor. Ser capaz de se conectar com uma audiência usando comédia e ciência, para fazê-la apreciar ambas um pouco mais, é simplesmente o máximo. E a resposta ao nosso programa continua a me impressionar e empolgar. Sempre fico curioso de ouvir o que as pessoas mais gostam no programa. Ao longo dos anos, muita gente me disse o quanto gosta dele como "tevê educativa". Bem, sem dúvida, *The Science Guy* pretendia ser um programa educativo e continua pretendendo ser. No entanto, lembre-se de que o programa foi criado como entretenimento. Se uma programação de tevê não entretém, os telespectadores mudam de canal. Um jeito infalível de fazer algo entreter é deixá-lo divertido; embora, é claro, só funcione se você *conseguir* deixar isso realmente divertido.

Para *Science Guy*, eu representava qualquer *gag* boba e fora de moda para conseguir um sorriso do público; ou dos membros da equipe técnica, que eram os únicos que ficavam na minha frente enquanto eu me apresentava. Durante a gravação com câmera única, como no programa *The Science Guy*, ou nos ensaios para meu novo *Bill Nye Saves the World*, a equipe técnica é, em geral, a única plateia. Fico muito satisfeito quando consigo arrancar um "sorriso da equipe"; um riso verdadeiro, que surge quando a equipe tenta conter a risada. Consegui isso até na Fox News, onde procuram não rir de nada. Estimulado por minha equipe, obtive gargalhadas. Torta no rosto? Ah, sim. Escorregar de cabeça contra pinos de boliche de madeira? Sem dúvida. Ficar preso na lama e fazer piadas a respeito de não ser capaz de sair... porque eu realmente não conseguia? Acho que sim. Baldes de água atirados em mim? Essa é uma piada bastante óbvia. Esses quadros de pastelão se juntavam a momentos mais sofisticados e majestosos, como, por exemplo, quando tropecei em cabos e caí de cara no chão enquanto apresentava uma ideia importante; ou quando gritei de susto ao ver um crânio humano que fingi esquecer que segurava em minha mão. A ciência oferece uma janela para o humor, mas, às vezes, o humor oferece uma janela inesperada para a ciência e a natureza humana. Qualquer que fosse a *gag*, se a equipe desse risada, sabíamos que estávamos no caminho certo.

Uma observação prática: se alguma vez você for vítima de um balde de água enquanto estiver usando um jaleco de laboratório (como seria o procedimento padrão), tire a camisa para fora da calça primeiro. Uma camisa de algodão engomada e fora da calça desviará para o seu cinto grande parte da água recebida. Sua calça, e especificamente sua entreperna, não ficará nem de perto tão molhada quanto ficaria se sua camisa estivesse dentro da calça. Isso se tornou um pequeno e inesperado tutorial em dinâmica dos fluidos.

Minhas travessuras podem parecer distantes demais do jogo de palavras de meu pai e de sua língua tut, mas insisto que não são tão diferentes. Ambas se baseiam no senso de autoconhecimento nerd e quintessencial, e no poder conectivo das mudanças de perspectiva resultantes. Que tipo de homem pronunciaria satisfeito uma frase como *"Wow hash e roy e I shush tut hash a tut shush hash o vuv e lul?"*? Que tipo de homem permitiria sofrer maus-tratos repetidamente em nome da ciência? Alguém que está disposto a abandonar seu ego (parte dele) em prol da audiência, que está disposto a conseguir melhorar um pouco mais uma piada a fim de transmitir uma lição maior ou um senso de comunidade.

Parte da risada resultante de assistir a um intérprete fazendo uma cena de pastelão é um tipo de alívio interno; uma vozinha em sua cabeça que diz: "Ei, ele não viu isso chegando? Fico feliz que não seja eu, porque nunca faria isso. Espere, não faria?" Por um instante, você está fora de si mesmo, em um estado alterado mais consciente e desperto. Nesse momento, o rapaz usando o jaleco não é uma figura remota de autoridade. É um cara simpático, unificando a audiência ao redor de si, permitindo que ela (mesmo sem saber, talvez) encontre grande alegria na terceira lei de Newton. E uma vez que esse rapaz ganhe sua simpatia, você se torna mais receptivo àquilo que ele tem a dizer e mais interessado nas coisas que interessam a ele. Humor e afinidade, no fim das contas, são ferramentas excelentes para conquistar alguém ao seu ponto de vista. Ainda recorro a elas todos os dias.

A jornada do garotinho de Ned e Jacquie Nye para Bill Nye, o cara da ciência, parece o resultado de muitas coincidências, mas, nesse caso, vejo um princípio organizador. Primeiro, passei a acreditar que não há "grandes rupturas"; há apenas rupturas. Segui caminhos conforme eles apareceram e dei o melhor de mim para impedir que minhas noções preconcebidas e meu orgulho se metessem no caminho de minha curiosidade. Trabalhei para evitar me cegar para o que poderia estar na próxima esquina. Tenho a impressão de que usei cada fragmento de conhecimento que tinha à minha disposição para forjar o meu caminho através de cada situação, independentemente de parecer ou não um ajuste natural. Tornei-me um engenheiro porque gostava de bicicletas e abelhões, e parecia uma rota para uma carreira com uma renda estável. Comecei a fazer as pessoas rirem, acho, porque era parte natural da linguagem compartilhada dos nerds, e subi ao palco de modo que pudesse fazer mais gente rir. Tentei a comédia *stand-up* como resultado de ter feito muitas outras pessoas rirem, e, então, encontrei minha vocação como educador científico em uma reunião de autores de comédia, porque isso me permitiu compartilhar minhas duas paixões de maneira igual. Em cada passo do caminho, trabalhei no ofício a minha frente, sempre dando o melhor de mim para manter todas as outras peças do quebra-cabeça nas proximidades. Analise seus próprios sucessos, e aposto que você vai ver o mesmo tipo de procedimento metódico em ação.

Minha jornada como comediante está longe de completa. No alto de minha lista de desejos inclui-se apresentar *Saturday Night Live*, onde Steve Martin trabalhou alguns de seus melhores números. Eu adorava principalmente "Theodoric of York, Medieval Barber" [Theodoric de York, barbeiro medieval], em que o personagem de Martin começava recomendando curas anticientíficas, como sangria, para seus pacientes. Em seguida, ele fazia uma pausa e começava a falar de uma visão do tipo "e se" a respeito do Iluminismo, que abolia todas as suas práticas brutais e as substituía por uma descrição do método científico moderno. Ele alcançava um crescendo de excitação e, então, dispensava tudo com um sarcástico "Nahhhhh". Theodoric expressava os dois lados do que está dentro de todos nós: um impulso rumo à grandeza com um jugo pesado de preguiça e insegurança. Ao ver o absurdo de seu personagem, é impossível não nos perguntarmos o que todos nós poderíamos alcançar se abraçássemos radicalmente a razão. Isso nos faz rir de nossas razões para nos conter.

A comédia e a engenharia eram o meu caminho, mas, sob vários aspectos, minha história também pode ser a sua história. Espero que você goste de fazer trocadilhos e jogar com novas palavras. Procure ver o mundo das perspectivas de outras pessoas. Encontre o humor reconfortante em seus reveses. Pense em como uma piada pode reunir um grupo de indivíduos muito diferentes. Em resumo, seja um nerd da comédia. Ao usar a comédia para se libertar de antigos preconceitos, você se abre para inúmeros *insights* que não perceberia. É exatamente o que você precisa para melhorar suas habilidades de projeto, quer o que você esteja projetando seja uma superfície de controle do 747, uma candidatura para um emprego, uma pintura com aquarela ou uma grande *gag* visual. Você se abre para conexões e colaborações com pessoas que talvez ignorasse. É uma via de acesso para *expertise*. Ah, e pode deixar a vida muito mais divertida.

Uma vez que você abre caminho e dá uma risada, se liberta. Você também tende a se tornar bem-aceito (ou bem-aceito o suficiente) por aqueles ao seu redor. De qualquer maneira, foi o que eu ouvi. Os muito nerds podem ser muito divertidos. Não é uma maravilha?

CAPÍTULO 14

Sem falsificação

Qual é a principal indústria de Hollywood? *Blockbusters* de ação? Moda e glamour? Fofocas sobre celebridades? Eu sustento que a indústria real ali é a arte de contar histórias. Todo o resto, incluindo o enorme fluxo de dinheiro, começa com uma história bem contada. Isso faz de Hollywood um paradoxo fascinante e instrutivo. Quase todas essas histórias são fictícias (mesmo aquelas "baseadas em fatos" envolvem muita imaginação) e, ainda assim, também precisam ser rigorosamente honestas. Envolver, e manter, a atenção dos espectadores não é tarefa simples. Se uma história não parecer *verdadeira* de modo persistente, irresistível e instigante, o público vai embora.

Para o caso de você ter aberto o livro direto nesta página, em 1990, dois anos antes do lançamento de *Science Guy*, mergulhei de cabeça nesse grande paradoxo. Eu trabalhava 26 semanas por ano no programa de humor *Almost Live!*, e ainda fazia trabalho *freelance* como engenheiro mecânico. Não tinha certeza do que faria a seguir, mas estava aberto a novas aventuras. É exatamente aí que a aventura acontece. Steve Wilson, diretor de *Almost Live!*, tinha um amigo, John Ludin, que era produtor em Los Angeles. John e o roteirista Bob Gale estavam criando, para a CBS, uma série animada para a manhã de sábado baseada na trilogia cinematográfica *De volta para o futuro*. O conceito era que cada episódio teria um componente educativo. Os personagens se meteriam em apuros e, então, teriam de solucionar seus problemas com... você adivinhou: ciência. John, que vira minhas cenas em *Almost Live!* (e gostara delas; vai entender), me pediu para ser o cara dos vídeos educativos que passariam no meio do desenho animado: fato e ficção, lado a lado.

Agora, devo dizer, duvido que exista uma série de ficção científica melhor e mais divertida do que *De volta para o futuro*. (É isso aí, fãs de *Jornada nas estrelas* e *Guerra nas estrelas*.) Em primeiro lugar, as histórias da trilogia são entrelaçadas, e envolvem viagem no tempo e tecnologia vanguardista. Quem não ama tudo isso? Em segundo lugar, os heróis da série são pensadores criativos — o perspicaz Marty McFly e seu guia no tempo, o doutor Brown, o inventor de olhos arregalados —, enquanto os vilões se preocupam apenas com dinheiro e poder. Em terceiro lugar, *De volta para o futuro* presume um mundo do futuro otimista, com a ciência sempre se aperfeiçoando e suficiente inventividade humana para descobrir como utilizar a ciência para o bem, e não para o mal. Quando John entrou em contato comigo, eu disse "sim" num piscar de olhos.

De repente, eu tinha uma participação regular em rede nacional de tevê como apresentador de um quadro chamado "Video Encyclopedia", no desenho animado *De volta para o futuro*. Era uma bela ideia. Os produtores contrataram Christopher Lloyd, o ator que desempenhou o papel do doutor Brown nos filmes. Ele possui uma incrível postura e voz de professor distraído. Com Marty e sua equipe presos em algum lugar no tempo, o doutor Brown sugeriria que pesquisássemos isso ou aquilo na Video Encyclopedia. Então, o desenho cortaria para um Bill Nye bem real, e não um personagem de desenho animado, de jaleco branco, camisa cinza e inconfundível gravata-borboleta. Sem falar, eu demonstraria como fazer baterias a partir de limões ou por que uma *curveball** encurva. Naquela época, os operadores de câmera balançavam a cabeça negativamente diante de roupas brancas, acreditando que eram muito brilhantes e atrapalhavam a fidelidade do vídeo em qualquer cena. Assim, eu, como o cara da ciência, uso um jaleco azul-claro (sempre tem). Quando os produtores e figurinistas escutam "jaleco", geralmente procuram um branco, alheios ao fato de que há todo um mundo azul-claro. Eu balanço a cabeça de um lado para o outro.

Naquelas vinhetas de *De volta para o futuro*, em geral com não mais do que dois minutos de duração, eu propunha as demonstrações e, assim,

---

* No beisebol, lance em que a bola se curva enquanto se move em direção ao jogador com o bastão.

tinha a chance de controlar as coisas. Pensei: "Isso é legal. Posso ser um educador na tevê." Na ciência, algo de muito importante é a honestidade nerd. Se você falsifica dados de pesquisa, isso não é meramente uma fraude. Dados falsificados abalam todo o processo de testar hipóteses e encontrar melhores respostas para perguntas sobre como as coisas funcionam; quer tais coisas sejam estrelas distantes, tumores cerebrais ou os mecanismos hidráulicos de um avião 737. Você corre um risco tremendo ao permitir que resultados, mesmo que sejam um pouco errados, sigam em frente por acaso, e nunca deve deixar de propósito que dados incorretos sejam tratados como fatos. Assim, eu assumi automaticamente que minhas Video Encyclopedias de educação científica também seriam honestas.

Em uma das primeiras aventuras da animação, nossos heróis tinham em encontro com a eletricidade estática de alta tensão. Como o demonstrador, abordei essa cena como um educador científico padrão. Pendurei um balão com barbante em um pequeno suporte de laboratório — simplesmente uma haste vertical de metal e uma braçadeira — para deixar o balão preso pelo barbante balançar livremente em resposta a uma carga elétrica positiva ou negativa. É uma demonstração clássica. A ideia é esfregar um segundo balão no cabelo — nesse caso, o meu cabelo — e criar uma carga estática. Em seguida, eu levaria o balão carregado com essa carga estática para perto do balão pendurado. Quando essa experiência é realizada normalmente, os balões conduzem suficiente carga eletromagnética para, de início, repelirem-se um ao outro, mas, depois, atraírem-se mutuamente, depois que o balão pendurado dá meio giro completo. O grande final é puxar um balão para o outro. Em geral, o balão carregado negativamente em sua mão atrai o complementar carregado positivamente. Um observador (como o telespectador em casa) pode ver o movimento com facilidade. Então, quer eu esteja em uma sala de aula, quer no teatro Irving Plaza, eu explico o que estava e o que não estava acontecendo de maneira engraçada.

Estávamos prontos no estúdio, prestes a gravar o movimento instigante e incrível, embora bastante pequeno do balão devido à eletricidade estática. No entanto, antes de a gravação começar, o diretor decidiu que queria reposicionar um dos refletores para destacar o efeito. Enquanto isso, fiquei esperando ali com o balão carregado na mão e o "produto" padrão do cabeleireiro no cabelo. Quando o diretor finalmente gritou "ação", não aconteceu muita coisa. Eu movi o balão em minha mão na direção do pendurado pelo barbante, mas quase não houve nenhuma interação. O problema foi que esperamos muito tempo. Enquanto a câmera dava um close nos balões, o diretor não quis que eu me movesse. O ar, sobretudo o ar úmido, é levemente condutivo e, assim, as cargas estáticas, em geral, dissipam-se após alguns minutos. No momento em que o diretor terminou de fazer os ajustes intermináveis na iluminação, o balão em minha mão tinha perdido a maior parte de sua carga para o ar circundante.

Agora, nesse tipo de demonstração, admito que, muitas vezes, o balão não é puxado para muito longe, mas sempre existe alguma oscilação e rotação, e são reais. Por qualquer motivo, porém, o diretor assistente estava com um pouco de pressa. Imediatamente, ele pediu "cola". Então, um auxiliar borrifou cola de uma lata no balão pendurado. Depois disso, como você pode imaginar, os balões grudaram um no outro como loucos. Sob pressão para realizar a cena, e sendo o elo inferior na cadeia de comando, segui em frente e aproximei os balões para que ficassem juntos, com a cola fazendo todo o serviço. Mas não era real. Os balões não estavam grudados um no outro por causa da atração elétrica da carga estática, que era todo o objetivo de minha demonstração. Em vez disso, eu estava imitando o que a experiência deveria ter sido se realizada de modo correto. Foi algo pequeno, mas ainda me arrependo de ter deixado isso acontecer. Até hoje, se assisto essa cena, simplesmente chacoalho a cabeça. Não parece certo, de jeito nenhum. O que estávamos fazendo ali se não era para captar a ciência, a ação real, e mostrar ao telespectador o que descrevíamos?

Você pode dizer, como a maioria das pessoas no estúdio naquele dia disse: "Bill, esqueça. É algo insignificante". Ah, meu Deus, eu fiz aquilo, e ainda me atormento com isso. A ciência depende de honestidade, mas o que eu apresentei foi basicamente uma mentira. Mesmo uma mentirinha é uma mentira. Converti essa experiência negativa em uma positiva, você pode dizer. Naquele momento, prometi que, se alguma vez tivesse um programa meu, só mostraria ciência de verdade. Até hoje, uso essa história para lembrar ao pessoal com quem trabalho agora que a ciência tem de vir em primeiro lugar. Ainda bem que me livrei disso realizando novamente uma experiência com eletricidade estática. É o episódio 25 de *Bill Nye the Science Guy*.

Ao mostrar apenas ciência de verdade no programa infantil, estabelecemos uma relação de confiança entre nós e nossa audiência. Atualmente, como mágica, a maior parte de nosso entretenimento audiovisual apresenta truques, que são quase mentiras. As pessoas voam por meio de cordas apagadas digitalmente; correm pela floresta em "velocidade de vampiro" em correias plásticas movidas por guinchos. Os filmes e a televisão exageram tanto que o público praticamente assume que o que tem é uma visão exagerada, que cria uma expectativa de fraude. Acho que, nesse momento, a expectativa cética contribuiu para a atitude cultural predominante de que quase toda percepção ou experiência é subjetiva. Mas não é assim, sobretudo em ciência. A dedicação à realidade — mostrando as coisas incríveis ao nosso redor, no mundo real — é minha maneira de contra-atacar. É minha pequena declaração de que conceitos como a verdade e os fatos invioláveis e a realidade objetiva merecem ser perseguidos, porque são estimulantes, duradouros e essenciais para a criação de um mundo saudável e seguro.

Algumas vezes, no programa *The Science Guy*, manter tudo real exige esforço extra. Aquela demonstração de eletricidade estática me consumiu. No fim do dia, me surpreendi com o meu cansaço, se é que você me entende. Para o programa, eu me expunha a um gerador de Van de Graaff: uma máquina de eletricidade estática com correia de borracha, que recebeu esse nome em homenagem a um dos cientistas que ajudaram a desenvolver a bomba atômica. Você pode ter visto um no museu de ciência, onde um demonstrador pede para uma voluntária de cabelo comprido pôr a mão sobre o aparelho. Com a voluntária de pé numa plataforma com isolamento, seu cabelo vai ficar todo arrepiado, com cada fio repelindo os adjacentes. Esse era exatamente o efeito que eu queria demonstrar. Assim, vesti uma peruca longa — eu a chamei de "a peruca roqueira da ciência" —, com a intenção de meu cabelo se eriçar de maneira absurda. Acredito que todos que estão lendo este livro tenham recebido em algum momento da vida um choque de eletricidade estática: talvez ao tocar uma maçaneta num dia seco de inverno; ou ao vestir um pulôver especialmente carregado de eletricidade; ou ao esbarrar em um fio quente de uma cerca elétrica de um jardim ou haras. Sinto muito por qualquer desconforto que eu possa ter trazido ao lembrá-lo da ocasião. Em todo caso, tomar um choque é uma coisa. Outra bem diferente é tomar centenas de choques durante um longo dia de gravação, cena após cena.

No entanto, após todo o trabalho e desconforto, a experiência transcorreu à perfeição. Mostramos os balões atraindo um ao outro e como o para-raios funciona. Não falsificamos nenhuma parte dela. Era mais difícil ajustar um choque de eletricidade estática de verdade do que borrifar cola nas coisas? No sentido pragmático, sim. No sentido significativo, autêntico, não, absolutamente não. Acredito firmemente que isso dava ao programa uma autenticidade que os telespectadores admiram e apreciam. Sem dúvida, ele era e continua a ser muito apreciado pelos meus queridos colegas de educação científica.

De maneira análoga, temos de definir nosso lugar de autenticidade e sempre estar preparados para defendê-lo. Encontraremos pessoas que querem que as coisas aconteçam rapidamente e estão dispostas a procurar atalhos para consegui-lo. Exatamente como muita gente que tenta passar correndo pela parte inferior da pirâmide invertida do projeto, essas pessoas muitas vezes se contentam em condescender na honestidade e integridade do projeto ou produto. E entre elas, eu me incluo. Você também, aposto.

Quando isso acontece, recomendo que você adote a honestidade e a integridade da cultura nerd. Em curto prazo, a falsificação pode muitas vezes ser mais rápida e parecer mais simples, mas nunca é melhor. Você pode deparar com problemas no meio do caminho e precisar recomeçar seu projeto. Pior, você pode chegar até o fim e descobrir que produziu um Ford Pinto; algo muito mais grave e perigoso que uma demonstração falsa de eletricidade estática, mas nascido do mesmo desejo de obter resultados rápidos e manter as coisas avançando. De todo modo, você está se enganando no processo. A abordagem autêntica o força a entender plenamente sua coisa ou ideia e a investigar as soluções ideais para quaisquer problemas encontrados. Estimula a inovação e o ajuda a se conscientizar de qualquer falsificação existente.

Perceba o fato de que a autenticidade é essencial para o modo de funcionamento da ciência, ao menos quando está funcionando direito. O grande poder do método científico é que ele demanda evidências para respaldar uma ideia. Você pode pensar nisso como o código de conduta nerd. Por um tempo, as fraudes científicas podem se esgueirar, mas, em longo prazo, a verdade sempre vence. Provavelmente, a fraude mais famosa da história foi a "descoberta", em 1912, do Homem de Piltdown, uma suposta espécie ponte entre os humanos e os macacos. Por um período, essa foi uma espécie aceita, embora muitos estudiosos estivessem na dúvida desde o início. Anos de investigação provaram de maneira conclusiva que os fragmentos eram uma fraude. Um exemplo mais recente e pernicioso de fraude proveio de Andrew Wakefield, médico pesquisador britânico que publicou um artigo sustentando o vínculo entre vacinas e autismo. Outros cientistas desconfiaram quando não conseguiram reproduzir os resultados de Wakefield. Investigações posteriores revelaram que ele alterara seus dados. Seu artigo foi desmentido, e ele, impedido de exercer a medicina no Reino Unido; mas suas afirmações falsas continuam a sustentar as suspeitas antivacina. Ao abraçar a autenticidade, você vai farejar as fraudes com muito mais facilidade, sejam elas frívolas ou potencialmente fatais.

Os benefícios da rigorosa honestidade nerd estão longe de ser exclusivos da ciência. Pense em seus amigos que são francos e diretos com você. Eles não são aqueles de quem você se sente mais próximo? Pense nas pessoas de sua equipe ou de seu escritório que têm credibilidade imediata quando falam. Eles não são aqueles com quem você quer trabalhar, justamente porque você confia neles para fazer a coisa certa? Seguir o código de conduta nerd torna a vida mais fácil e mais agradável em todos os aspectos. Não que os nerds sejam imunes à falsidade e à fraude, mas a terra da autenticidade é território hostil para esse tipo de coisa. Dou o melhor de mim para permanecer na área, e considero isso uma fonte diária de alívio. Como princípio de projeto, é muito simples: não diga nem mostre nada que você sabe que não é real. Às vezes, admitirei exageros, sobretudo se quero muito que meus exageros sejam verdade. Mas dou o melhor de mim para me manter baseado na realidade, e, com frequência, lembro a mim mesmo que o mais incrível é quando conseguimos trabalhar dentro das limitações da realidade para alcançar resultados incríveis.

Nós gravávamos a primeira temporada de *Bill Nye the Science Guy* para o Disney Channel, e demoramos alguns dias a mais do que o previsto para enviar um episódio aos técnicos da Disney, em Burbank, na Califórnia. Assim, a empresa despachou dois executivos elegantemente trajados para visitar nosso estúdio em Seattle e descobrir o motivo do atraso. O estúdio ficava em um armazém perto da praia, e eles, assim que viram o cenário, acharam que vislumbraram o problema, e perguntaram com ar de superioridade, quase sem disfarçar: "Por que vocês usaram tijolo em tudo?"

Precisei de algum tempo para compreender a preocupação deles. Aquela gente da tevê do alto escalão estava acostumada com os cenários de estúdios de Hollywood, que podiam ser rapidamente desmontados e reutilizados. Aqueles homens estavam analisando o cenário dos laboratórios Nye, que tinha mais de dois andares de altura, e não conseguiam entender por que gastamos tanto tempo e dinheiro construindo uma parede de tijolos falsa tão grande. Por fim, eu consegui explicar que não tínhamos usado tijolos em um cenário desmontável; nós estávamos gravando em um prédio de verdade feito de tijolos de verdade. Bem, os executivos da Disney ficaram um tanto constrangidos, mas não os culpei por seu erro. Nós nos entendemos perfeitamente depois que esclareci a confusão. Eles estavam tão habituados ao artifício dos cenários falsos, tão acostumados a uma maneira específica de fazer as coisas, que incluía tijolos falsos e adesivos spray, que não foram capazes de reconhecer uma parede de tijolos de verdade ao ficarem diante de uma. Na realidade, quase qualquer um de nós pode cometer um erro assim. Vivemos cercados por pequenas telas luminosas exibindo entretenimento ofuscante e escapista. Mesmo pessoas sensíveis começam a achar que entendem de manobras militares porque assistiram a filmes sobre a Segunda Guerra Mundial, ou aceitam histórias suspeitas acerca de um inventor que criou uma dobra espacial porque algo semelhante aconteceu na tevê. A falsificação pode nos cegar para o mundo diante de nós, tornando-nos incapazes de enxergar a parede de tijolos, até que damos de cara com ela.

Assim, na terra do *Science Guy*, pegamos alegremente o caminho oposto, fixando-nos em cada aspecto científico e de engenharia do programa. Certo dia, estávamos produzindo o episódio sobre digestão. (É o número 7, se você estiver nos acompanhando em casa.) Para realçar o fato importante de que nós, seres humanos, obtemos dos alimentos a energia para crescer e nos locomover, planejamos utilizar um carro em miniatura que era movido não por baterias ou gasolina, mas por um motor a vapor, cujo calor seria proporcionado pela queima de cereal matinal açucarado, especificamente Frosted Flakes. A energia química liberada pela queima do cereal é muito parecida com a energia química liberada quando o corpo o quebra. A grande diferença entre uma chama e o estômago é a temperatura. O corpo utiliza enzimas capazes de combinar açúcares com oxigênio em temperaturas moderadas da biologia. Na combustão regular, uma reação química libera energia térmica muito mais rápido, produzindo as temperaturas ardentes que identificamos em uma chama de vela, no escapamento de um foguete ou num motor a vapor.

Quando nos preparávamos para a produção do episódio, surgiu uma pergunta: qual deveria ser a aparência de um carro movido a cereal matinal? Após uma rápida consulta, eu e Bill Sleeth, o cenógrafo, concordamos que aquele veículo deveria parecer, e estou citando nós dois aqui, "como um carro de verdade". É claro que não existe algo como um carro movido a cereal matinal. Não obstante, todos nós nos demos conta, na hora, do que estávamos descrevendo: uma máquina que exibisse seus mecanismos funcionais aberta e honestamente. O telespectador veria a tecnologia que utilizamos, e não algum tipo de versão esquisita de um automóvel que mantinha as peças móveis escondidas. Teria sido mais fácil construir um carro de brinquedo elétrico, comandado por controle remoto, carregando uma vasilha de cereal substituto; mas, então, seríamos forçados a dizer ao telespectador algo como "Isso é uma representação". Não foi o que fizemos.

Bill Sleeth e sua equipe acabaram construindo um motor a vapor de brinquedo com peças do jogo de montar Erector Set. Ao passar os olhos por nosso carro, podíamos dizer exatamente onde a combustão acontecia, onde o calor dos cereais em combustão criava vapor, onde o vapor movia um pistão, onde o pistão em movimento girava as rodas. Era um modelo de honestidade nerd. Sim, podia ter ficado mais bonito e reluzente, mas aí o carro não teria ficado tão divertido. Ficou divertido porque anunciava sua função e convidava o telespectador a entender exatamente o que estava acontecendo. A equipe de Bill executou aquilo à perfeição. Ao mesmo tempo, aqueles dois executivos da Disney desdenhavam de nós, os caipiras, e de nossas ideias idiotas de tentar fazer tudo como se estivéssemos *realmente fazendo*. Mas fizemos, e surtiu efeito. Minhas fontes asseguram que o programa *The Science Guy* permanece o principal gerador de receita da divisão da Disney denominada Disney Educational Productions, e eu sustento que a honestidade nerd encarnada no carro movido a cereal matinal é o motivo básico de seu sucesso.

A reflexão a respeito da funcionalidade lindamente despida de nossa pequena engenhoca me ajudou muito em diversos aspectos da minha vida. Espero que esse tipo de autenticidade também o ajude. Sem dúvida, teria ajudado muitos dos chefes de engenharia e produtores de tevê com quem trabalhei ao longo dos anos, sem falar dos diversos políticos e pretendentes a cientista que encontrei. Esse pensamento me inspirou a escrever um breve guia para manter tudo real.

Essas podem parecer lições gerais para se tirar de um balão, alguns tijolos e um carro movido a cereal matinal, mas imagine se mais gente vivesse de acordo com esses princípios. Significaria não ter de desconfiar de que um vendedor com quem você está trabalhando possui segundas intenções ou de que um empreiteiro vem fazendo as coisas malfeitas para acabar o trabalho mais rápido; nem ter de questionar se alguém está falando a verdade ou se inclinando na direção de alguma agenda pessoal. Significaria ser honesto com sua audiência, seu cliente, seu engenheiro, qualquer um, e, sobretudo, consigo mesmo; não apenas de vez em quando, mas todo o tempo, até quando fazer as coisas malfeitas parecer muito tentador. Significaria pensar em cada fase do processo de acordo com o melhor de sua capacidade, desenvolvendo-se e aprendendo ao longo do caminho. E então executar seu plano com obstinação nerd, até chegar exatamente aonde você quer, seja de modo convencional, seja movido a cereal matinal.

Com isso em mente, eis o meu código de conduta nerd:

- Esteja aberto e seja honesto.
- Não finja que você sabe o que não sabe (algo muitas vezes um tanto fácil de se fazer).
- Mostre o mundo como ele é, e não do jeito que você quer que seja.
- Respeite os fatos; não os negue só porque você não gosta deles.
- Avance só depois que você confiar em seu projeto.

CAPÍTULO 15

Ressoando na pulsação nerd

Para mim, a televisão foi uma maneira maravilhosamente eficaz de quebrar barreiras e ajudar a difundir a visão de mundo nerd. É por isso que abandonei minha vida como engenheiro em tempo integral. Quando saí do palco após me apresentar como Bill Nye, o cara da ciência, pela primeira vez, em 22 de janeiro de 1987, tinha certeza de ter tomado a decisão correta. Senti como se tivesse "mandado bem", como dizemos em comédia. À parte minha língua ainda estar um pouco fria de mastigar *marshmallows* resfriados em nitrogênio líquido, pareceu natural, mesmo. Embora gostasse de arrancar risadas, eu queria adicionar mais informação real. Minhas cenas em *Almost Live!* eram muito curtas e envolviam mais risadas do que ideias. Eu podia sentir o potencial de um programa de tevê educativo e divertido apresentado por ninguém além de mim. Assim, decidi discutir minha carreira com alguém que sabia muito mais sobre apresentar ciência na tevê do que eu: Carl Sagan.

Por pura sorte, fiz um curso de astronomia com o professor Sagan quando era aluno de graduação em Cornell. Isso foi três anos antes de sua famosa série *Cosmos* ir ao ar, mas ele já tinha a paixão que o tornou um conferencista instigante. Em 1987, Sagan também tinha a experiência e o conhecimento de como falar de ciência na tevê. Imaginei: "Cara, esse homem é o especialista dos especialistas. Tenho de conversar com ele sobre minha ideia relativa a uma carreira profissional." Por que não? Minha décima reunião com a turma da faculdade se aproximava, e ia ser em Ithaca, no estado de Nova York. Entrei em contato com o escritório de Sagan, e, finalmente, consegui convencer sua secretária a marcar uma reunião de dez minutos com ele. Falei para Sagan de alguns quadros para tevê em que vinha trabalhando denominados *Bill's Basement*, e descrevi minha visão de coisas muito maiores que queria fazer como o cara da ciência. Ele me escutou com atenção, e disse que, de modo geral, gostou de meus conceitos. Mas me aconselhou a evitar demonstrações de engenharia e, em vez disso, enfocar a ciência pura. Sua explicação foi tão sucinta quanto inesquecível: "As crianças ressoam na ciência pura."

"Ressoar." Esse foi o verbo que ele usou. "Ressoar" é uma bela palavra, que aparece em muitas disciplinas diferentes. De vez em quando, o professor Sagan falava de ressonância na aula quando descrevia a ligação da órbita do planeta com sua rotação. A Lua faz exatamente um movimento de rotação durante cada órbita ao redor da Terra. Os movimentos dos dois corpos celestes estão interligados em ressonância sincrônica. Quando você brinca em um balanço ou empurra uma criança em um balanço, faz isso em sincronia com o movimento do balanço. Você adiciona energia em sua frequência de ressonância. A ressonância é o que acontece quando os objetos vibram em seus ritmos naturais, respondendo fortemente aos pequenos impulsos. Também é como fazemos música. Quando você dedilha a corda de um violão, sopra uma flauta ou bate uma baqueta em um címbalo, está pondo energia no sistema musical — a corda, o ar ou o metal —, no grau correto para ativar a tendência natural do material de vibrar. Você pode produzir muito som com uma pequena quantidade de respiração ou movimento. Você arranca a beleza da ressonância do nada. Mas ali estava ele, o professor Sagan, conversando sobre ressonância com um jovem adulto, eu, em outro contexto, bastante diferente.

Eu ouvi uma metáfora poderosa ali. Os educadores aceitam a ideia de que uma única aula dada do jeito certo ressoará entre as crianças, produzindo uma mudança permanente nelas e na maneira como pensam. É o sonho de todos os professores e todos os pais. É algo que a televisão também pode ser capaz de fazer, pensei. Parecia razoável, uma vez que eu mesmo já experimentara isso. No ensino médio, meu amigo Ken Severin e eu tínhamos assistido a *Frames of Reference*, filme acerca de inércia e movimento, apresentado com sagacidade precisa pelos doutores Hume e Ivey, repetidas vezes no laboratório de física após as aulas. Aliás, há muito tempo desisti do sonho de fazer algo tão bom quanto *Frames of Reference*. Não obstante, prossigo. Viso a ressonância em todas as minhas palestras, e também viso isso neste livro.

Por si só, um filme, um show, um livro ou uma reunião é uma coisa pequena e boa. Porém, se um programa de tevê é bem feito e se conecta realmente com sua audiência, eu percebia (e esperava), sua influência cresce e se torna significativa. Em termos técnicos, posso afirmar que a amplitude da ressonância pode se tornar muito maior do que a amplitude da função de forçamento. Em termos corriqueiros: pequenas lições de ciência — dadas com bastante humor, energia e empatia — podem fazer mais do que mudar mentes. Potencialmente, podem mudar o mundo. Assim, após uma conversa estimulante com Carl Sagan, isso foi praticamente o que resolvi fazer.

Ponderei muito sobre como capturar a essência do pensamento nerd e o método científico. Injetei todas essas ideias no programa *Bill Nye the Science Guy*, no Disney Channel. O programa ganhou dezoito prêmios Emmy e ainda é apresentado nas escolas. Assim, imagino que as coisas tenham dado certo. Os *insights* do professor Sagan abriram minha mente, meu programa de tevê abriu muitas outras mentes, e, hoje, o processo ainda está em andamento. Gosto de achar que as crianças ainda ressoam na ciência que a equipe e eu mostramos para elas. Espero que meus fãs, por sua vez, estejam fazendo um monte de ressonância por conta própria.

Toda a carreira de Carl Sagan é um fascinante estudo de caso em ressonância nerd. Provavelmente, ele é mais conhecido por *Cosmos*, sua série de tevê de 1980, que era permeada por seus escritos de divulgação científica e apresentações na tevê da década de 1970, que se baseavam em sua pesquisa planetária da década de 1960, que começou com suas paixões científicas como estudante na Universidade de Chicago na década de 1950. A década de 1960 foi o auge da Guerra Fria, quando parecia que as potências nucleares estavam prestes a iniciar uma guerra nuclear em resposta a uma provocação casual, ou até mesmo por acidente. Porém, não muito depois de Nikita Khrushchev advertir os Estados Unidos de que "Nós vamos enterrá-los", Sagan passou a trabalhar duro para engajar os colegas russos e do bloco soviético em colaboração científica. Embora grande parte do foco do público estivesse em mísseis e cargas explosivas, ele estava direcionando nossa atenção para os mundos do sistema solar. Os Estados Unidos pousaram duas naves espaciais *Viking* em Marte. Os soviéticos pousaram a nave espacial *Venera* em Vênus. Os cientistas planetários dessas missões compartilharam visões que transcenderam as fronteiras nacionais. Sagan vibrou especialmente com tudo de uma vez, conectando ideias aparentemente díspares através das disciplinas da ciência.

Nas décadas de 1950 e 1960, um dos tópicos mais quentes da ciência planetária foi o estudo das crateras. Só recentemente os pesquisadores convergiram para a ideia de que a maioria das crateras na Lua, se não todas, foi provocada por impactos de asteroides, e não por vulcões. Quando você analisa a Lua, percebe que ela está esburacada em todos os lugares. Assim, você deduz que uma quantidade enorme de impactos aconteceu no sistema solar primitivo. Mas se isso é verdade, onde estão os impactos sobre a Terra? Quando você analisa nosso planeta, não vê muitas crateras. Contudo, os cientistas perceberam que não estávamos vendo o quadro completo. Há muito mais coisas acontecendo na superfície terrestre do que na superfície lunar. A Terra possui uma atmosfera. Temos chuva, neve e vento, e, com elas, chegam a erosão e o intemperismo. Mais importante ainda, a superfície é continuamente remodelada em escala global. Naquele momento, os geofísicos estavam apenas começando a entender que a crosta terrestre consiste de enormes lajes, que vieram a ser chamadas de placas tectônicas. Seus movimentos são regidos por forças lentas e poderosas bem nas profundezas do planeta.

As placas se movem muito lentamente, na velocidade aproximada do crescimento das unhas, mas, com tempo suficiente, o movimento da crosta terrestre faz um trabalho excelente de apagamento de crateras. As placas tectônicas trituram umas às outras. Deslizam umas sob e sobre as outras. Ativam vulcões e empurram para cima cordilheiras. Mesmo se essas coisas não fazem as crateras desaparecer inteiramente, milhões de anos de erosão tornam seu reconhecimento quase impossível. A Lua e Marte não têm tectônica de placas, e Marte possui apenas um filete de atmosfera; assim, quando um projétil colide contra a superfície, a cicatriz permanece durante muito tempo. Aqui na Terra, as crateras desaparecem.

Carl Sagan e seus contemporâneos, incluindo Gene e Carolyn Shoemaker, especialistas pioneiros em crateras, chegaram a pensar em quantos impactos a Terra teria sofrido ao longo de seus 4,5 bilhões de anos. A Lua ofereceu algumas pistas. Em 1965, a sonda espacial *Mariner 4*, da NASA, também mostrou uma quantidade impressionante de crateras em Marte. A Terra é um alvo maior e possui mais gravidade. Então, provavelmente foi atingida com mais frequência do que Marte e muito mais do que a Lua. Sagan, os Shoemaker e outros refletiram a respeito do efeito do impacto de um grande asteroide aqui. Isso levantaria nuvens gigantescas de poeira. A enorme quantidade de calor liberado pela energia do impacto principal e por todo o material secundário expelido desencadearia um incêndio mundial. Toda a fumaça e poeira bloquearia a luz solar e esfriaria o planeta durante muitos anos na sequência. Seria uma catástrofe climática.

Em 1977, quando fiz o curso de astronomia do professor Sagan em Cornell, ele nos falou de uma nova linha de pesquisa que vinha perseguindo. Não apenas os impactos de asteroides podem alterar catastroficamente a superfície terrestre, ele afirmou. A detonação de armas nucleares também poderia causar enorme distúrbio ambiental. Em colaboração com James Pollack, cientista atmosférico, Sagan desenvolveu um modelo computacional para prever o que aconteceria no clima da Terra no caso de uma guerra nuclear em grande escala. O resultado da simulação de Sagan e Pollack pareceu sinistramente familiar: incêndios, nuvens imensas de escombros e poeira, e, em seguida, um longo período de tempo frio. As consequências não eram diferentes daquelas do impacto de um asteroide, mas uma guerra nuclear entre os Estados Unidos e a União Soviética parecia muito mais provável.

Sagan e Pollack batizaram de "inverno nuclear" o fenômeno que descobriram. Sagan o descreveu em detalhes na aula. Ele quis transmitir para nós o poder e a importância dos modelos computacionais e como ideias científicas distintas podem se conectar. Acredito que ele também desejou nos impressionar sobre a importância da responsabilidade do cientista. Se quiséssemos evitar a guerra nuclear e o inverno nuclear, teríamos de fazer algo a respeito. Ambas as partes de sua mensagem reverberaram e causaram uma impressão profunda e duradoura em mim.

Havia outro subproduto bem diferente em relação a todo esse estudo de inverno nuclear e **impactos** de asteroides. No final da década de 1970, Luis e Walter Alvarez — respectivamente, pai e filho, e físico e geólogo — analisavam indícios **químicos** sobre com que rapidez os dinossauros morreram no fim do **período cretáceo**. Ao longo do caminho, eles descobriram uma camada geológica **intrigante**, rica em irídio. O elemento aparece em camadas rochosas de uma **época** específica, em todo o planeta. Aquela era estranha porque não se esperava encontrar irídio em nenhum lugar perto da superfície. Trata-se de um metal muito denso; duas vezes mais denso que o chumbo. Quando a Terra era jovem e pastosa, segundo os geofísicos, quase todo o irídio devia ter afundado na direção do núcleo do planeta, muito abaixo da crosta. Porém, os estudos dos meteoritos revelaram que eles muitas vezes contêm bastante irídio. Em geral, os meteoritos são muito pequenos para permanecerem pastosos por muito tempo, e, em geral, não possuem suficiente gravidade para separar material por gravidade da maneira como a Terra faz. Os Alvarez argumentaram que sua camada de irídio não podia ter vindo do interior da Terra. Assim, devia ter sido depositada aqui a partir do espaço exterior... por um asteroide.

Aqui vem a parte realmente excitante: a camada de irídio aparece em rochas que têm 65 milhões de anos, que são exatamente da época em que os antigos dinossauros foram extintos. É uma evidência circunstancial forte de que o impacto de um asteroide desencadeou uma extinção em massa e eliminou aquelas criaturas. A descoberta respondeu a uma pergunta muito antiga a respeito do que aconteceu com os dinossauros. Acho essa resposta bastante satisfatória, especialmente em face de outras teorias importantes da época. Quando eu estava no segundo ano do ensino fundamental, minha professora, a senhora McGonagle, leu para nós em um grande livro a afirmação de que os dinossauros se extinguiram porque alguns mamíferos consumiram todos os alimentos deles. Mesmo a senhora McGonagle reconheceu que a explicação era bastante imperfeita. O almoço de um tiranossauro foi roubado por uma espécie de protocoelho? Para mim, parecia mais provável que o tiranossauro esmagaria o coelho do jeito que um elefante talvez matasse uma formiga. Começando com a evidência daquela camada de irídio, agora temos uma explicação muito melhor do que aconteceu.

Os Alvarez constataram que um impacto grande o suficiente para cobrir todo o planeta com aquela quantidade de irídio teria deixado uma cratera imensa; tão grande que algum traço dela deveria ainda ser visível hoje em dia, não obstante os grandes poderes de apagamento da dinâmica da Terra. Se eles conseguissem encontrar aquela cratera, sua teoria do que aconteceu aos dinossauros seria muito fortalecida. Walter Alvarez tinha começado a trabalhar como geólogo na indústria do petróleo. Era comum os geólogos de petróleo utilizarem magnetômetros (que são como uma bússola sensível) para mapear estruturas geológicas enterradas. Alguns colegas químicos publicaram dados que revelavam traços de irídio em uma cratera imensa, que está quase toda submersa e enterrada sob sedimentos. Toda a evidência liga a extinção muito tempo atrás dos dinossauros com essa cratera de 180 quilômetros de diâmetro, denominada Chicxulub, que fica ao longo da costa da península de Yucatán, no leste do México.

Então, a história foi assim: estudos da Lua e de Marte mostraram que os impactos de asteroides devem ter tido uma influência importante em nosso planeta. Baseado nessa ideia, Carl Sagan começou a falar de inverno nuclear de um jeito tipo "escute, pessoal, precisamos agir juntos". De fato, Luis e Walter Alvarez fizeram valer o ponto de vista de Sagan e mostraram que uma versão radical do inverno nuclear, provocada pelo impacto de um asteroide imenso, pareceu ter devastado o planeta e exterminado os dinossauros. A tectônica de placas apagou a maior parte da evidência, mas uma camada de irídio provou que isso aconteceu. E um grande buraco no solo, perto do México, revelou-se como a cena de todo o acontecimento. Essa é uma história bastante instigante de ressonâncias científicas.

Em meu mundo, as coisas ainda estão ressoando. Muitos anos atrás, em 1980, ingressei na Sociedade Planetária, em parte devido ao curso que fiz com Carl Sagan. Em 1983, a sociedade patrocinou uma excursão de estudo para Belize, na borda da cratera de Chicxulub, para coleta de amostras de rocha. Recentemente, um grupo de pesquisadores pediu para ver essas amostras e analisá-las de novo. Talvez contenham mais indícios acerca da extinção em massa ocorrida 65 milhões de anos atrás. Hoje, sou o CEO da Sociedade Planetária, da qual o professor Sagan foi um dos fundadores. A *LightSail 1* e a *LighSail 2*, as naves espaciais da sociedade, que são impulsionadas por luz solar, se baseiam diretamente na ideia que o professor Sagan apresentou em *The Tonight Show*. E agora defendo missões de detecção e desvio de asteroides para impedir que sejamos exterminados por uma rocha do espaço, como aqueles infelizes dinossauros. Cada ideia leva a uma maior compreensão de nosso mundo, que leva a um maior conhecimento de como podemos proteger e melhorar nosso planeta. O trabalho de cientistas, investigadores e pesquisadores do passado ressoa no trabalho que realizamos hoje, da mesma forma que nossas ações moldam o que as futuras gerações sabem e fazem. Sem pressão.

Em 1993, eu escrevi um livro infantil intitulado *Bill Nye the Science Guy's Big Blast of Science*. Incluí nele uma explicação do efeito estufa, em que comparo a Terra com Vênus, o planeta mais próximo. Na Terra, a temperatura média global é de cerca 15°C, enquanto em Vênus, é de 460°C. Vênus está mais perto do Sol, mas isso não explica a drástica diferença; o planeta recebe duas vezes mais luz solar, mas também é coberto com nuvens que refletem duas vezes mais energia de volta para o espaço. O que, de fato, diferencia Vênus da Terra é sua atmosfera, que é noventa vezes mais densa que a da Terra, e constituída quase inteiramente de dióxido de carbono. Todo esse CO_2 produz um superefeito estufa, e, como resultado, Vênus é um mundo onde mesmo o dia mais frio derreteria um peso de chumbo para pesca.

Comparar a Terra a Vênus é o caminho pedagógico que Carl Sagan nos fez percorrer quando eu era seu aluno, duas décadas atrás. Sagan e James Hansen, cientistas do clima, constataram que o efeito estufa explica as temperaturas extremas do outro planeta. Posteriormente, eles vincularam os estudos venusianos com a possibilidade de mudança climática na Terra. Assim como os impactos de asteroides e o inverno nuclear, Sagan descobriu a ligação entre duas ideias aparentemente díspares e trouxe uma descoberta distante para casa.

Agora, passados mais de 23 anos, estou travando a luta referente à mudança climática junto com muitos outros por aí; ou seja, os cientistas do clima de tempo integral. Hansen, ex-diretor do Goddard Institute for Space Studies, da NASA, realizou um estudo pioneiro, mostrando de forma conclusiva que o dióxido de carbono produzido pela atividade humana está fazendo o mundo se aquecer mais rápido do que em qualquer momento das últimas centenas de milhares de anos. Michael Mann, da Universidade do Estado da Pensilvânia, produziu o conhecido gráfico em forma de "taco de hóquei", ilustrando a temperatura do mundo ao longo dos últimos milhares de anos. A temperatura geral da Terra se manteve constante por milênios, mas cresceu rapidamente nos últimos 250 anos. Gavin Schmidt, que sucedeu Hansen no Goddard Institute for Space Studies, avança e refina nossos modelos climáticos gradualmente. Porém, em um mundo cheio de gente que de propósito promove desinformação para favorecer suas próprias agendas, ainda é uma luta fazer essa realidade ser levada a sério. Isso significa que devemos desistir? Devemos cruzar os braços e deixar essas pessoas destruírem nosso futuro, para que possamos afirmar "Eu não disse"? Claro que não. O que significa é que precisamos abraçar a abordagem de Sagan com ainda mais vigor; pensar nos efeitos em longo prazo; ser resolutos, mas permanecer otimistas; relacionar ideias de modo que todos entendam por meio de narrativas claras e conexões pessoais; procurar formas de converter pequenas ações em efeitos maiores; ser uma força regular que ressoa.

Quero que todos nos Estados Unidos e no mundo se juntem ao redor de oportunidades estimulantes. Não queremos que o efeito estufa seja inevitável. Como Sagan advertiu, não queremos ser como Vênus. Podemos produzir energia elétrica limpa de novas maneiras. A luz solar e a energia eólica podem ser aproveitadas com tecnologias já existentes. Há uma enorme energia no calor primordial da Terra que podemos acessar apenas perfurando algumas dezenas ou centenas de metros. E aqui está algo que vale recordar: não podemos terceirizar a montagem de uma torre de turbina eólica. Não podemos instalar torres de linhas de transmissão de energia em qualquer lugar, mas só onde está a linha de transmissão. Os empregos para criar a economia renovável estão aqui, em solo nativo. Vimos a recente erupção de políticas populistas em todo o mundo, impelidas em parte por queixas da perda do controle local da economia. Bem, se quisermos produzir energia localmente, não conseguiremos nada melhor do que produzir energia eólica, solar, geotérmica e das marés. É outro exemplo em que a solução melhor e com certificado nerd acaba beneficiando a todos.

Um ano depois que dei início à série *The Science Guy*, Sagan foi diagnosticado com leucemia. Ele morreu dois anos depois. Foi uma enorme perda para o mundo. Ele era um defensor apaixonado não só da ciência, mas da maneira científica de pensar. Ele era o nerd dos nerds, mas também tinha um estilo afável e cativante, uma qualidade acessível que atraía a audiência quando ele estava conversando com Johnny Carson. As pessoas queriam ouvir o que ele tinha a dizer. Naturalmente, ressoavam suas ideias. Tenho certeza de que Sagan teria continuado a ser uma voz poderosa, motivando as pessoas a se voluntariar e lidar com a mudança climática. Nesse momento, podemos utilizar sua ajuda, mas esse processo ressonante não depende de apenas um indivíduo. Depende de todos nós.

Parte do motivo deste livro é aliciar sua ajuda para fazer isso acontecer: fazer com que você seja parte da ressonância. Ajudar as pessoas a vincular eventos climáticos extremos com o aquecimento global, que torna esses tipos de eventos mais prováveis. Ajudar as pessoas a entender que a energia renovável existe como resultado do controle local. Conectar as descobertas inspiradoras da exploração espacial com tudo o que agora entendemos acerca do perigo da rápida mudança climática em nosso planeta. Fazer essas conexões conceituais e pessoais é um jeito muito Carl Sagan de comunicar a ciência. Tenho certeza de que funciona, porque vi isso funcionar.

Uma das maiores barreiras para transmitir a mensagem é a dúvida. Aqui, também, inspiro-me em Carl Sagan. É comum ouvir as pessoas usarem as palavras "ceticismo" e "negação" de forma intercambiável (sobretudo entre aqueles que se recusam a reconhecer a mudança climática), mas essas duas palavras são mundos à parte. O ceticismo é uma disciplina. É um componente do pensamento crítico, que ajuda a impedir que você se engane ou que se deixe enganar; Sagan queria que todos nós carregássemos um "kit de detecção de besteiras". A negação, por outro lado, é como uma fechadura no kit de ferramentas que o impede de pensar em ideias de que você não gosta.

Praticamente, a atividade profissional da negação começou com as fabricantes de cigarros. As empresas de tabaco contrataram cientistas que tomaram cuidado ao afirmar que não tinham 100% de certeza a respeito de alguma ligação entre câncer e cigarros. Eles explicaram que fazia parte de seu trabalho desenvolver hipóteses e questionar continuamente verdades aceitas. A comunidade da negação explorou esse aspecto da investigação científica de maneira surpreendentemente enganosa: se há uma chance de 5% de que o câncer de pulmão de seu amigo não tenha sido causado pelo cigarro, disseram, então você não pode *provar* que fumar cigarro seja perigoso. Eles deturparam a honestidade nerd para seus próprios fins. A mensagem subjacente era: enfoque apenas a dúvida e não pense muito. É uma maneira de impedir que as pessoas façam conexões óbvias.

Na ciência, sempre deve haver incerteza. Assim, sempre há esses tipos de vulnerabilidades. Isso não envolve apenas a mudança climática; também envolve a oposição à vacinação, os medos irracionais dos organismos geneticamente modificados (OGMs) e a ideia de que os pousos na Lua foram fraudulentos. A maneira pela qual superaremos todas essas dúvidas forjadas é expondo as pessoas a algumas importantes habilidades de pensamento crítico. Nesse exemplo, considere o quão difícil seria para os impostores dos pousos na Lua criar toda a papelada gerada pelo programa espacial. Só isso teria sido mais difícil do que pousar na Lua! Os pensadores críticos conseguem reconhecer quando estão sendo enganados ou manipulados. Recomendo que você fomente o pensamento crítico e o pratique sempre que tiver oportunidade. Divulgue-o ao mundo e o ajude a se disseminar. Tive sorte de crescer em uma família que tratava o método científico como uma maneira normal e cotidiana de pensar os problemas. Nem todos são tão afortunados.

Durante a Guerra Fria, quando Carl Sagan estava pesquisando, e eu, crescendo, talvez fosse mais fácil. Naquela época, abraçar a ciência parecia uma questão de vida ou morte, porque a pesquisa levava a novas e extraordinárias armas. Uma sensação de crise forçava as pessoas a pôr de lado as diferenças. Hoje, a ciência e a tecnologia estão mais avançadas do que nunca, mas muitos de nós frequentemente caímos na armadilha da apatia e da dúvida. Cabe a nós, os nerds, reavivar a noção de propósito compartilhado e benefício comum. O compromisso de gastar dinheiro em ciência e tecnologia requer apoio público. O progresso requer investimento coletivo do nosso intelecto e da nossa riqueza: cérebros e dinheiro. Esse é o aspecto negativo da ressonância: os impulsos destrutivos de cima para baixo e de baixo para cima também podem sacudir todo o sistema. Na década de 1980, o governo Reagan nos desviou do rumo em termos científicos. Simbolicamente, o presidente retirou as placas solares do telhado da Casa Branca. De início, seu pessoal não levou a sério a AIDS nem a chuva ácida. Eles destruíram os programas de pesquisa básicos e vitais.

A formação do atual movimento anticiência e antiespecialista levou décadas. Agora, precisamos dar duro para reverter as coisas. Nós, os nerds, temos de usar nosso ponto de vista do quadro geral para fazer essas conexões pessoais e conceituais fundamentais, amplificando nossa influência quando e onde pudermos. Precisamos escrever, falar, ensinar, divulgar e fazer qualquer coisa que pudermos para ressoar no mundo. Para mim, a descoberta mais profunda já feita por nós, seres humanos, é esta: você e eu, e tudo que podemos tocar e ver, são feitos dos mesmos materiais e movidos pela mesma energia, como tudo o mais no universo. Somos todos um, com nosso planeta e com o cosmo. Todos nós ressoamos na mesma pulsação, e se incluirmos algo belo no mundo, isso poderá se disseminar e crescer.

CAPÍTULO 16

Pensamento crítico, filtragem crítica

Quando eu era criança e queria pesquisar um fato estranho ou obscuro, ou uma informação, como a filiação partidária de Millard Fillmore, o décimo terceiro presidente americano, consultava livros — os reais livros de papel — em uma biblioteca. Ou, no ensino médio, se desejava saber o número atômico do rubídio, consultava a *Enciclopédia Britânica* ou o *Chemical Rubber Company Handbook of Chemistry and Physics*. Hoje em dia, simplesmente, pego meu laptop ou o meu smartphone e faço uma busca no Google. Então, 586 mil resultados e 0,46 segundo depois, fico sabendo que Fillmore foi o último presidente que não era filiado nem ao Partido Democrata nem ao Republicano. Cara de sorte. E 146 mil resultados me informam que o rubídio, símbolo Rb, corresponde ao número atômico 37, o que significa que possui 37 prótons. Checando a densidade, encontro tanto 1,53 grama por centímetro cúbico, como 1,532 grama por centímetro cúbico.

Esses já são muitos dados para absorver, e trata-se de apenas uma minúscula porção do que apareceu. Então, tive de decidir que detalhes tinham importância para mim e em que fontes eu confiava. E esses dois valores diferentes de densidade? O primeiro número é um arredondamento do segundo? Se você estivesse muito motivado, poderia pesquisar dezenas de fontes, ver quem fez as medições originais e, provavelmente, descobrir quem arredondou. Nos velhos tempos, seria preciso pesquisar as coisas em apenas algumas poucas fontes confiáveis para economizar tempo. Porém, no mundo atual, saturado de dados, podemos facilmente fazer bastante investigação extra. Hoje, a informação chega até nós com tanta rapidez que o desafio não envolve velocidade e eficiência, mas entender quais desses 146 mil resultados contêm as respostas de maior qualidade. Embora em grande medida você e eu confiemos que o algoritmo de busca do Google coloque a boa informação no alto, não necessariamente esperamos que o Google coloque a melhor informação na posição mais elevada. E quanto você sabe a respeito do funcionamento desse algoritmo de busca?

A informação é a moeda da perspectiva nerd. Assim, o barato da informação *on-line* é bastante empoderador. No entanto, possui algumas características preocupantes. Nenhum algoritmo de busca é infalível, sobretudo quando as pessoas ficam tentando constantemente manipular o sistema, esperando tirar proveito de uma versão de comportamento de manada. Os vídeos do YouTube de mascates e embusteiros podem parecer tão refinados quando aqueles de importantes instituições acadêmicas e governamentais. E analise a bagunça no Facebook, onde comentários de amigos, comentários de estranhos, conteúdo patrocinado, notícias verdadeiras e propaganda comercial se misturam de modo livre e sem nexo. Com tanto senso e contrassenso se movendo por aí, quem pode desvendar o que é verdade e o que não é? Precisamos de um filtro sofisticado que deixe passar apenas informação de alta qualidade.

Na filtragem, uma abordagem de cima para baixo, com alguém ou algum sistema decidindo o que é ou pode ser postado *on-line*, não é uma boa resposta. De qualquer forma, restringir o acesso à informação quase certamente seria um acontecimento terrível. Eu não confiaria nessa abordagem mesmo se os nerds estivessem no comando — e aposto que eles não estariam. Os governos podem simplesmente ocultar notícias de que não gostam, desde a maneira como o governo soviético tentou suprimir detalhes acerca do desastre de Chernobil em 1986 ou o modo como o governo da Coreia do Norte ainda restringe a maioria do conteúdo da internet. Classes ou partes inteiras do mundo podem ser cortadas, permitindo a conexão apenas com o que parece informação real, mas é, de fato, falsa. Isso levaria o problema da qualidade de informação a um nível ainda mais alto.

A solução real — a única solução significativa — é ser capaz de avaliar os dados sozinho e enfrentar o problema de baixo para cima. No século XXI, o letramento em filtragem de dados é, portanto, tão imprescindível quanto o letramento em ciência. Ou você pode chamar isso pelo termo mais comum: "pensamento crítico". De qualquer modo, é uma defesa contra a sobrecarga de informações e uma técnica poderosa para superar o viés de confirmação. Carl Sagan referiu-se à lista de verificação do pensador crítico como um "kit de detecção de besteiras". Para mim, há três ideias básicas em pensar de modo crítico a respeito de uma afirmação com que deparamos. Primeira: é específica? Segunda: baseia-se na interpretação mais simples do fenômeno? E terceira: foi verificada de forma independente? Você até pode reduzir tudo a um enunciado único: "Prove isso!" Deixe-me mostrar o que quero dizer.

Comece com a especificidade. Uma afirmação significativa deve ser bastante precisa para que possamos estar de acordo com o que estamos falando. Se for aprovada, será algo que podemos testar. Se for reprovada, se não for específica, podemos parar ali. Uma afirmação vaga será inútil ou errada — isso é garantido. Vamos ao exemplo clássico. Alguém lhe diz: "Vivemos em uma grande bola". Ignore o que lhe ensinaram; por que você deveria acreditar nisso? Quero dizer, essa é uma afirmação incomum. Uma grande bola? Sério? Se você for caminhar nas vizinhanças, verá que tudo parece bastante plano no quadro geral. Mesmo se existirem grandes montanhas próximas, a Terra ainda parecerá um mundo plano com algumas saliências grandes e pequenas. De modo algum parece uma bola. Se você observar o horizonte, poderá concluir que o mundo é plano, mas muito grande. Qualquer coisa além do horizonte é muito distante para se ver. A sensação de planura é principalmente forte do convés de um navio cercado pelo mar. De fato, o horizonte parece estar na beira distante de um disco plano da Terra. Com base em observações pessoais diretas assim, não parece provável ou mesmo razoável que a Terra seja redonda.

Contudo, a afirmação de que a Terra é redonda é sucinta e precisa. Com facilidade, é possível testá-la. Podemos ver a sombra da Terra na Lua durante um eclipse; observar um navio navegar acima e abaixo do horizonte, e, em seguida, dar meia-volta e regressar ao porto; construir uma nave espacial e tirar fotos bem acima da superfície da Terra. "Vivemos em uma bola ou esfera" é uma afirmação que se pode testar, e provar de diversas maneiras. As provas são tão objetivas que os filósofos naturais gregos deduziram a redondeza da Terra há mais de 2 mil anos. Apesar dos mitos da cultura pop, os instruídos da cultura ocidental aceitaram o fato de a Terra ser redonda desde então. (É outra desinformação moderna. A ideia de que muitas pessoas, ou a maioria delas, antigamente acreditavam que a Terra era plana é uma afirmação específica facilmente desmascarada pela análise dos textos da Idade Média.)

Em seguida, consideremos o princípio da simplicidade. Isso está ligado com aquilo que é muitas vezes citado como "navalha de Ockham" — a ideia de que uma explicação simples de um fenômeno tende a ser mais correta do que uma complicada. Guilherme de Ockham foi um filósofo inglês do século XIV, que apresentou sua ideia como parte de um argumento mais amplo contra a abstração e a complexidade do mundo. Trata-se de um caminho confiável para a razão. Tente isto: "Recebi um telefonema de minha falecida tia, hoje. Vi o número no meu identificador de chamadas, mas quando atendi, não havia ninguém na linha. Acho que era seu fantasma". Bem, *pode* ser que os mortos deixem para trás fantasmas invisíveis (que ninguém detectou), e que os fantasmas possam fazer chamadas telefônicas (por nenhuma razão conhecível), e que quando telefonam, ativam o identificador de chamadas do número que usavam quando estavam vivos. Ou pode ser que a operadora de telefonia tenha atribuído o número de sua falecida tia a outra pessoa, e, quando você atendeu, o estranho com o novo número desligou o celular.

Que explicação é mais provável? Gosto desse exemplo porque é tirado da vida real. Alguém tentou mover uma ação judicial contra um cético amigo meu, que desmascarou essa afirmação desse modo.

A navalha de Ockham também é excelente para matar (desculpe...) as teorias conspiratórias. Se alguém diz que os médicos, os cientistas, os laboratórios farmacêuticos, as agências governamentais e os jornalistas estão trabalhando juntos para encobrir os perigos das vacinas, pense na complexidade de coordenação necessária, e em todas as reportagens de capa necessárias para fazer isso funcionar. Pense nas motivações de todas as pessoas envolvidas. Em seguida, considere a interpretação alternativa: naturalmente, as pessoas procuram explicações quando as coisas dão errado com elas ou com seus filhos, e as vacinas — algo injetado no corpo aproximadamente no mesmo momento da vida em que se obtém um diagnóstico de autismo — são um lugar óbvio para projetar medos quando não há uma causa evidente. Que explicação é mais simples? Qual faz mais sentido?

Por fim, há a questão da testabilidade. A especificidade e a simplicidade nos ajudam a chegar lá; sem elas, nem ao menos sabemos o que se está tentando testar. No entanto, nem todas as coisas simples e específicas são verdadeiras; por isso, afirmações que chegam até aqui ainda requerem verificação. Tenho certeza de que você não tem o tempo e os recursos para testar cada informação que parece razoável na internet. Felizmente, muitos outros já exploraram o processo de "prove isso" para você; tudo que você precisa fazer é seguir suas pistas atentamente. Mesmo a Wikipédia, a enciclopédia dos atarefados (ou preguiçosos), está cheia de referências e listas de fontes afins (por exemplo, sessenta delas no verbete de rubídio). A informação sem fonte é imediatamente suspeita porque você não pode saber como foi testada ou se foi testada. Ao consultar as fontes, veja se indicam uma publicação primária, um livro-texto ou um pesquisador em uma instituição de pesquisa importante. Nesse ponto, você pode começar a confiar na *expertise*; isto é, nas pessoas da faixa superior de "todos sabem algo que você não sabe". Assim como os exemplos que mencionei no início do capítulo, a internet poderá tornar esse processo de verificação rápido e fácil — logo que você tiver desenvolvido um pouco de prática.

Com isso dito, estamos vivendo em um momento estranho para o pensamento crítico. A mudança climática é um exemplo excelente. Há algumas décadas, os cientistas começaram a perceber indicações de que o mundo todo estava ficando mais quente no geral. Desde então, passaram a coletar imensas quantidades de dados para verificar e quantificar a descoberta. A afirmação hoje é bem específica: a temperatura da Terra está subindo, e as emissões industriais são a causa principal. É testável, e quase todos os cientistas do clima dirão que a evidência do aquecimento global impulsionado pelo homem foi testada e verificada em detalhes. No entanto, um conjunto determinado de negacionistas da mudança climática conseguiu semear dúvida aqui, na fase de testabilidade. Eles questionam as motivações dos pesquisadores. Questionam a qualidade e a quantidade das evidências, indicando (incorretamente) que não há acordo muito consistente dentro da comunidade de pesquisa do clima. É por isso que alguns cientistas e jornalistas recuam, assinalando que há em torno de 97% de consenso de que o homem está impulsionando a mudança climática. O argumento deles não é que uma multidão deve estar certa. É mais um apelo à navalha de Ockham. Seria necessária uma conspiração cuidadosamente planejada para conseguir que tanta gente concordasse com resultados ruins ou fraudados. A explicação muito mais simples é que os pesquisadores estão fazendo exatamente o que aparentam estar fazendo: coletando os melhores dados disponíveis e sujeitando-os à melhor análise possível.

Nenhum dos argumentos contrários parece valer a pena para mim, mas levo a sério a necessidade do pensamento crítico. É uma grande oportunidade para você aplicar o padrão de "prove isso" para si mesmo. Acho que vale a pena trabalhar a maneira pela qual você sabe um fato tão básico quanto a redondeza da Terra. Assim, sem dúvida, em relação à mudança climática e ao aquecimento global, estimulo todos a avaliar a preponderância da evidência e examinar as publicações dos especialistas em clima. Como pensador crítico, você é como um jurado em um julgamento muito importante, talvez o mais importante de todos os tempos. O caso aqui é um que determinará o bem-estar de bilhões de pessoas.

Vá em frente, meu companheiro nerd!

Até agora, testar ideias é o melhor sistema proposto pelo homem para forjar um entendimento honesto e progressista do mundo natural. É um modo muito eficaz de evitar as predisposições e os hiatos inerentes ao modo de funcionamento de nossos cérebros. Os filósofos dirão que você não pode confiar em seus próprios sentidos. Isso remonta a René Descartes e ao *cogito ergo sum* — penso, logo existo, ou seja, a única coisa de que pode realmente ter certeza é que você está pensando. Todo o resto é sujeito a questionamento; ver não é necessariamente crer. Esse conceito pode parecer enorme e vago, mas possui consequências muito reais e específicas. É como os mágicos ganham seu sustento. É o motivo pelo qual a ciência demanda observações repetidas, verificação independente e refutabilidade: uma ideia pode ser válida apenas se existir algum modo lógico de mostrar que seria inválida. "Se a Terra é plana, por que eu não posso enxergar a Austrália estando na Califórnia?" Esses tipos distintos de testes são todos projetados para eliminar a subjetividade e a desonestidade. Também temos instrumentos que podem dar informação objetiva a respeito do mundo natural, embora essa informação ainda exija coleta e análise humana.

Eu gostaria de ver uma sociedade em que todos entendessem como o método científico funciona e por que é tão importante. A maioria nunca utilizará isso como cientistas profissionais, mas todos devem ter acesso a esse segmento fundamental do kit de ferramentas nerd como parte de seu processo diário de filtragem de informações. Apesar de uma reforma educacional depois da outra, ainda não chegamos lá. Os professores de ciência são bastante aptos em ensinar aos alunos como avaliar a qualidade e a confiabilidade dos dados e como identificar erros ou fraudes. Em grande medida, temos os mecanismos corretos em vigor. É um começo importante. Pôr esses mecanismos em prática exige colocar os estudantes em salas de aula com professores de ciência competentes e expandir o escopo de seus currículos. Mas ainda assim, isso, em geral, não é suficiente, porque leva tempo.

Aprender a identificar trotes, fraudes, pseudociência e coisas similares exige prática. Para a maioria de nós, vai além do currículo escolar padrão. Requer um treinamento mais avançado de tudo de uma vez. Um exemplo maravilhoso de ensino é o site dedicado ao polvo-da-árvore do noroeste do Pacífico. Essa criatura fora do comum vive em apenas uma pequena parte da floresta úmida temperada do estado de Washington. O polvo-da-árvore ataca sapos ou roedores e, depois, rasteja pelo tronco de volta para o alto da árvore em busca de segurança. Ele possui uma cobertura de muco que impede a secagem do corpo. É uma excentricidade evolucionária verdadeira: seus ancestrais aquáticos ficaram isolados na terra quando os oceanos recuaram nessa área, e uma população isolada adaptou-se, desenvolvendo essa capacidade singular de escalar árvores. Realmente, uma maravilha biológica. O site até estimula os internautas a se tornarem "amigos" do polvo-da-árvore, porque a pobre criatura está em risco de extinção, por causa de todos esses madeireiros cruéis que destroem a floresta e tudo o mais. O site lança uma convocação: "Juntos, temos o poder de desenvolver uma campanha para salvar o polvo-da-árvore". Isso agrega um elemento emocional adicional à história, o que é muito eficaz.

O quê? Você nunca ouviu falar do polvo-da-árvore do noroeste do Pacífico? Tudo bem. É porque ele não existe. Trata-se de uma farsa criada por alguém que se designa como Lyle Zapato, um brincalhão desonesto que criou um site admiravelmente detalhado e convincente dedicado a essa criatura imaginária.

Em Connecticut, em um teste, educadores pediram que um grupo de vinte e cinco alunos da sétima série analisasse o site do polvo-da-árvore. Todos eles o aceitaram como real. No instante do teste, todos os alunos buscaram o mesmo site fraudulento, encontraram a mesma informação fraudulenta e compararam anotações fraudulentas umas com as outras. Então, todos concluíram que os "fatos" fraudulentos eram reais. Eles não buscaram fontes de referência múltiplas. Não filtraram a informação de baixa qualidade, porque não tinham formação de como fazer isso. Atualmente, se você buscar "tree octopus" [polvo-da-árvore] no Google, esse site será (naturalmente) o primeiro a surgir. Agora, ao menos, aparece uma página de desmascaramento do Snopes (site que faz checagem de informações), mas, mesmo assim, é fácil ser sugado pela mentira sedutora do site de Zapato. A história tende a resultar em uma maravilhosa aula de ciência; obrigado por isso, Lyle Zapato (*se, de fato, esse é seu nome verdadeiro!*). No entanto, para mim, nesse caso, há uma mensagem muito mais importante.

O ensino científico de alta qualidade ajudará a vacinar os estudantes contra a ingenuidade que faz o polvo-da-árvore do noroeste do Pacífico parecer crível. Além disso, é claro, espero que todo jovem encontre professores de ciência entusiasmados e brilhantes no caminho. No entanto, todos temos de reconhecer que os professores sozinhos não conseguem lidar com o vasto escopo do problema de filtragem de informações. Nesse caso, há um desafio de toda a sociedade, e cabe a cada um de nós, os nerds, contribuir com sua parte.

A incapacidade de pensar criticamente é um problema de todos nós: crianças, pré-adolescentes, adolescentes, jovens profissionais, adultos de meia-idade e seniores. Precisamos agir como embaixadores. Precisamos transmitir o raciocínio crítico aos nossos amigos, esperá-lo de nossos pais, e estimulá-lo em nossos amigos e colegas de trabalho. Desafie as pessoas quando elas fizerem ou repetirem uma afirmação ultrajante que não pode ser mostrada logicamente como falsa. Muitos desacordos degeneram em gritos improdutivos de "você está errado" e "não, você é que está". Eu gostaria de ver todos nós dando as respostas mais nerds e mais significativas: onde você viu isso? Como você sabe que é verdade? E se não for? Essas são versões de bom senso do padrão de testabilidade que descrevi anteriormente, e são muito poderosas.

Espere, posso decompor isso ainda mais. Topamos com tanta informação que é provável que não possamos passar tudo através de um filtro estreito. Aqui estão alguns indicadores que dizem quando você deve desconfiar instantaneamente em uma afirmação, mesmo antes de começar a procurar dados e referências corroborantes.

- Faz parte de um anúncio ou de um "conteúdo patrocinado"?
- Beneficia claramente uma pessoa ou empresa específica?
- Não possui nenhuma fonte evidente?
- Contradiz coisas que você ouviu antes? Isso não torna errado, apenas duvidoso.
- É algo que você *quer* muito que seja verdade? Em caso afirmativo, você precisa tomar cuidado extra.

São testes simples que todos nós podemos fazer diariamente. Não exigem mais uma reforma do sistema educacional. Exigem, sim, uma cultura nerd ampla e propagável, que valoriza a informação honesta; e que zomba delicadamente daquela que não é.

* * *

Uma das habilidades mais importantes na filtragem de informações envolve o cultivo de hábitos que impedem que o material mais nocivo chegue ao seu filtro. Algumas fontes são tão suspeitas que não podem ser salvas. Sobretudo para aqueles que leem muitas notícias *on-line*, dou um conselho simples: não se preocupem com a seção de comentários. Os lugares em que alguém pode falar sobre um artigo ou o *post* de um blog tornaram-se notórias latrinas de informação, onde as emoções fervilham e a qualidade dos dados é baixa ou inexistente. Recentemente, uma jornalista amiga minha entrou em contato comigo para falar de minha crítica aos negacionistas da mudança climática. Ela disse: "Você viu os comentários? Você tem de responder agora mesmo". Com calma, expliquei que não, que realmente não responderia. Isso está em consonância com a moderna expressão "Chatos chatearão". Via de regra, não respondo a combatentes anônimos, que ficam pairando apaixonadamente sobre seus teclados vinte e quatro horas por dia, prontos para atacar um ponto de vista que os incomoda muito. Às vezes, eles atacam mesmo quando não há nada no artigo original que esteja relacionado ao veneno que decidem postar na seção de comentários.

É da natureza humana se fixar em críticas, mas esse impulso cria uma visão distorcida da paisagem informativa. Comentários coléricos criam ruído digital (muitas vezes intencional), que abafa os artigos científicos, a divulgação de informações constante e os comentários sérios que inspiraram as reações. O impacto bombástico de *tweets* ou comentários *on-line* furiosos é a amplificação moderna do que é frequentemente chamado de "viés de seleção" ou "efeito de seleção". O cérebro se concentra em alguns comentários, cartas escritas ou declarações que parecem perigosas, e não nas respostas neutras e mais comuns. Provavelmente, esse problema nos aborrece desde que o homem das cavernas Og resmungava reclamando do homem das cavernas Thag. As matérias jornalísticas sempre obtiveram respostas furiosas, justificadas ou não. Na era da mídia impressa, os repórteres e os editores eram muitas vezes os únicos que viam as cartas verdadeiramente malucas ou exaltadas dos leitores. Com a ascensão da seção de comentários e o poder amplificador da mídia social, alguns milhares de pessoas motivadas — junto com alguns robôs bem direcionados — podem sequestrar a percepção pública a respeito de um assunto político ou científico candente. É eficaz de modo alarmante, e precisamos aprender como reduzir o volume da estridência dramática, mas provavelmente insignificante.

Os comentários furiosos e os sites embusteiros trabalham juntos para criar uma quantidade perigosa de confusão sobre o que é verdade e o quão forte é cada argumento. Alguns são fáceis de identificar, mas outros se disfarçam como blogs ao estilo acadêmico ou fontes de informação de instituições respeitáveis. Nessas fontes, há um tipo distinto de filtragem que acontece: filtragem para promover uma agenda pessoal, e não para encontrar informação de alta qualidade. Os negacionistas da mudança climática manipulam fatos estranhos e criam gráficos baseados em fontes de dados obscuras ou fundidas. Não posso deixar de pensar no senador Ted Cruz, um manipulador notável de dados de temperatura. Às vezes, os redatores do site *Patriot Post* misturam descaradamente dados de um gráfico com outro, inventando dados climáticos para provar seu argumento (ficcional). Junto-os com as fontes de informações intelectualmente falidas que você pode ignorar com toda a certeza.

No essencial, as seções de comentários estão se libertando e ganhando vida própria. Em vez de desabafar no Facebook — ou, bem provável, em adição a isso —, alguns criam histórias aparentemente plausíveis, cheias de informações incorretas ou desinformações. E, lamento dizer, nem todas são tão divertidas quanto a do polvo-da-árvore. O YouTube está repleto de vídeos mostrando provas de ocultamento de discos voadores pela NASA ou demonstrando de forma conclusiva que a Terra é plana. A mudança climática inspirou todos os tipos de sites que promovem a agenda negacionista. Podemos lê-los todos em nossas poltronas ou nossos celulares em uma cafeteria.

Então, cultive o pensamento crítico, não só nas salas de aula de ciência, mas todos os dias, como pai, amigo e cidadão. Desenvolva uma lista de verificação mental instintiva, que o poupe da sensação de sobrecarga. Encontre alegria na filtragem de informações. Aprecie as trivialidades. Escute e leia com senso de ironia e humor. Junto com o foco nítido nerd, você pode nos ajudar a abafar o ruído da navalha de Ockham. Todos nós podemos aprender a avaliar afirmações e cortar para a verdade. Se uma atitude nerd e irônica também adicionar uma risada ao seu dia, tanto melhor.

Toda essa conscientização de filtragem e ironia leva tempo, e está criando a necessidade de uma grande mudança na maneira pela qual interagimos no mundo. Muitas coisas acontecem mais rápido hoje do que no passado. E não só encontrar o número atômico do rubídio. Quase toda tarefa relacionada com informação é muito mais fácil do que costumava ser, e a maioria de nossas tarefas mecânicas também é mais automatizada do que costumava ser. Por isso, nosso tempo de lazer está crescendo, e mesmo assim, nosso lazer real não parece estar crescendo. O que vem preenchendo o tempo extra? O processamento das informações.

A maioria de nós perde-se no processamento de uma série de e-mails, mensagens de texto, comentários do Facebook, *posts* do Instagram, *tweets* e assim por diante que cruzam nosso caminho todos os dias. Alguns anos atrás, eu costumava atender ao telefonema de Lou Friedman, meu querido antecessor na Sociedade Planetária, às 9h45, perguntando se eu tinha recebido o e-mail que ele enviara de manhã mais cedo. Hoje em dia, a partir de outros protagonistas de outras histórias em minha vida, receberei textos sobre os e-mails deles, seguidos de chamadas telefônicas para meu assistente com relação aos textos... sobre os e-mails.

Espero que você tenha sorrido ou gargalhado agora, porque sabe do que estou falando. "Vou reenviar meu e-mail, para que fique no alto de sua caixa de entrada." Argh! Os dados podem circular quase instantaneamente, mas as pessoas não podem tomar decisões instantâneas. Nossos cérebros precisam processar mais informações do que nunca. Espero que nossos políticos atuais e suas equipes estejam melhorando na gestão do excesso. Temo que eles ainda estejam presos na mentalidade de atribuir igual importância a toda mensagem — ou, pior, prestando muita atenção à informação errada. Sem um filtro eficaz no cérebro de um líder, qualquer tipo de gestão é quase impossível.

No entanto, quando você introduz o trabalho necessário — a filtragem e a ironia nerd corretas —, há uma grande oportunidade para todos nós, desde os cidadãos comuns até os principais líderes. Estamos tão saturados de internet que é fácil esquecermos o quão notável isso é. Todos no mundo têm, ou poderiam ter, acesso a tudo — basicamente todo o saber humano —, desde que possuam uma boa conexão à internet. Com um celular e wi-fi, você pode navegar na Biblioteca do Congresso americano, ler os escritos originais de Galileu, Newton e Einstein, e explorar versões de acesso livre de novos artigos de algumas das publicações científicas mais influentes. Trinta anos atrás, ninguém teria tido o dinheiro ou o tempo necessário para analisar todas as coisas que você pode analisar nos próximos trinta segundos.

A internet também é bidirecional: você pode contribuir com ela, e também extrair dela. Até agora, concentrei-me principalmente nas contribuições negativas, raivosas e inúteis das pessoas. Felizmente, também existem contribuições muito ricas.

Junto com a sobrecarga de informações, a internet permite a *agregação* de informações. As pessoas podem combinar suas *expertises*, e você descobre que quando formula uma pergunta para um grupo grande acontece algo bem surpreendente. O resultado é que quase sempre você obtém uma resposta melhor, não só mais rápida do que poderia obter antes, mas também mais exata e mais abrangente. No essencial, você está obtendo o melhor de todos os elementos do senso comum e do conhecimento fragmentário. Em Long Beach, na Califórnia, vi uma apresentação em uma conferência TED* que me impressionou muito. O conferencista trouxe um novilho castrado ao palco e perguntou a todos da plateia para estimar o peso do animal. No auditório, havia em torno de 2 mil pessoas, e elas ficaram a cerca de um quilo da resposta correta.

Alguns anos atrás, esse tipo de conhecimento coletivo, muitas vezes chamado de "sabedoria das multidões", foi muito badalado, mas, na realidade, comprovou seu valor. A demonstração com o novilho funcionou porque os cálculos das medidas estavam sendo feitos por pessoas que tinham muita experiência em estimar o peso de um animal. Com isso, eu quero dizer que todos sabemos o quanto nós e as demais pessoas pesamos, além de quão grandes e altos somos. Os novilhos e os seres humanos são feitos dos mesmos materiais (sim, somos feitos de carne); desse modo, nossas estimativas tinham uma chance muito boa de dar quase certo. Quando calculamos a média das estimativas de 2 mil pares de olhos e cérebros experientes, a resposta resulta *muito* certa.

Reúna bastante gente e, de certo modo, seus filtros de informação coletiva se tornam incríveis. A Wikipédia funciona de maneira semelhante, com um sistema aberto de fluxo de informações e um nível superior de filtragem direcionada. Assim, faça um número grande e crescente de projetos de ciência cidadã, permitindo que qualquer interessado, em qualquer lugar do mundo, participe em projetos de pesquisa intensivos em dados. Por

---

* TED (*Technology, Entertainment, Design*) é uma série de conferências realizadas na Europa, na Ásia e nas Américas pela fundação Sapling, dos Estados Unidos, sem fins lucrativos, destinadas à disseminação de ideias — segundo as palavras da própria organização, "ideias que merecem ser disseminadas". Suas apresentações são limitadas a dezoito minutos, e os vídeos são amplamente divulgados na Internet.

exemplo, você pode analisar sinais de rádio para ver se existe algo incomum, que pode ser uma mensagem de uma civilização alienígena (SETI@home); ou pode examinar imagens de galáxias e classificá-las por tipo (Galaxy Zoo). Exatamente como as conferências TED, esses projetos combinam a sabedoria do senso comum de muitas pessoas para produzir respostas significativas. Somente neste caso, os *insights* resultantes são genuinamente novos. O projeto Galaxy Zoo levou à descoberta de uma classe até então desconhecida de objetos cósmicos, denominados Voorwerpjes (agora há uma ótima palavra), em associação com galáxias ativas.

De maneiras menos formais, todos nós estamos participando de uma experiência do tipo sabedoria das multidões. Com mais acesso ao conhecimento, surgem mais conexões, mais criatividade e mais organização, ajudando a filtrar e a classificar as informações. Se você cultivar o impulso de continuar aprendendo coisas novas, todas essas habilidades se reforçarão mutuamente e tornarão nosso mundo conectado muito mais valioso. Espero que isso o faça se sentir um pouco melhor acerca de todo o processamento de informações que você vem fazendo diariamente. A internet o livra de muitos outros trabalhos penosos, de modo que você fica livre para expandir sua perspectiva nerd. O que ela não consegue é ensiná-lo a fazer as conexões que levam à inspiração criativa e às descobertas que mudam o mundo.

É por isso que o pensamento crítico e a filtragem inteligente são tão importantes. Se você conseguir analisar a miríade de informações de modo eficaz — se entender como explorar toda essa conectividade e conexidade sem ficar preso na teia de embustes e discussões —, terá acesso a um nível mais profundo de entendimento do que qualquer uma dos bilhões de pessoas que viveram antes de você. É isso aí, a via expressa para tudo de uma vez, e está potencialmente disponível para todos na Terra. Assim, questione o que você vê ali. Utilize a honestidade nerd como sua pedra de toque. Elimine afirmações de má reputação e duvidosas. Com desconfiança, analise teorias conspiratórias e outras explicações muito complicadas. Procure ideias testáveis e confirmadas repetidas vezes. Agarre-se ao "prove isso". Estimule aqueles ao seu redor a serem tão críticos quanto você. Não lhes diga o que pensar; mostre-lhe *como* pensar. Você pode fazer isso. Você pode ser um cidadão de pensamento crítico do futuro.

O pensamento crítico é uma questão global, tanto quanto a sobrecarga de informações é ou deveria ser. Costumo defender a tese de que o acesso à internet deve ser considerado um direito humano, muito como o acesso à eletricidade e à água limpa. As mentes nerds existem em todo o mundo, mas a única maneira de colocá-las em ação é ligá-las à mesma colmeia de informações e educá-las nos aspectos da filtragem inteligente. Se tivermos êxito — se pudermos converter a internet em um bem comum global, com acesso eficaz para todos —, a Terra será um lugar diferente e melhor do que já foi um dia. Quem sabe que ideias emergirão, que tipos de mudanças serão possíveis? Conecte-se, e veremos.

CAPÍTULO 17

Uma vacina contra a fraude

Você já caminhou sobre brasas como se fosse invulnerável? Eu já, e não sou invulnerável. Você já viu quatro garotas atravessarem correndo um corredor para escapar de um fantasma, que, aparentemente, tinha a capacidade de acender e apagar a luz? Eu vi, mas elas fugiam de algo que não vi. Alguns comentaristas de notícias já o convenceram de que, uma vez que o dióxido de carbono constitui apenas 0,04% da atmosfera, não pode haver nenhuma conexão com as mudanças no clima da Terra? Não me convenceram, apesar de seus esforços, e a conexão existe.

Considere-as como histórias admonitórias. Mesmo depois de dominarmos as habilidades nerds de pensar criticamente e filtrar bobagens, não estamos prontos. Como insinuei no capítulo anterior, atualmente enfrentamos desafios duplos no que se refere às informações: um de percepção e um de fraude ativa. Há muita gente pronta para tirar proveito de alguém com filtragem imperfeita. Essas pessoas são treinadas especificamente para criar afirmações que parecem bastante plausíveis para superar defesas frouxas, e derrotar os inconscientes com uma fachada de autenticidade. Por sorte, os nerds têm tido muito tempo para se prevenir contra os impostores. A abundância de informações pode ser nova, mas a tendência de alguns de mentir e enganar para ganho pessoal certamente não é. Cada nova tecnologia da informação propicia novos caminhos para a fraude. A prensa tipográfica de Gutenberg ajudou a disseminar libelos antissemitas; matérias jornalísticas sensacionalistas do século XIX ajudaram a desencadear a

Guerra Hispano-Americana. No entanto, alguns estratagemas básicos para tirar proveito dos crédulos, como quiromancia e cura pela fé, claramente remontam a, no mínimo, milhares de anos.

Quando perambulo pelas ruas das cidades onde moro, Los Angeles e Nova York, ainda vejo letreiros de quiromantes e videntes em cada quarteirão, curandeiros espirituais em "clínicas", e corredores cheios de suplementos alimentares artificiais até nas lojas mais sofisticadas, onde os (supostamente) bem instruídos fazem compras. Se tivéssemos o tipo de habilidades relativas ao pensamento crítico que pudessem enfrentar a manipulação, não teríamos nada disso. Nem teríamos pais se mobilizando contra a vacinação, tampouco negacionistas da mudança climática dominando nosso governo. Todos nós — sim, todos nós, mesmo aqueles que se imaginam acima de tudo — precisamos aguçar os filtros defensivos de informações que descrevi para poder enfrentar uma onda ofensiva de tapeações. O lugar para começar é conhecer o inimigo e entender como ele age.

De brincadeira, começarei com o ato de andar sobre brasas. Trata-se de um exemplo clássico de como charlatães e impostores tiram vantagem das pessoas, explorando a tendência humana de crer em vez de questionar. Eu caminhei sobre brasas algumas vezes, em programas de tevê, para provar que não havia nada de sobrenatural naquilo. Eis como acontece uma típica demonstração de andar sobre brasas: os patrocinadores começam explicando que a preparação espiritual é a chave. (Esse preâmbulo é criado para atrair a audiência, e também para deixar o tempo passar enquanto as lenhas viram brasas.) Você vai caminhar descalço sobre as brasas, mas seu interior isso ou aquilo permitirá que coloque os pés diretamente sobre elas sem se queimar. É uma afirmação, e, sem dúvida, parece impressionante. Afinal de contas, estamos falando de brasas de verdade. Como escoteiro que cozinhava sobre brasas, sofri algumas queimaduras de segundo grau desagradáveis. Em um instante, minha pele ganhou algumas bolhas. No entanto, eis o ponto significativo: eu sofri apenas uma queimadura muito leve andando sobre brasas. Isso aconteceu não porque pratiquei algum psicologismo barato com o qual preparei minha psique, recorri a um poder superior ou algo assim. Andar sobre brasas não parece possível, mas se torna possível por causa de uma coisa incrível chamada física.

Posso revelar o mistério. Em geral, os patrocinadores do ato de andar sobre brasas fazem a fogueira sobre um gramado. Duas vezes, em dois estacionamentos diferentes de estúdio de tevê, observei quando os patrocinadores trouxeram torrões de grama frescos só para a demonstração. Eles os arranjaram em longas faixas para formar um retângulo, como se fosse uma moldura de retrato, incluindo a fogueira no meio. Os produtores afirmaram que os torrões de grama estavam ali para impedir que o fogo se espalhasse, o que era bastante improvável, já que a fogueira tinha sido feita sobre o asfalto. O objetivo real dos torrões é reter água: seja sobre um gramado ou em um estacionamento, os produtores sempre garantem que a área circundante esteja encharcada. Depois de a fogueira ter queimado tempo suficiente para produzir brasas incandescentes, eles espalham as brasas com ancinhos metálicos, criando um caminho de oito centímetros de espessura. Cada caminhante começa a apresentação sobre o torrão ou gramado molhado, respira fundo, e caminha sobre as brasas quentes. São necessários cerca de cinco passos longos para se alcançar o pedaço de chão molhado do outro lado do retângulo.

Se você não sabe o que está acontecendo, se impressiona muito. Talvez fique tão impressionado (o quão impressionado você ficaria?) que resolva se inscrever no curso de *life coaching* de 4.495 dólares do patrocinador. Mas deixe-me poupar seu dinheiro revelando os segredos não especialmente bem mantidos de como você pode fazer a mesma coisa usando apenas a ciência.

Primeiro, a pessoa caminha rápido. Ao ver os vídeos de pessoas andando sobre brasas, note que elas não embromam. Elas têm pressa, o que significa que não há muito tempo para o calor penetrar em seus pés. Segundo, há uma eficaz camada de água resfriadora sob as solas dos pés, que se acumulou na grama molhada. Esse é o motivo real de os produtores a molharem antecipadamente. A água evapora quando os pés pousam sobre as brasas. É necessária muita energia térmica para converter moléculas de água em estado líquido em gás, o que é conhecido como "transição de fase". Enquanto a água está vaporizando, ela não fica acima de 100ºC; é o mesmo motivo pelo qual uma panela de água em ebulição não pode ficar mais quente do que isso.

Terceiro, madeira queimada não é um bom condutor de calor. Quando você mexe farinha de aveia ou um molho em uma panela, provavelmente usa uma colher de pau justamente por esse motivo. Muito pouco calor flui do molho para a colher e da colher para você. Verifica-se também que o calor não se propaga muito bem das brasas para seu pé. Enfim, há talvez a característica mais surpreendente de andar sobre brasas: basicamente, os ossos e os músculos dos pés são pedaços de carne que podem absorver um pouco de energia térmica sem que a pele fique muito afetada. Por isso, você pode atravessar rapidamente um fogo baixo sem que os pés sintam muito calor.

Há um outro efeito não totalmente insignificante. Ao se preparar para andar sobre brasas, a maioria de nós fica um pouco ansiosa. Por um motivo evolucionário ancestral, os vasos sanguíneos em nossas extremidades se contraem quando sentimos medo. O termo médico é "vasoconstrição". Realmente, os pés ficam frios. É necessário um momento para que o calor das brasas aqueça os pés de volta à temperatura corporal normal. Se você sofrer um corte ou uma lesão durante uma briga, ou se deparar com um urso nervoso, não sangrará muito por causa dos vasos sanguíneos constritos. Pés frios são bons para andar sobre brasas.

Agora, se as condições não forem corretas, os caminhantes sobre brasas crédulos poderão aprender uma lição de pensamento crítico da pior maneira. Alguns atravessam as brasas muito lentamente e os músculos não conseguem absorver o calor. Outros atravessam um leito de brasas muito longo e se queimam perto do fim, ou, acidentalmente, chutam brasas sobre o dorso dos pés, onde a pele é mais fina e mais sensível. As pessoas movem ações judiciais quando percebem que andar sobre brasas não tem nada a ver com o mundo espiritual ou com preparação mental. Porém, em minha opinião, esses clientes foram cúmplices porque não raciocinaram direito. Não pararam para pensar que a situação era suscetível de análise e experimentação. Não consideraram que o poder místico de andar sobre brasas tinha mais a ver com a física do que com a metafísica, nem pararam para avaliar o quão bacana pode ser a física de um andar sobre brasas bem executado. Indo direto ao ponto, um nerd de verdade não se queimaria.

Caso você esteja pensando nisso: a única vez em que me queimei andando sobre brasas foi porque a pessoa que fez a fogueira para um programa de tevê a acendeu muito tarde. Assim, os carvões não queimaram por tempo suficiente. Eu estava fazendo uma gravação para o *Bill Nye Saves the World*, e trabalhávamos com um cronograma muito apertado. Eu tinha de dar minha caminhada antes que a equipe voltasse para casa, o que aconteceu muito antes de o carvão ter queimado direito. Havia muito mais carvão e muito menos brasa do que deveria, mas tínhamos de terminar a gravação. Assim, comecei a andar. Meus pés afundaram e absorveram muito calor. Tenho certeza de que algum *life coach* inescrupuloso ficaria feliz em dizer que foi uma falha da mente sobre a matéria. Na realidade, a matéria estava fazendo exatamente o que sempre fazia. Andar sobre brasas é um truque da ciência, e não da mente.

Você diz: "Bill, eu já era um pensador crítico, e, depois de ler este último capítulo, tenho certeza de que compreendi isso. Não me deixo seduzir por nenhum embuste ou superstição". Ao menos, gosto de imaginar que muitos de vocês estão dizendo isso. Ouço coisas assim o tempo todo. Porém, tenho de perguntar: tem certeza? Você jamais teve um sentimento irracional sobre um determinado lugar ou uma determinada data associada com má sorte? Você nunca fez piada sobre como certamente vai chover se planejar um piquenique? Todos nós temos problemas com o pensamento crítico; é tudo o que tenho a dizer.

Há algum tempo, visitei amigos de longa data pouco depois de eles terem se mudado para uma casa nova em Burbank, na Califórnia. Seus filhos meio que brincavam que havia um fantasma no corredor. Digo *meio que* brincavam porque o caçula parecia sinceramente preocupado. As luzes se acendiam sempre que os garotos passavam por uma área da casa, e eles não conseguiam pensar em nenhuma explicação razoável. Assim, naturalmente, concluíram que um fantasma era o responsável, e que, na certa, o fantasma fora o motivo de os antigos proprietários terem vendido o imóvel. Eles eram apenas crianças, porém, brilhantes, e, sem dúvida, chegaram rapidamente à conclusão referente ao fantasma. O motivo, acho, é que existem diversas histórias de fantasma em nossa cultura. Mesmo se sabemos que são ficção, essas histórias se infiltram em nossa consciência, fazendo com que a ideia de fantasmas pareça plausível. E os pais deles, meus amigos, não sabiam o que fazer além de insistir que fantasmas não existem.

Não dei início a uma diatribe acerca do absurdo relativo aos fantasmas. Em vez disso, resolvi inculcar uma ideia muito maior. Eu quis que eles se sentissem empoderados para procurar explicações para qualquer coisa que não entendessem em suas vidas, incluindo, por exemplo, ocorrências aparentemente sobrenaturais. Eles eram crianças pequenas, e eu não queria que sentissem medo de algo assim. Dessa maneira, trabalhei com elas para desenvolver uma hipótese. Sugeri que talvez houvesse algo errado com a instalação elétrica da residência. Estimulei os garotos a considerar que uma conexão talvez estivesse solta em algum lugar. Talvez um eletricista não tivesse apertado direito um "conector de torção"; ou seja, um tubo de metal rosqueado internamente preso em um cone de plástico. Expliquei que para conectar fios nas casas modernas desencapam-se alguns milímetros do isolamento nas extremidades, trançam-se os fios juntos, encaixa-se um conector de torção nas extremidades desencapadas e trançadas, e aperta-se o conector da mesma maneira que se aperta um parafuso.

Em seguida, testamos para ver se conseguíamos reproduzir o fenômeno. Comecei a caminhar perto do mesmo lugar onde as crianças corriam. As luzes piscaram como loucas. Eu abri a porta para o lado de fora, na hipótese remota de que um eletricista talvez tivesse conectado as luzes por meio de outro ponto de acesso na parede externa. Após um momento, decidi que essa hipótese era improvável (navalha de Ockham!). Descobri um segundo interruptor de luz no mesmo recinto. Vi que diversas caixas móveis haviam sido empilhadas mais alto do que a posição do interruptor na parede. Quando as crianças atravessavam correndo o recinto, o piso se movia. Assim, as caixas balançavam e tocavam no segundo interruptor. Então, o interruptor acendia e apagava as luzes. Tínhamos uma explicação testável e reproduzível. As crianças levaram apenas um instante para perceber que o mistério estava resolvido, sem a necessidade de fantasmas. Elas concordaram com o pensamento crítico, mas só depois que segurei suas mãos e as levei até o interruptor. Reafirmei a mim, e aos pais, que a jornada mais longa começa com um único passo.

Na ciência, queremos desenvolver hipóteses e experiências que mostrem que algo é falso, em vez de uma hipótese ou teste que só mostra que algo é verdadeiro ou que uma expectativa específica foi satisfeita. Uma hipótese não falsificável não é muito útil. Por exemplo: se eu dissesse que este livro desapareceu instantaneamente e foi substituído por um dragão que cospe fogo, e que, nesse momento, o dragão desapareceu e o livro reapareceu — e isso tudo aconteceu tão rápido que você não conseguiu ver nem sentir —, isso não seria uma hipótese útil. A parte a respeito de "muito rápido para ver" previne e descarta toda a coisa idiota, pois não há maneira de provar que é falsa. Você pode perguntar: "Bem, e se eu tiver uma câmera de alta velocidade?". Eu responderia: "Mesmo sua câmera não é rápida o bastante". Você talvez replicasse: "Bem, e se eu tivesse um detector de calor que pudesse sentir a chama do dragão?". Eu afirmaria: "A chama se dissipa muito rápido, mesmo para seu aparelho sensível". Eu poderia criar respostas assim indefinidamente. Com isso em mente, eu o estimulo a tentar propor suas próprias hipóteses não falsificáveis. É um exercício divertido e esclarecedor.

Nós, os nerds, devemos ter como missão estimular aqueles que nos rodeiam a questionar e testar a "evidência" que outros apresentam como fato. Precisamos ensinar-lhes a mentalidade nerd, porque necessitamos da maior quantidade possível de aliados. A abundância de ideias sobrenaturais ao redor cria uma situação de autorreforço: se tantas outras pessoas acreditam em coisas irracionais, talvez elas não sejam tão irracionais. Em Los Angeles, em minha vizinhança, há 14 videntes em um raio de 10 quilômetros de mim. Um vidente é treinado para induzir seu cliente a lhe contar todos os fatos necessários para reconstituir uma "leitura" convincente. Assim que o vidente ganha a confiança do cliente, pode transmitir simplesmente aquilo que ele quer ouvir. A palavra *"confidence"* [confiança] é a raiz do termo *"con man"* [vigarista] Como todos esses videntes conseguem se sustentar? As pessoas pagam. E quem paga? Nessa vizinhança, estamos falando predominantemente de indivíduos com curso superior e muito bem-sucedidos, que, provavelmente, não se consideram cidadãos supersticiosos.

Como força contrária a todos os impostores predatórios, diversas organizações céticas travam o bom combate pela ciência. O Committee for Skeptical Inquiry (CSI, sacou?) e a Skeptics Society são duas das luzes principais. Elas procuram afirmações específicas, avaliam essas afirmações e divulgam suas versões do processo que passei com as crianças e o fantasma. As duas organizações publicam revistas que promovem a forma agressiva do pensamento crítico necessário para nos imunizar contra a falsificação e adulteração. Membros proeminentes como Joe Nickell e James Randi publicaram artigos e livros fascinantes, expondo exatamente como os videntes realizam seu trabalho. Incito-os a apoiar organizações como essas.

Seu cérebro está condicionado a confirmar uma crença anterior a respeito de causa e efeito. Em outras palavras, estamos naturalmente predispostos *contra* o pensamento crítico. Talvez os horóscopos sejam inofensivos, mas o ponto de vista tendencioso análogo é muito perigoso quando passa para outras afirmações e conceitos. Crianças estão morrendo por causa de pais que desenvolveram um medo injustificável de vacinas. Precisamos ser parte de um sistema que reage contra interpretações irracionais e nos direciona a um que reflete as regras genuínas da realidade. Esse é um desafio até para os nerds, como demonstrado pelos diversos embustes, fraudes e resultados desmentidos divulgados em publicações científicas.

Na ciência, o mecanismo de reação envolve uma tradição fantástica denominada revisão por pares. Para ter seus resultados de pesquisa publicados em uma revista ou jornal científico importante, é preciso que outros cientistas, de seu campo de investigação, leiam e revisem seu trabalho antes de o editor aceitá-lo. A revisão por pares é um sistema robusto para eliminar maus procedimentos, dados falsificados e outras fraudes. É possível trazermos algo desse processo para a vida diária? Claro que sim. Podemos tornar o "prove isso" uma parte padrão do método de aprendizado em nossas salas de aula, não só na ciência, mas também em história, estudos sociais e literatura. Podemos cultivar um tipo de revisão por pares informal em nossa rotina. Quando deparar com uma afirmação improvável ou afrontosa, converse com o amigo ou colega de trabalho que você acha que saberia o máximo acerca do tópico. Faça seus amigos saberem que também podem falar com você a respeito. As mídias sociais e as mensagens de texto tornam esses tipos de interações rápidos, fáceis e de pouca manutenção. Aqueles que andam sobre brasas promovem a cultura da credulidade. Você pode promover a cultura do ceticismo.

No entanto, você pode perceber que ser um nerd plenamente engajado desse jeito não vai ser fácil. O viés de confirmação chega naturalmente até nós. É um atalho que permite que sua mente avance para o próximo item da agenda de sua vida. Porém, nosso método científico requer que proponhamos hipóteses e projetemos testes para demonstrar nossas crenças erradas. Apela para que questionemos constantemente nossas suposições a respeito do que é "obviamente" verdade. Só depois de trabalhar muito para mostrar que algo não é verdade, mas que continue confirmando isso, podemos realmente confiar em nossa resposta. Temos de andar sobre um tipo muito diferente de brasa — uma queimadura intelectual que pode ser realmente dolorosa a seu modo — para alcançar o tipo de iluminação que realmente significa algo. Essa é a essência do pensamento crítico.

É sua atribuição se manter crítico, apesar dos estímulos constantes na direção do condicionamento social e das tendências do seu cérebro de enganar a si próprio. Atualmente, há um lembrete cívico contínuo de "se vir algo, fale". Ele é projetado para nos manter alertas contra qualquer objeto ou comportamento estranho que possa indicar um ataque terrorista. Bem, muito mais provável do que um ataque terrorista é um ataque contra você por um vigarista. Então, se vir algo, pense. Pense! O que você está vendo é confiável? O efeito que um possível charlatão está mostrando é confiável?

A vigilância contra fantasmas e videntes chega naturalmente para a maioria de nós, mas não quer dizer que você está imune à persuasão irracional. Se alguém lhe falar de um remédio que os "médicos não querem que você conheça", essa pessoa estará quase certamente mentindo ou foi enganada. E se alguém lhe disser que um composto químico do vinho tinto é eficaz em retardar o processo de envelhecimento? Ou que um grupo da NASA inventou um motor de foguete com propulsão de deflexão que pode levá-lo através da galáxia em poucos instantes e não precisa de combustível? Ou que alimentos geneticamente modificados provocam doenças congênitas? São todas afirmações reais circulando por aí, e todas exigem uma forma mais avançada de pensamento crítico para avaliação. Os kits de detecção de besteiras que descrevi antes ainda se aplicam, mas precisam ser aprimorados. Quanto mais intensamente alguém estiver promovendo uma afirmação, mais alerta você precisará ficar. Reveja os pontos-chave.

- Comece com a afirmação. Ela tem de ser positiva; não pode simplesmente suscitar uma dúvida vaga, por exemplo. ("Não acho que alguém saiba o que está acontecendo com o clima.")
- A afirmação, assertiva ou declaração deve ser testável, e o resultado desse teste precisa ser repetível. Cuidado com as afirmações do tipo "um estudo descobriu".
- Questione suas próprias motivações para acreditar em uma afirmação. Previna-se contra aquelas vezes em que você só quer que seja verdade. (Não seria ótimo se uma taça de vinho tinto por dia – ainda melhor, duas taças – fosse o segredo para uma vida longa?)

O pensamento crítico é muito importante para todos nós. Não para que possamos presunçosamente nos sentir melhores do que os outros, mas para que todos possamos tornar o mundo melhor. Um dos exemplos mais poderosos é a vacinação contra doenças. Edward Jenner produziu as primeiras vacinas seguras na década de 1790. Desde então, milhares de pesquisadores nos protegeram de centenas de milhares de germes fatais. As vacinações funcionam. Salvam vidas. Funcionam tão bem que muitas pessoas esqueceram ou não percebem o que exatamente as vacinações fazem. Em círculos céticos, chamamos isso de "paradoxo da proteção". Se todos ao seu redor foram vacinados, mas você não, ainda haverá uma chance muito remota de que um germe problemático o infecte. "Não preciso ser vacinado", você pensa. Aqueles que se opõem à vacinação vivem desse paradoxo, mas uma quantidade muito maior de pessoas experimenta isso em um nível menor. Elas pensam que, mesmo que haja apenas um pequeno risco associado à vacinação, quase não há risco em *não* ser vacinado. Ou pensam que "Se eu não me preocupar de tomar uma vacina contra gripe neste inverno, não será algo muito importante". Parece razoável.

Eu cursei a escola fundamental com um menino que teve pólio. Nos Estados Unidos e na Europa Ocidental, quase todos foram vacinados, e, dessa maneira, uma doença como a pólio parece uma relíquia do passado remoto. Mas não é assim em todos os lugares. Em um episódio recente de *Bill Nye Saves the World*, Emily Calandrelli, nossa correspondente, foi para a Índia e entrevistou um jovem desenvolvedor de *software* que é cadeirante. Ele contraiu pólio antes que a vacina fosse comum ali. Considera-se que ele seja o último indivíduo do país a deixar de tomar a vacina. Como ele e Emily assinalaram, não há movimento antivacina na Índia porque é possível ainda ver-se vítima da pólio circulando pelas ruas. A ameaça do tormento relativa aos micróbios é muito real. É fácil entender o risco quando ele o encara. É muito mais difícil quando o risco parece distante, como acontece nos Estados Unidos. Nesse momento, o pensamento crítico se torna absolutamente... bem, crítico.

Do ponto de vista científico, as pessoas contrárias à vacinação estão pondo em perigo as demais. Você e seus filhos têm de ser vacinados. Isso é ciência comprovável, fundamentada. Por outro lado, o artigo principal que atribuiu um vínculo entre vacinas e autismo foi desmascarado e desmentido. Evidentemente, aqueles que ainda acreditam no vínculo têm algum motivo para querer acreditar, mas esse motivo não é evidência científica. Há um aspecto moral em evitar a fraude. Quero dizer, ceder a mentiras ou fantasia não é certo. Às vezes, encontrar informação honesta exige ser honesto consigo mesmo.

Quando as pessoas dizem que podem superar as brasas com suas mentes, seja cético. Quando afirmam que todos os médicos estão errados e que as vacinas realmente causam autismo, seja ainda mais cético. Internalize as diretrizes do pensamento crítico em suas formas básicas e mais agressivas. E lembre que, se você se deixar enganar, provavelmente não será o único a sofrer. Por outro lado, se você contribuir para a cultura do ceticismo criterioso, não será o único a se beneficiar. Vamos começar ali, com o kit de detecção de absurdos de Bill Nye. Não saia de casa — droga, não saia de nenhum lugar! — sem ele.

CAPÍTULO 18

Que se dane o destino – toda a força adiante!

Às vezes, parece que fui destinado a me tornar Bill Nye, o cara da ciência. Havia meu pai, experimentador e inventor, que se autointitulava Ned Nye, o garoto cientista. E minha mãe, especialista em solucionar quebra-cabeças e decifrar códigos secretos. No ensino médio, tive o privilégio da alegria de brincar com um osciloscópio e balançar um pêndulo de três andares com meu amigo Ken Severin. No último ano do ensino médio, enviei uma foto minha para o anuário abraçando esse osciloscópio, acompanhada de uma citação: "Com isso eu posso, atrevo-me a dizer, governar o mundo". Acho que deturpei ou lembrei incorretamente uma fala do ator Boris Karloff. Mas não importa; essa fala ficou na minha cabeça. Ao longo dos anos, transformou-se em "mudar o mundo", e se tornou meu princípio orientador. Ela me deixou inquieto o suficiente para eu largar meu emprego fixo — talvez muito fixo — na Sundstrand, para me afastar inteiramente do mundo da engenharia e me arriscar em alcançar uma grande audiência na tevê. "Mudar o mundo" tornou-se minha frase típica no programa *The Science Guy*. Nos jantares da Sociedade Planetária, ergo uma taça de vinho e proponho: "Vamos, atrevo-me a dizer" — e, nesse instante, meus colegas muitas vezes entoam: "Diga! Diga!" — "Mudar o mundo!" Não consigo evitar. E aqui estamos nós.

Porém, se você pretende mudar o mundo, "destino" é um conceito perigoso. São necessárias muitas ferramentas para conseguir ser um agente da mudança. A honestidade nerd não é suficiente. Adicione princípios de projeto incríveis e um profundo senso de responsabilidade, e ainda não é suficiente. Você tem de acreditar na mudança em si; na ideia de que pode escolher seu próprio caminho na vida e influenciar o futuro. Que se dane o destino.

Para nós, um grande problema nas comunidades de meio ambiente e engenharia é a visão antagônica promovida por diversos negacionistas da mudança climática e seus aliados no setor empresarial e na política: eles admitem que o mundo está ficando mais quente, mas insistem que não há nada eficaz que o homem possa fazer a respeito. Tenho certeza de que eles estão meramente racionalizando seu uso da energia de combustível fóssil e sua aversão a ideias novas e disruptivas (e, possivelmente, desvantajosas para eles). Entretanto, uma pequena parte de mim se pergunta: e se eles tiverem razão? E se nós, como espécie, estivermos apenas muito arraigados em nossos padrões ambientalmente destrutivos para fazer algo diferente? E se *não pudermos* mudar o mundo? Como um cara da ciência, no mínimo, tenho de investigar a hipótese contrária.

Começarei dispensando a versão mais fácil e mais extrema do argumento. Não existe essa coisa de o futuro ser um destino vaticinado. De jeito nenhum. Os nerds não acreditam nisso. Não há história profética que diga que temos de aquecer demais o planeta. Destino (ou sorte, providência ou qualquer termo que você queira usar) implica que os acontecimentos futuros estão registrados em algum lugar e podem se manifestar em um só sentido. Sabemos que isso não é verdade.

Em primeiro lugar, **nenhuma** experiência ou observação mostrou alguma vez qualquer evidência de um registro preexistente do futuro — e, sim, muita gente já procurou. Segundo, há o princípio da incerteza em mecânica quântica, que afirma que **certa** quantidade de incognoscibilidade está escrita nas leis da física. O **princípio** da incerteza não é meramente uma questão dos limites do que os **homens** podem saber; é uma questão dos limites do que *pode* ser sabido **com base** na estrutura da informação física. O universo é inerentemente **impreciso na maneira** como exclui o conceito de um futuro claro e predeterminado. E terceiro, há a questão do fluxo de informação. Na teoria da relatividade geral de Einstein, a informação do futuro não pode fluir para o passado; caso contrário, os efeitos poderiam preceder as causas, e todo o sistema de realidade degringolaria. Destino requer conseguir informação acerca do futuro, e tudo que sabemos afirma que isso é impossível.

No entanto, há formas mais brandas de destino, que são mais difíceis de abolir cientificamente. Muitas pessoas não creem que estão no controle do futuro; não por causa da lei da física, mas porque não acreditam que escolhas significativas estão disponíveis para elas, ou, no mínimo, não são práticas nem factíveis. Há todos os tipos de motivos para que os indivíduos rejeitem a possibilidade de mudança. Para alguns, "o sistema é manipulado" por pessoas, empresas e instituições governamentais poderosas. Outros se sentem aprisionados por circunstâncias sociais, econômicas ou pessoais que os deixam sem opções evidentes. A ironia é que, na sociedade americana, também celebramos rotineiramente o indivíduo obstinado, que se fez por si próprio, trabalhando duro e optando por boas escolhas.

Biologicamente falando, não resta dúvida de que os comportamentos humanos são limitados. Alguns neurocientistas vão mais longe e sustentam que basicamente não existe o livre-arbítrio. Ele é apenas uma ilusão que encobre o processo de tomada de decisão inconsciente do cérebro. Por outro lado, todo adulto mentalmente saudável possui a capacidade de entender as consequências de seus atos. Faz parte da norma legal para estar apto para um julgamento criminal. Agora, se fazemos uso dessa capacidade é inteiramente outra questão.

Nos últimos 20 anos, uma boa amiga minha esteve bem perto de ficar sem gasolina no carro repetidas vezes. Em psicologia, isso se chama "recapitulação": a tendência de repetir comportamentos sem levar em consideração as consequências. Ela vai admitir livremente que pode mudar, mas não muda, na maioria das vezes. Mas eis algo que me dá esperança: de vez em quando, ela identifica o comportamento de recapitulação e enche o tanque antes. Se as consequências de dirigir um carro com o tanque vazio fossem piores, e se minha amiga fizesse um esforço genuíno de quebrar seu padrão de comportamento, tenho certeza de que ela conseguiria fazê-lo. Analise como meus pais abriram mão de fumar quando o impulso se tornou forte o bastante. Esse é o tipo de livre-arbítrio que quero que usemos. Quero que a humanidade faça coisas de novas maneiras porque avaliamos que as consequências de não fazer são terríveis. O atributo característico do ser humano é que nós, mais do que qualquer outra espécie do planeta, exercemos controle sobre nosso ambiente e sobre nós mesmos. Esse é o nosso poder aterrorizante e maravilhoso.

É onde a honestidade nerd volta à cena, porque ela é fundamental para destravar o controle. Ela nos permite reconhecer nossas tendências e percepções peculiares. Ela nos ajuda a entender quem somos e como pegamos esse caminho. Com isso em mente, comecei a rememorar alguns momentos marcantes em meu caminho para... Ah, absolutamente nenhum destino. No final da década de 1980, eu trabalhava como engenheiro *freelance* e escrevia piadas, ou ao menos tentava escrevê-las. De vez em quando, conseguia uma semana de trabalho como comediante de *stand-up*. Como tinha dinheiro suficiente, decidi que era hora de vender meu fusca de 17 anos e comprar um carro usado novo; quero dizer, um carro usado que seria novo para mim. Comprei um Nissan Stanza, que foi fabricado durante o ano de transição da marca. Ele tinha duas placas de identificação: uma Nissan na traseira e outra Datsun na grade dianteira. Bem, eu descobri que, do outro lado do país, minha irmã adquiriu um carro da mesma marca, do mesmo modelo e do mesmo ano. Os dois eram *hatchbacks** com quatro portas, brancos por fora e com interior vermelho. Se fosse pura coincidência, seria uma bem específica. Entretanto, não concordei com a ideia de que o destino interveio na escolha de meu carro usado. Assim, pensei um pouco mais.

Quando eu e meus irmãos éramos jovens, costumávamos viajar com nossos pais nas férias. Para ter espaço suficiente para todos, Ned e Jacquie Nye compraram uma perua Chevrolet Bel Air 1963 branca. Meu pai queria um carro branco com interior azul. O carro que chegou à concessionária era branco com interior vermelho. Lembro que minha mãe ficou empolgada. Ao telefone com o vendedor, ela disse: "Vamos ficar com ele!". Todos nós tivemos momentos incríveis com aquele carro. Acampamos na Skyline Drive, em Virgínia. Fomos para a praia em Delaware. Meu pai dirigia devagar pelas ruas do bairro enquanto meu irmão e eu entregávamos o *Washington Post* dominical, saltando pela porta traseira do veículo com alguns jornais pesados debaixo de cada braço e, depois, embarcando de volta.

Nossos momentos mais felizes como família foram em uma perua branca com interior vermelho. Ora, não é tão surpreendente que minha irmã tenha me imitado quando comprou seu carro. Ou eu a imitei? Não, nenhum de nós, em lados opostos do país, entrara em contato com o outro para falar dessas aquisições. Simplesmente nos sentimos atraídos por esses veículos, que se assemelhavam àquele em que passamos bons momentos. Não diz nada a respeito de genes ou destino. Diz para mim que aquilo que geralmente consideramos livre-arbítrio é influenciado fortemente por

---

* O **hatchback** (ou simplesmente **hatch**) é um design automotivo que consiste num compartimento de passageiros com porta-malas integrado (diferentemente do modelo sedã), acessível através de uma porta traseira, e o compartimento do motor à frente.

experiências de vida no banco de memória. Na realidade, jamais estamos livres de nosso passado.

Conforme você (assim espero) e eu trabalhamos para nos tornarmos agentes da mudança, ajudará termos consciência dessas experiências e de seus efeitos prolongados sobre nós. Meus pais tinham curso superior, e os dois acabaram servindo os Estados Unidos na Segunda Guerra Mundial. Meu pai teve uma experiência bastante difícil no campo de prisioneiros japonês. Minha mãe trabalhou em uma função secreta na Marinha. Os dois se tornaram progressistas em termos de política. Eles não falavam muito sobre isso, mas não tenho dúvida de que ambos consideravam a guerra um trágico desperdício do intelecto e da riqueza da humanidade. Ao mesmo tempo, os dois reconheceram o imenso papel que o governo podia desempenhar, não só na condução da guerra e na reação contra o inimigo como também no provimento de uma qualidade de vida decente para seus cidadãos. Esses valores também foram transmitidos para mim, de maneira que são muito mais significativas do que meu apego persistente a um carro branco com estofamento vermelho. Se me transformei em um desvairado voltado para o futuro — e tenho certeza disso —, Ned e Jacquie tiveram algo a ver como isso. Sei de onde meus valores vieram, e me sinto bem com sua origem.

Quanto aos meus irmãos, eles divergiram ao longo dos anos. Minha irmã cursou a faculdade em Danville, na Virgínia, casou-se com seu amor da faculdade e criou três filhos. Ela trabalhou para a cidade de Danville em diversas funções, incluindo a de controladora do serviço de emergência. Sua família vive perto da divisa com a Carolina do Norte, em uma região bastante conservadora do país. Em geral, minha irmã é liberal como eu, mas seus filhos não tendem exatamente ao meu estilo de política. Embora compartilhemos inúmeras sequências genéticas, meus sobrinhos enxergam o mundo de um ponto de vista muitíssimo diferente. Eles são mais do que pouco amargos em relação ao governo e suas intromissões. Meu irmão, por seu lado, ficou em Washington e criou sua família ali. Todos compartilham o ponto de vista progressista. Falando abertamente: os genes familiares importam, mas o ambiente e a influência dos pares também importam muito. Porém, natureza e criação ainda não envolvem destino.

É como os *hatchbacks* de quatro portas brancos e com os interiores vermelhos. Nossos livres-arbítrios são influenciados pela soma de nossas experiências: a família, os amigos, o ambiente social e, cada vez mais, o ambiente *on-line*. Os filhos de minha irmã e eu fomos criados de modo diferente, e ainda que nossas naturezas interiores sejam bastante idênticas, acabamos com opiniões políticas muito distintas. Os filhos do meu irmão foram criados em uma cidade grande, expostos a pessoas e experiências parecidas com as da minha vida, e acabaram abraçando uma visão de mundo semelhante à minha. Nessa diversidade, curiosamente, todos nós ainda rimos das mesmas piadas hilariantemente engraçadas. (Eu compartilharia uma delas, mas então você se daria conta de que minhas piadas não são muito engraçadas. Isso talvez afetasse seu julgamento de meus irmãos, que não são mais responsáveis pelas minhas escolhas humorísticas.)

Em minha família, exatamente como com meu pai e seus colegas no campo de prisioneiros de guerra, um senso de humor compartilhado substitui quase qualquer outra coisa. É razoável para mim que nosso senso de ironia seja produto da maneira como percebemos o mundo, sobretudo a maneira pela qual percebemos e interpretamos as ações dos outros. Talvez parte do que mantém uma família unida é aquilo que a faz rir, e, para isso, talvez não haja livre-arbítrio. Isso me ocorre como uma hipótese respeitável, mas testá-la seria um assunto sério. Quero dizer, não seria uma piada. (Ah, desculpe.)

Um grande paradoxo está oculto em toda essa discussão sobre comportamento e livre-arbítrio: os pesquisadores que estudam isso (e as pessoas como eu, que acompanham) estão tentando descobrir como nossos cérebros funcionam, mas nossos cérebros são a única ferramenta que temos para fazer essa descoberta. Cérebros tentando entender cérebros.

Esse é um subconjunto de um problema muito mais amplo referente à subjetividade inerente da mente humana. O método científico foi desenvolvido para contornar esse problema por meio da codificação de técnicas que levam em consideração e trabalham ao redor de nossa intuição imperfeita da melhor maneira possível. A melhor chance de assegurar que não somos governados cegamente pelas poderosas influências da família, dos amigos e do condicionamento social de seguir esse método: observar, conjeturar, experimentar, comparar resultados com expectativas e — sobretudo — recomeçar. É um jeito de escapar da câmara de eco de sua própria cabeça. É uma rotina de treinamento para exercitar seu livre-arbítrio.

O método científico força a questionar nossas suposições e eliminar as ideias baseadas em fofocas, palpites, condicionamento passado e todas as outras bagagens que carregamos conosco. Essa abordagem é muito parecida com aquela referente às perguntas norteadoras do jornalismo investigativo: o que eu sei e como sei? Infelizmente, o cérebro humano possui um mecanismo embutido que direciona nosso comportamento para o sentido oposto. Isso é conhecido como viés de confirmação; ou seja, a tendência de confirmar nossas suposições como válidas e verdadeiras.

Para um cientista que realiza uma experiência, o viés de confirmação é algo muito sério. Nesse sentido, sem dúvida, existem limites para o nosso livre-arbítrio. Nossa mente inconsciente pode nos levar a ver as respostas que estamos condicionados a esperar, em vez de encontrar as reais pelas quais procuramos. As consequências podem ser graves. Os médicos pesquisadores que estavam convencidos de que o rastreio difundido reduziria a incidência de mortes por câncer de mama encontraram esse resultado mesmo quando estudos posteriores não conseguiram confirmar isso. Como resultado, é provável que inúmeras mulheres tenham passado por cirurgias inúteis. Essas tendências afloram sempre que abordamos um problema sabendo o que queremos como resposta. Se alguma vez aconteceu de seu chefe (ou filho, cônjuge, amigo etc.) pedir um conselho sobre o qual escutou apenas os comentários que correspondiam ao que ele queria fazer, na certa você entendeu o que eu disse.

Para superar seu próprio viés de confirmação, você pode recorrer às maneiras como os pesquisadores lidam com isso. Nós empreendemos nosso trabalho da forma contrária à que muitas pessoas imaginam. Em vez de planejar experiências para provar que uma hipótese é correta, trabalhamos duro para desenvolver planos ou técnicas que mostram que nossa hipótese é *incorreta*. De modo efetivo, trabalhamos para livrar nossos cérebros de suas tendências. Ao codificar o processo da investigação científica, nós, humanos, demos um importante salto para a frente no pensamento.

Do jeito como vejo, toda a vida existe em uma gradação. Estamos no segmento superior da inteligência (mais inteligentes do que a maioria dos cães, ao menos, mas talvez não tão inteligentes quanto o *seu* cão), e sugiro que estamos no segmento superior da intuição e da capacidade de raciocinar. O método científico — a maneira nerd de pensar, eu poderia dizer, sentindo-me um tanto presunçoso — é nossa tentativa como espécie de ir além de nossos limites evolucionários contumazes. É nossa apropriação mais significativa do livre-arbítrio, ou, ao menos, o máximo de livre-arbítrio que nossos cérebros permitem.

Nós procuramos teorias capazes de fazer predições a respeito do cosmo, do nosso planeta e de nós mesmos. Queremos entender as leis da natureza. A nossa curiosidade faz parte de nossa programação evolucionária? Acho que sim. Nossos ancestrais que não eram curiosos acerca do mundo ao seu redor foram superados pelos outros rapazes e garotas quase nus que procuravam respostas para os problemas da vida. Onde vou dormir hoje à noite? O que vou comer na próxima estação? Você pode pensar nisso como o impulso inicial para se rebelar contra a ideia de destino e cuidar do futuro por conta própria. Se soubermos o que está vindo, podemos nos preparar e mudar o resultado (por exemplo, não morrer de fome no próximo inverno). Por extensão, talvez nosso desejo de escolher livremente também seja programado pela evolução. Você pode enlouquecer pensando nessas coisas, mas, ao mesmo tempo, pode se divertir. Toda a evidência me diz que os seres humanos, mais do que qualquer outra espécie, transcenderam seus impulsos evolucionários e podem escolher como querem se comportar uns com os outros e com o planeta Terra.

Acredito que cada um possui uma gradação relativa à capacidade de escolha dentro de si. Eu comprei um carro por razões que não podia especificar e desconhecia conscientemente. Passei muitos meses tentando decidir se largaria meu emprego fixo como engenheiro para me **concentrar** em escrever e atuar para sobreviver. Levei no mínimo o mesmo **tempo** para aceitar a ideia de que, com quase nenhuma experiência administrativa, poderia gerenciar a Sociedade Planetária, organização sem fins lucrativos multimilionária. Quanto maior a decisão, mais eu ativava o lado nerd de meu cérebro, e mais reconhecia a necessidade de agarrar informações ao estilo tudo de uma vez e, depois, filtrá-las como louco. Quando finalmente alcancei o momento de "Bem, vamos nessa!", acredito que o processo que me levou ali foi, de uma maneira muito significativa, livre-arbítrio.

Tenho certeza absoluta de que nunca tentaremos grandes feitos e jamais — atrevo-me a dizer isso? — mudaremos o mundo se não abraçarmos nossa liberdade humana. No nível mais básico, isso significa ir além do cinismo fácil de resmungar sobre um sistema manipulador ou de achar que ninguém pode fazer a diferença. Temos de aprender a enxergar claramente os problemas que nos rodeiam sem a bruma do viés de confirmação. Precisamos tornar a honestidade nerd um estilo de vida diário, e não uma ferramenta especializada para investigação científica.

Então, poderemos realmente começar a entender o que está acontecendo e que soluções farão o máximo para reparar nossos problemas. O método deliberado de investigação racional — abordagem, endereçamento e solução desses problemas — é um ato transcendente de livre-arbítrio, e temos de optar por exercitá-lo. Uma expressão ainda maior de liberdade, porém, é dar o próximo passo e pôr em prática o método científico. Deixe isso guiar sua vida, de modo que, em cada momento, você enxerga maiores possibilidades ao seu redor. Realizando seu potencial pessoal. Identificando suas responsabilidades. Contendo o aquecimento global. Reduzindo a pobreza. Expandindo o acesso à informação. Nunca somos mais humanos do que quando rejeitamos a ideia de um destino imposto e usamos a ciência para mudar o mundo de uma maneira grande, corajosa e muito livre.

CAPÍTULO 19

É tempo de urgência calculada

Algo que está na moda é as pessoas se vangloriarem de suas extraordinárias habilidades em multitarefas. Como você sabe, nunca (tudo bem, quase nunca) fui um seguidor de modas. Assim, deixe-me dizer, de um jeito honesto e antiquado, que considero a multitarefa um embuste moderno. O título deste livro talvez o induza ao erro, fazendo você pensar que recomendo o início de inúmeras tarefas ao mesmo tempo. Bem, não é isso o que quero dizer, de forma alguma. É por esse motivo que enfatizei tanto a filtragem. Quero que todos nós utilizemos o bom discernimento não só a respeito do que precisa ser feito, mas também de quando fazer. Em outras palavras, se você quiser ser um agente da mudança eficaz, também precisará filtrar seu senso de urgência.

Começarei com alguns grandes exemplos. Temos de tratar das necessidades daqueles em situação de pobreza extrema, e precisamos nos preparar para as rápidas mudanças em nossos litorais e em nossa agricultura causadas pelo aumento das temperaturas globais. Esses desafios são urgentes, mas vão exigir nossa atenção por décadas. Também é preciso procurar vida no sistema solar e além dele. Isso não é tão urgente, mas é muito importante para mim; também é um compromisso de décadas. Para abordar esses projetos, é necessário considerar tudo de uma vez, examinando as melhores informações e elaborando planos bem fundamentados. Estar atento às prioridades é parte decisiva desse processo, e reconhecer a falácia da multitarefa é um primeiro passo importante.

A desatenção se tornou um problema crônico. Onde moro, em Los Angeles, já vi inúmeros carros batidos — uma situação possível somente quando o motorista não está prestando atenção ao caminho. Se você alguma vez estiver dirigindo atrás de mim no trânsito congestionado, poderá notar a placa personalizada que coloquei em resposta. Ela diz, orgulhosamente: "TENTE A MONOTAREFA." Até onde sei, "monotarefa" é uma palavra que não está no dicionário. Ainda não. Mas poderá estar em breve, porque ninguém realmente realiza multitarefas; ninguém faz duas coisas (ou dez) ao mesmo tempo. Mesmo os artistas de circo que fazem malabarismo enquanto pedalam um monociclo estão fazendo apenas uma coisa: atuando, com seu subconsciente comandando o espetáculo. Eles não estão pensando em duas tarefas simultaneamente. Se um desses malabaristas fosse de fato multitarefa — usando a parte de raciocínio, ou consciente, do cérebro para controlar cada componente individual da cena —, ele não executaria nada. Ficaria desatento ao objetivo real e, provavelmente, acabaria com a cara no chão.

Em vez de multitarefa, tenho a impressão de que aquilo que os mais bem-sucedidos vêm fazendo é gerenciar muitas coisas em paralelo, prestando total atenção a cada tarefa individual, à medida que as prioridades imediatas exigem. Esse estilo de monotarefa sequencial me recorda outro artista circense, aquele cuja performance inclui a maravilhosa cena dos pratos giratórios. Tradicionalmente, a música *Sabre Dance*, de Khachaturian, toca ao fundo enquanto ele trabalha. Ele gira um prato sobre uma haste flexível. Então, gira o segundo e, depois, o terceiro. Antes de girar o quarto prato sobre a quarta haste, ele retorna ao primeiro prato e o impulsiona um pouco para que ele continue girando. O mesmo acontece com o segundo e terceiro pratos. Só então ele pode cuidar do quarto prato, e assim por diante. Em vez de multitarefa, é simplesmente *tarefa*, com o artista girando um prato após o outro, sempre de olho naquele que precisa de novo impulso. Acho que assim é como conseguimos fazer algo ou, na verdade, fazer qualquer coisa. Independentemente de quão complexa, rápida ou lenta seja a ação, cuidamos dos passos necessários, na sequência necessária. É bastante nerd. Quando as pessoas se esquecem de agir em sequência, vemos aqueles acidentes de carro na autoestrada. Talvez alguém tenha tentado ficar atento ao mesmo tempo e de forma igual ao caminho e ao rádio, ou decidido que ler uma mensagem de texto era mais urgente do que avaliar a distância com o carro da frente.

A multitarefa é a receita para um acidente de automóvel, no sentido literal ou figurado. Contudo, o que estou falando — quer você chame isso de monotarefa, quer simplesmente tarefa — permite que você faça as coisas de verdade. Mas isso ainda não lhe diz que tarefas você precisa enfocar. Não lhe diz quando não há problema em desviar o olhar do caminho por um instante, ou que pratos precisam de outro impulso *imediatamente* se você quiser que a apresentação continue.

Tudo isso me lembra da época em que, em Seattle, eu escrevia comédia em tempo integral para o programa *Almost Live!*. Criei um esquete intitulado "Resposta calculada ou reação exagerada", que começa com colegas de trabalho sentados junto a um balcão de lanchonete. Um deles entorna uma xícara de café quente, derrubando o líquido na calça do colega ao lado. Com calma, a vítima despeja um copo de água gelada no colo. Uma grande nuvem de vapor (gerada por uma máquina de fumaça) surge, mostrando para nós o quão quente aquele café estava. O locutor explica que acabamos de ver uma "resposta calculada". Em seguida, uma mulher diz a um homem que ela precisa cancelar o jantar deles. Em resposta, ele quebra uma garrafa em sua cabeça e começa a morder uma almofada do sofá. O locutor explica que foi uma "reação exagerada". Por fim, um homem dirigindo um carro imenso percebe uma vaga para estacionar, mas exatamente quando ele começa a dar marcha à ré para entrar nela, um carro muito menor entra de frente e ocupa a vaga. Quando o motorista do carro pequeno desembarca, o primeiro motorista começa uma briga de socos, esmurrando loucamente. O locutor explica que a vaga roubada foi uma ofensa digna de desforra decidida, e diz "resposta calculada" sem expressar nenhuma emoção.

O esquete é engraçado (ou essa era a intenção) porque, como toda comédia, baseia-se numa verdade básica acerca da natureza humana. Estamos o tempo todo avaliando quais circunstâncias exigem apenas um pequeno esforço de nossa parte e quais exigem que entremos com tudo. A resposta calculada se aplica a todo tipo de projeto, desde preparar um sanduíche até construir um sistema de saneamento de uma cidade no mundo em desenvolvimento. Aplica-se às escolhas entre exploração espacial e programas de combate à pobreza, e à profusão de ações individuais abrangidas por cada uma delas.

Cada um de nós tem uma quantidade de tempo penosamente limitada neste planeta, que pode ser preenchida apenas com algumas tarefas. É necessário ignorar muito do que acontece ao nosso redor, mas também ficar de olho nas coisas que mais importam. Nós, os nerds, que estamos sintonizados com o quadro geral e as grandes questões, temos uma responsabilidade especial para abordar e solucionar os problemas que vemos. Então, como conciliar essas demandas conflitantes? Precisamos nos tornar especialistas em respostas calculadas. Precisamos avaliar a situação com um pouco mais de cuidado do que o motorista do carro grande do esquete, aquele que passou por uma vaga muito boa para estacionar.

Frequentemente, escuto os negacionistas da mudança climática (talvez melhor denominá-los "resmungões da mudança climática") reclamarem de que não há solução imediata para nenhum problema inerente relativo ao aquecimento mundial. Qualquer ideia que propuséssemos levaria muito tempo, eles argumentam. A partir disso, concluem que, mesmo se os alertas dos cientistas estiverem corretos, não faria sentido agir drasticamente porque é tarde demais para fazer algo a respeito. Em geral, meu primeiro pensamento é no sentido de "Como você sabe que levará muito tempo se também acha que o aquecimento global não está acontecendo de verdade?". Porém, assim que me restabeleço, tenho de admitir que há uma questão importante dentro da queixa impotente deles. É outro problema de resposta calculada.

Precisamos saber o ritmo da mudança. Essa questão de velocidade e a questão associada de quanta urgência é requerida são o foco de pesquisa intensiva por cientistas do clima. Eles rastreiam o derretimento das geleiras e a elevação dos níveis dos mares — dados que nos dirão quão rápido precisamos nos preparar para a inundação costeira (no Capítulo 24, apresentarei muito mais informações a esse respeito). Monitoram a Terra em busca de mudanças de temperatura e, depois, testam as observações em relação aos seus modelos de clima detalhados. Pesquisam os registros de mudança climática ao longo das últimas centenas de milhares de anos. Todas essas ações recorrem a um princípio antigo: se queremos mudar o mundo, precisamos entender os processos do mundo e o ritmo pelo qual eles se desenvolvem.

A resposta calculada não é um conceito novo. É tão antigo quanto o desejo de estar no controle da natureza. No mínimo, remonta à invenção dos primeiros calendários, milhares de anos atrás. Sustento que o calendário pode ter sido a maior invenção da história, sob vários aspectos maior do que a invenção da roda. Existiam culturas pré-colombianas na América Central e na América do Sul que não tinham carretas ou veículos com rodas, mas possuíam sistemas refinados de calcular o tempo. Literalmente, o calendário era uma questão de vida e morte. Ele foi criado para assegurar o nível de urgência correto em qualquer época do ano. Por exemplo, os nossos antepassados utilizavam os calendários para saber quando plantar, quando se preparar para chuvas e inundações sazonais, quando estocar madeira para fogueiras de inverno. As pessoas precisavam conhecer bem suas prioridades ao longo do ano.

Por muitos séculos, os nerds horológicos deram duro para refinar o cálculo do tempo. Quando compramos um calendário em uma loja, presumimos que os dias e os meses estejam devidamente registrados e organizados, mas foram necessários milhares de anos para desenvolver a ferramenta mais básica de urgência calculada. Há outro aspecto intrigante e frequentemente negligenciado em relação à história inicial do calendário: o papel da religião e da mitologia. Um calendário não totalmente preciso talvez fosse suficiente para o plantio, mas se houvesse exigência das cerimônias religiosas de saber exatamente quando esperar um eclipse lunar ou uma incomum conjunção de planetas, seria necessária uma precisão muito maior: identificar os padrões a longo prazo dos movimentos celestes e prever como os diversos corpos se moveriam no futuro. Em resposta, os sacerdotes e os xamãs estudavam o céu em detalhes e aprendiam a prever os movimentos exatos dos corpos celestes. Eles inventaram a astrologia (a ancestral da moderna astronomia) e obtiveram uma ferramenta bastante poderosa em relação à urgência calculada. (Porém, só para deixar claro, o conhecimento que era notável há 4 mil anos hoje é absurdamente obsoleto. Desde então, os nerds fizeram um pequeno progresso. Você confiaria sua vida à antiga medicina suméria, por exemplo? Que tal a boa e velha sangria quando você está muito doente? Espero que entenda o que quero dizer.)

Atualmente, o desafio envolve outra forma de sobrecarga de informações. Sabemos muito a respeito de diversos problemas diferentes, e temos muitas medidas de urgência diferentes, que podem se tornar completamente opressivas. Mesmo se você acreditar em mim — e você deveria, é claro — quando afirmo que a multitarefa é um embuste, é fácil ficar paralisado por prioridades conflitantes. Você não pode atacar cada tarefa com a mesma quantidade de esforço em todos os lugares, o tempo todo, pois ficaria louco (em meu caso, talvez mais louco). Se tratar cada problema como uma crise prioritária, poderá facilmente ser engolido pelo buraco negro da multitarefa. Isso é válido não só para os indivíduos, mas para a nossa sociedade em geral. Talvez os nossos políticos costumem adotar uma perspectiva temporal de curtíssimo prazo, perdendo todo o foco. Ou talvez eles estejam cumprindo o que pedimos quando votamos neles, e nós é que somos os culpados. E, de fato, de vez em quando, todos ficamos presos ao nosso ponto de vista de curto prazo, ou adotamos uma perspectiva temporal de longuíssimo prazo. Achamos que tudo passará e, então, não agimos. Em ambos os casos, o resultado é falta de ação.

O fracasso na resposta calculada possui consequências humanas muito reais. Todos os anos, centenas de milhões de pessoas sofrem de disenteria, malária e outras doenças controláveis porque... uau, por onde começar? Sem dúvida, você conhece o sentimento. Se já fez alguma doação para uma causa beneficente, sua caixa de correio ou sua caixa de entrada de e-mails logo ficará entupida com solicitações por novas doações. O Twitter envolve uma profusão de indignações e gritos de guerra. Provavelmente, seu feed do Facebook está repleto de pedidos para que você ingresse nesse grupo, participe de um protesto com aquele outro ou doe dinheiro para uma centena de distintas causas de aparência meritória. Se você reagir de forma exagerada em relação aos primeiros que você vir, poderá acabar aplicando mal suas energias em um projeto marginal. Se não reagir, poderá acabar perdendo algo realmente eficaz e significativo. E esqueça-se de tentar se engajar em todas as causas; não há horas suficientes em sua vida, e muito menos no dia. Enquanto isso, você (ou talvez não você; você é muito mais inteligente e mais sensato, mas alguém parecido com você) acaba em uma competição de gritos *on-line* sobre ciência ou política, que suga toda a sua energia. É uma reação exagerada e improdutiva, como o apaixonado rejeitado mordendo loucamente uma almofada do sofá.

Precisamos, então, não apenas de resposta calculada, mas de urgência calculada. É onde os nerds têm de ativar o segundo tipo de filtragem a que me referi no começo do capítulo: a filtragem temporal. É a maneira de você descobrir a medida correta de sua resposta calculada e a melhor ordem de suas tarefas sequenciais. Controlar a maneira pela qual nossa sociedade encara o tempo tem de estar no cerne da abordagem do tudo de uma vez.

E como fazer isso? Nesse caso, eu gostaria de trazê-lo de volta para minha amada pirâmide invertida do projeto. A pirâmide é mais do que um guia para quanto as coisas podem custar durante o processo do projeto. Também é uma linha do tempo, que parte da base pontiaguda e chega à grande coroa no topo. Essa linha do tempo é complexa, pois não se move exatamente de forma linear. No setor automobilístico, por exemplo, os fabricantes precisam começar a cultivar os clientes antes que terminem de produzir os veículos ou que localizem defeitos na programação de computador. Assim, os diferentes níveis da pirâmide podem vir a se sobrepor com o tempo. Há uma palavra maravilhosa da matemática que descreve a maneira pela qual o tempo é mapeado através da pirâmide do projeto: "ortogonal", significando "em um ângulo de 90 graus". A passagem do tempo é ortogonal em relação à pirâmide. O tempo afeta cada passo no zigurate, mas não está preso a nenhum passo.

Pense na pirâmide como uma representação visual do que entendo por monotarefa, em vez de multitarefa. Nós utilizamos o pensamento crítico para filtrar informações, que nos mostram os problemas que precisam ser solucionados. As informações filtradas também nos orientam em como solucioná-los. A pirâmide invertida do projeto nos ajuda a filtrar *quando* solucioná-los. Você pode tratar até um enorme problema, como, por exemplo, a mudança climática, como questão de projeto e decompor os diferentes componentes: aprimoramento da transmissão de energia elétrica, regulamentação das emissões de dióxido de carbono, montagem de mais turbinas eólicas, instalação de mais células fotovoltaicas, construção de quebra-mares, expansão de reservatórios etc. Não podemos desativar todas as usinas elétricas movidas a combustível fóssil amanhã à tarde, por exemplo, porque isso acarretaria a paralisação de nossa economia antes de conseguirmos construir uma infraestrutura de eletricidade renovável. Cada um desses componentes, por sua vez, pode ser decomposto em sua própria pirâmide, com suas próprias prioridades científicas e tecnológicas; ou seja, sua própria lista de urgências calculadas.

O princípio aplica-se a outras questões prementes. Não podemos confinar todas as pessoas não vacinadas à quarentena em suas casas até que sejam vacinadas. Em vez disso, temos de gerenciar o problema de baixo para cima e no fluxo de tempo ortogonal. O mesmo é válido nas suas próprias contribuições individuais para as grandes soluções dos grandes problemas mundiais. Admito que, às vezes, também fico assoberbado (um tanto menos que sobrecarregado) com todas as tarefas à frente. Mas então me lembro da pirâmide do projeto, mudo minha perspectiva, penso nisso como uma pilha de tarefas e atribuo urgência para me deslocar do vértice do projeto até o produto acabado no topo.

Quando se trata da tarefa de aprovisionamento, sejam gêneros alimentícios ou vidrarias de laboratório, faço continuamente listas de itens para comprar. É um problema pequeno e muito manejável. Em cada lista, existe um senso de prioridade implícito. Há gêneros alimentícios que têm de ser comprados hoje, ou não terei nada para comer no jantar. Há itens de supermercado que não são comestíveis, como, por exemplo, papel toalha e sabão para lavar roupas. Então, há itens a serem adquiridos na loja de ferragens ou *on-line*; são importantes, mas menos urgentes. Cada item é encaixado ou colocado de acordo com não apenas onde será adquirido, mas quando — quando o encontrar ao percorrer o supermercado e quando eu realmente precisar dele. Esse é um pequeno exercício que simplifica minha compra e, em última análise, lembra-me de como um nerd como eu executa qualquer coisa. Faço tudo isso sem pensar, e tenho certeza de que você também. Você já dispõe de um instinto para a urgência calculada cotidiana. Tudo o que tem de fazer é aprender a extrapolar essa urgência e aplicá-la a tarefas sobre as quais você provavelmente não pensa dessa maneira. Ainda.

O fundamental em relação às coordenadas da pirâmide e do tempo ortogonal é que nós, os nerds, podemos decompor qualquer tarefa, minúscula ou imensa. No contexto da indústria automobilística, eu resumi os quatro níveis da pirâmide invertida como projeto, aprovisionamento, construção e marketing. Para avaliar a resposta calculada e a urgência calculada, devemos reinterpretar os níveis mais explicitamente em termos do tempo.

- Identificar o problema (por exemplo, precisamos de água para um vilarejo ou um vale).
- Projetar uma solução (por exemplo, precisamos de uma barragem adequadamente localizada).
- Providenciar o apoio e os recursos (por exemplo, fazer com que o governo local e os moradores abracem a ideia e comprem o cimento, os vergalhões e os acionadores da comporta).
- Fazer (por exemplo, construir a barragem).

A lista é muito semelhante à pirâmide invertida do projeto. Começa com os nerds enxergando o problema de maneira científica ou técnica. Muitas vezes, isso significa fazer todas essas quatro coisas em sequência sobreposta, como um equilibrista de pratos que muda o mundo. A fim de construir a barragem, você precisará do apoio das pessoas. Também precisará que elas considerem a barragem como solução para suas necessidades de água e agricultura. E, no final das contas, com certeza, você irá precisar que as pessoas construam a barragem. Você sempre pode começar avaliando se a ação que quer realizar, ou a causa que quer apoiar, passa dos dois primeiros níveis. Abrange um problema específico? Descreve uma solução específica? Em caso afirmativo, podemos nos mover para cima na hierarquia da urgência. (A discussão com estranhos na mídia social nunca superará esses filtros. Se você tem essa tendência, faça outra coisa imediatamente.) Para qualquer projeto que pretenda abordar os níveis mais altos, veja se já concluiu os dois primeiros. Caso contrário, você está lidando com uma reação exagerada; ou seja, uma tentativa prematura de construir resultados sem investir no difícil trabalho de base.

Fundamentalmente, temos de abraçar a ideia de que todas as nossas tarefas, mesmo as maiores — abordar a mudança climática, prover água limpa, fornecer eletricidade renovável confiável e abrir acesso à informação eletrônica para todos —, podem ser realizadas se as decompusermos em tarefas manejáveis e as filtrarmos ortogonalmente, por urgência. Essa é a maneira pela qual bons impulsos se convertem em políticas factíveis e projetos transformadores. Os nerds têm de liderar, mostrar ao mundo que podemos executar quando definimos os objetivos corretos, nos equipamos com a informação correta e agimos movidos pelo ritmo calculado correto. E se cometemos alguns erros ao longo do caminho, também possuímos um sistema incrível para lidar com esses erros. Continue a leitura!

CAPÍTULO 20

Mudar de ideia é algo maravilhoso

Em 1987, Carl Sagan dirigia uma reunião do Committee for Skeptical Inquiry quando afirmou algo que me marcou ao longo dos anos: "Na ciência, muitas vezes acontece de um cientista dizer 'Seu argumento é muito bom. Eu estava errado'. Então, ele muda de ideia e você nunca mais ouve aquele antigo ponto de vista. Ele realmente faz isso. Não acontece com tanta frequência como deveria, porque os cientistas são humanos e, de vez em quando, mudar é difícil. Mas acontece diariamente. Não consigo lembrar a última vez em que algo assim ocorreu em política ou religião".

Mudar de ideia. Que coisa poderosa! A possibilidade de mudar é fundamental para manter uma visão da realidade honesta e aberta. Se você quer mesmo aplicar os padrões nerds e encontrar as melhores soluções, tem de estar preparado para abrir mão de uma posição imperfeita em reação à nova evidência. Esse princípio é muito simples de louvar, mas muito difícil de praticar. Seja por causa do orgulho, do ego ou de algum instinto antigo, vinculamos mudar de opinião com estar errado e, com isso, ser fraco. Mas é o seguinte: se você quiser ter razão o tempo todo, ocasionalmente terá de atualizar seus pontos de vista. Você sabe. Sem dúvida, eu sei, porque recentemente mudei de ideia acerca de uma grande ideia científica, e fiz isso de maneira muito pública.

Em 2014, na primeira edição de meu livro *Undeniable: Evolution and the Science of Creation*, escrevi um capítulo sobre os organismos geneticamente modificados (OGMs). Na época, minha atitude em relação a eles não era muito positiva, mas não pelas razões mais comuns. Eu não tinha motivos para duvidar de que os alimentos modificados eram e são seguros. Os pesquisadores deram milho e soja criados por engenharia genética a ratos de laboratório e monitoraram seu bem-estar. Sem querer lhe causar arrepios, os pesquisadores realizaram autópsias cuidadosas para verificar se os animais sofreram de taxas incomuns de tumores ou outras anomalias médicas. Esses testes não revelaram evidência de dano em virtude do consumo de alimentos geneticamente modificados. Nenhuma. Assim, pude ter certeza de que os humanos também não sofreriam nenhum dano. No entanto, preocupava-me o efeito imprevisível dos OGMs sobre os ecossistemas.

Meu ceticismo estava enraizado nas ideias em que pensava desde aquele primeiro Dia da Terra, em 1970, quando me conscientizei da facilidade com que o homem pode afetar o equilíbrio da natureza. Era a época de *Silent Spring* e *The Sea Around Us*, de Rachel Carson, bióloga marinha muito influente. Esses dois livros eram best-sellers na época, e ainda são discutidos hoje em dia. Independentemente do que você ou os historiadores possam pensar de Carson em retrospecto, na década de 1960 sua mensagem de advertência sobre o envenenamento do meio ambiente era importante — e eu a levei muito a sério. Uma vez que não podemos saber exatamente como nossas ações vão afetar o meio ambiente, pensei, precisamos ser muito cuidadosos com a introdução de qualquer mudança relevante. Sem dúvida, essa cautela se aplicava ao plantio generalizado de culturas transgênicas. Eu estava preocupado com as consequências não intencionais.

Evoquei um cenário em que os cientistas obtinham uma planta transgênica resistente a certa lagarta de lavoura, por exemplo. A versão modificada da planta pode produzir uma proteína considerada tóxica pela lagarta; isso é muito próximo de como funciona uma cultura real chamada milho Bt (chamada assim em homenagem ao *Bacillus thuringiensis*). Como resultado, a população de lagartas e borboletas desaparece da área onde as pessoas plantam a cultura nova e resistente. Tudo muito bem, mas e se existe um morcego que depende dessas borboletas para se alimentar em sua rota de voo noturno? Quando as borboletas desaparecem, os morcegos mudam seu comportamento. Talvez alguns morram de fome. De qualquer modo, eles não mais alcançam seu destino preferido: um lago próximo, onde normalmente consomem grande quantidade de mosquitos. Então, a população de mosquitos do lago enlouquece, e, então, esses mosquitos propagam doenças entre os seres humanos e animais de toda a região.

Não é um cenário irreal. Esse tipo de efeito dominó ecológico acontece o tempo todo na natureza. Meu argumento era que nunca se conhece um organismo bem o suficiente para que se prevejam as consequências. Isso me fez refletir.

Também me ocorreu a ideia instigante de que já tínhamos alimentos suficientes para alimentar toda a população mundial mesmo sem culturas transgênicas. O problema é de distribuição de alimentos, e não de oferta. Enquanto isso, eu acompanhava toda a controvérsia pública sobre os alimentos transgênicos. Muitas pessoas não querem consumi-los. Alguns produtores rurais se afligiram com a questão de direitos de propriedade intelectual; ou seja, acerca de quem é o dono das sementes que são geneticamente modificadas especificamente para combater tripses, brocas de milho, lagartas ou algumas outras pragas. Assim, ponderei, talvez não precisemos de alimentos transgênicos, nem de gastar dinheiro público registrando patentes e defendendo os direitos legais das corporações que querem criar transgênicos. Eu discuti essas questões com Corey Powell, meu estimado editor, ponderei muito bem sobre meu argumento e escrevi a respeito em *Undeniable*.

Então, alguns acontecimentos me fizeram começar a repensar minha posição. Em dezembro de 2014, em Nova York, compareci a um debate público a respeito de alimentos transgênicos. Foi apenas algumas semanas após o lançamento de meu livro, e fiquei surpreso com o que ouvi. Do lado cético, contra os OGMs, estava Margaret (Mardi) Mellon, do Center for Food Safety. Eu conhecera Mardi alguns anos antes, quando ela era diretora de política agrícola na Union of Concerned Scientists. Seu argumento enfocava a sustentabilidade: as culturas transgênicas, ela disse, não eliminaram o uso de inseticidas e só aumentaram o uso de herbicidas. Sem dúvida, Mardi levantou algumas questões interessantes. Porém, minha impressão foi de que seus argumentos foram sobrepujados pelas respostas de Robb Fraley, diretor de tecnologia da Monsanto. Ele foi um dos inventores das plantas transgênicas que toleram o herbicida glifosato, e eu fiquei impressionado tanto com sua *expertise* técnica quanto com sua evidente preocupação ambiental. Na sequência, conversei mais com Mardi e Robb. Queria processar toda aquela nova informação.

Robb me convidou para visitá-lo na Monsanto e ver o que eles faziam ali. Paguei a viagem do meu bolso e fui para Saint Louis. Fiz muitas perguntas aos pesquisadores da Monsanto e achei as respostas bastante persuasivas. Dei o melhor de mim para pôr de lado emoções e suposições e coletar o máximo de informações de alta qualidade acerca do verdadeiro potencial dos alimentos transgênicos. Ao longo do caminho, tomei conhecimento de algumas coisas surpreendentes. Utilizando modernos equipamentos de sequenciamento genético, os pesquisadores podem saber cada gene no DNA de uma planta em cerca de dez minutos. Podem analisar os genes naturais e os modificados e, em seguida, determinar exatamente como esses genes se comportarão e interagirão com outros organismos (como insetos-praga) quando a planta estiver no campo.

Robb me mostrou como os agrônomos da Monsanto são cuidadosos quando plantam suas culturas transgênicas de teste — primeiro em estufas e, depois, em refúgios controlados —, e a disciplina com que monitoram essas culturas de teste. Achei o nível de especificidade notável e gratificante. Percebi que havia muito menos incerteza no processo do que imaginara. Robb e a equipe de cientistas da Monsanto também realçaram o fato de que *toda* atividade agrícola é artificial. As lavouras não existiriam sem homens arando e lavrando a terra e, mais recentemente, pulverizando herbicidas e pesticidas. Por milhares de anos, modificamos culturas agrícolas por meio do cultivo cuidadoso. Não existem lavouras "naturais", nem existem culturas "selvagens". Podemos plantar e colher culturas transgênicas, ou plantar e colher outras culturas que criamos por meio de técnicas tradicionais, sem essas modificações de alta tecnologia. Em ambos os casos, nossas lavouras são — do ponto de vista da natureza (se ela tem um) — inerentemente artificiais.

Acabei reescrevendo aquele capítulo em *Undeniable*. Na nova versão, concluí que minhas preocupações acerca do ecossistema eram um problema manejável e que os alimentos transgênicos podem ser uma parte importante da oferta futura de alimentos. Mantive-me honestamente aberto a novas informações e mudei de ideia.

Obtive um entendimento mais completo do que as técnicas de modificação realmente fazem. Os cientistas da Monsanto e de outras empresas e laboratórios descobriram maneiras de incorporar genes que habilitam as plantas a criar proteínas que são normalmente encontradas em bactérias do solo. Uma dessas proteínas visa uma praga comum, a forma larvar (lagarta) da broca de milho europeia. Se a lagarta come o milho transgênico, essa proteína se acumula e se cristaliza no estômago da lagarta, e ela morre. As brocas de milho nunca comem bactérias do solo, mas depois que os cientistas terminaram, as brocas também não podiam comer o milho. O milho foi modificado para produzir a mesma proteína fatal para as lagartas. Como as lagartas não conseguem mais comer as plantas de milho, procuram outro lugar em busca de alimento e deixam em paz a área cultivada. Isso é bom.

Porém, proteínas assassinas parecem um pouco assustadoras. Eis uma coisa importante a saber. Os produtores orgânicos pulverizam suas plantas cultivadas com uma forma líquida da mesma proteína; ou seja, a toxina *Bacillus thuringiensis* (a Bt). Trata-se de um pesticida orgânico, no sentido de que é produzido por meio de um organismo que ocorre naturalmente. A única diferença entre o produtor de alimentos orgânicos e o produtor de alimentos transgênicos é que o primeiro pulveriza o produto químico sobre as plantas, enquanto as plantas do segundo produzem a proteína sozinhas. A planta transgênica resiste melhor à broca do milho, e requer menos pulverização. A proteína se introduz em toda a planta, mas não nos afeta. Por outro lado, as brocas do milho não são só incomodadas pela proteína: elas são liquidadas. Veja, tenho mais de 60 anos. Consumo pipoca todos os dias, às vezes duas vezes por dia, e há mais de 20 anos consumo esse milho geneticamente modificado. Não estou preocupado com os OGMs, e me sinto confortado com a ideia de que os grãos foram expostos à menor quantidade de substâncias químicas.

Outra modificação genética extremamente bem-sucedida cria culturas que são impermeáveis ao glifosato, um herbicida poderoso. O glifosato é mais conhecido por seu nome comercial, Roundup, que as pessoas amam odiar. O Roundup é bastante eficaz quando se trata de matar plantas. Quando foi inventado, duas coisas aconteceram: 1) todos tinham medo dele; 2) todos começaram a usá-lo. Agricultores, jardineiros, donas de casa, todos utilizam o Roundup porque ele é muito eficaz para liquidar ervas daninhas. Porém, se o gene correto for introduzido nas culturas — soja, algodão, milho —, o Roundup poderá ser usado para liquidar as ervas daninhas sem prejudicar as culturas. O gene de resistência, de todos os organismos, foi isolado inicialmente em petúnias. É incrível. Os agricultores que plantam essas culturas "Roundup Ready" dão uma boa pulverizada nelas para se livrar das ervas daninhas. Porém, sem as culturas Roundup Ready, eles pulverizavam algum outro herbicida e tinham muito mais trabalho: revolviam a terra para expor as raízes das ervas daninhas à luz do sol e liquidá-las. Os produtores rurais precisam controlar as ervas daninhas, e o glifosato provou ser uma dádiva.

Os cientistas que trabalham em culturas transgênicas afirmam que, na realidade, pulverizar o Roundup é melhor para o meio ambiente do que os métodos tradicionais de controle de ervas daninhas. Sua explicação é que, remover a terra, seca e liquida grande parte do ecossistema natural do solo. Também dizem que, ao contrário dos herbicidas tradicionais, o glifosato se decompõe rapidamente no ambiente. Ele desaparece por completo após algumas semanas. Esforço-me para não aceitar declarações como essa sem alguma verificação; então, analisei a literatura revisada por especialistas. Li artigos e me convenci de que é verdade. A diversidade genética de micróbios e espécies de solo multicelulares (vermes, insetos, insetos larvares) é muito maior nos campos de culturas tratadas com Roundup do que nos campos revolvidos. Além disso, os compostos de glifosato são um tipo de sal que realmente se decompõe quimicamente. Nesse importante sentido ao menos, os campos tratados com Roundup são mais saudáveis do que os campos revolvidos, orgânicos, não tratados. Essa é uma consequência que eu não tinha antecipado. Essas características da agricultura transgênica também me ajudaram a mudar de ideia.

Mesmo com toda essa informação encorajadora, eu ainda tinha algumas preocupações que me roíam (broca de milho?). No meu cenário hipotético anterior, descrevi uma espécie hipotética de morcegos que não teria borboletas suficientes para consumir por causa da introdução de culturas transgênicas. Algo como o primeiro passo dessa história estava realmente acontecendo. Ao pulverizar suas culturas transgênicas com Roundup, os agricultores estavam liquidando muitas asclepias, ervas daninhas comuns que aparecem nos campos e nas lavouras. As borboletas-monarcas depositam seus ovos sobre as asclepias, e, quando as larvas incubam, alimentam-se das folhas das asclepias, e só das asclepias. Acontece que a asclepia não tolera sequer uma mínima quantidade de glifosato. Assim, os agricultores pulverizam seus campos, as asclepias desaparecem e as monarcas perdem seu hábitat. As plantas Roundup Ready são parte do motivo pelo qual a população de monarcas caiu até 80% nos últimos anos. É um exemplo didático de consequências não intencionais.

Mas há boas notícias. A população de monarcas está se recuperando. Em abril de 2015, em Minneapolis, em um encontro denominado "Monarch Venture", um grupo de ecologistas, ativistas e empresários se reuniu para tratar do drama das monarcas. Eu participei desse encontro e ouvi durante todo o dia. O mais estimulante era que todos os presentes ao evento também pareciam estar ali para ouvir. Os hippies e os porcos corporativos conversaram uns com os outros, como nerds compreensivos, e encontraram um denominador comum. Eles criaram um plano baseado na melhor ciência que tinham. Concordaram que os agricultores deixariam refúgios de asclepias ao longo das "rotas de migração" das monarcas; ou seja, rodovias naturais no céu, onde o vento sopra do sul para o norte, o que ajudaria as monarcas e os pássaros em suas migrações anuais. Os "Venturers" espaçaram os refúgios de asclepias bem perto uns dos outros para apoiar as monarcas em migração. No ano passado, a população de monarcas hibernando no México era quase quatro vezes maior do que no ano anterior. Sem dúvida, o bom tempo ajudou, mas, mesmo assim, é animador.

Ao final de todas as minhas investigações, também fiz uma verificação da realidade interna. Deixei-me influenciar por toda a atenção que tive do pessoal da Monsanto? Acho que não. Eu observei cuidadosamente. Tudo que vi na Monsanto, e tudo que aprendi fazendo bastante pesquisa adicional, revelou-me que as pessoas ali estão tentando de verdade ajudar os agricultores a melhorar sua produção. Claro que pretendem ganhar dinheiro no processo. Assim como os agricultores. Do mesmo modo que o rapaz na banca de frutas orgânicas. O incentivo financeiro não diz quem está certo e quem está errado. A maneira significativa de abordar a questão é com tudo de uma vez, de modo amplo, aberto e honesto. E foi *assim* que mudei de ideia.

Quando escrevi meu novo capítulo e anunciei que tinha revisto minha posição sobre culturas transgênicas, a comunidade científica se agitou. Ainda recebo e-mails a esse respeito. Alguns pesquisadores ficaram satisfeitos de ter-me como aliado na promoção dos benefícios dos alimentos transgênicos. Muitos outros escreveram para me dizer que acharam muito bacana que Bill Nye tivesse mudado de ideia baseado em uma reconsideração da evidência científica. Gostaram de ver que a mudança é realmente possível.

Achei desafiador abandonar minhas ideias anteriores acerca dos OGMs, mas conseguir manter a mente aberta durante todo o processo. Conversei com muitos cientistas e consultei a literatura afim, esforçando-me para evitar a seleção de evidências em relação a qualquer ponto de vista específico. Viajei para Saint Louis e Minneapolis à minha custa. Dediquei tempo e esforço, e também fiz algum exame de consciência. Tive de fazer as pazes com o pensamento perturbador de que eu estava errado. Também precisei ignorar muitas informações que eram claramente tendenciosas. Desafiar sua intuição é difícil, mas é ainda mais difícil quando há muita gente do seu lado (de sua corrente) exortando-o a não fazer isso.

Recentemente, em Manhattan, compareci a uma manifestação contra os OGMs durante a filmagem da equipe de um documentário. Fiquei impressionado, e não no bom sentido, com as opiniões ignorantes de alguns manifestantes. Tentei conversar sobre modificação genética com alguns deles, mas eles rapidamente sabotaram a discussão ou fundiram ciência e economia associada aos OGMs com diversas outras questões políticas. Em nenhum momento pareceram abertos a escutar ou mudar de opinião. Para mim, com essa atitude dura e ideológica os manifestantes pareciam ridículos. Isso, em si, não diz nada a respeito de os alimentos transgênicos serem bons ou ruins, mas fala muito dos obstáculos para a honestidade nerd. Na manifestação, muitas pessoas achavam que estavam sendo científicas, porque tinham algumas estatísticas, alguns exemplos ou argumentos que gostavam de mencionar. No entanto, mostravam-se desprovidas da perspectiva que é fundamental em ciência — elas não estavam filtrando as informações obtidas na internet, e bloqueavam de forma não crítica qualquer coisa que pudesse lançar dúvidas sobre seus pontos de vista.

Mudar de ideia não é uma ação isolada. Emerge de um hábito mental que você adota como parte de sua filosofia de vida. Quando você está testando uma nova ideia, tem de estar pronto para dizer: "Parece que isso está funcionando, mas não tenho certeza". Quando você opina sobre um assunto polêmico, tem de estar pronto para admitir: "Sempre achei que isso era verdade, mas minhas razões não são suficientes. Preciso obter mais informações, ainda que isso custe tempo e trabalho". Você tem de internalizar uma curiosidade inquieta. Ater-se a uma sensação infantil de assombro, de modo que "prove isso" não seja um desafio exasperado, mas uma abertura excitante para a descoberta. Tudo isso tem de se tornar uma maneira de pensar normal. Sua prioridade deve ser querer os fatos mais precisos e os melhores dados possíveis, em vez de ter razão acerca de sua hipótese. Muito fortemente, minha investigação sobre os OGMs me lembrou dessa ideia fundamental.

Você também deve se conscientizar da tendência humana para o viés de confirmação, que analisamos no Capítulo 18. É algo de que também falo em minhas palestras públicas. Nós fizemos todo um episódio do *Bill Nye Saves the World* sobre isso. Revisemos: digamos que você cresceu com um pai ou uma mãe que acredita em astrologia. Você também vai tender a acreditar em astrologia. Se alguém lhe mostrasse evidências de que a astrologia é besteira, provavelmente você ficaria perturbado. "Passei toda a minha vida lendo meu horóscopo, e agora você vem me dizer que não é verdade?" Sim, é o que estou lhe dizendo. Você, na certa, procuraria por contraexemplos. E diria algo assim: "Por três dias seguidos, meu horóscopo disse algo que se aplicou a mim perfeitamente". Isso é viés de confirmação: a filtragem defeituosa que deixa entrar pretensos fatos que apoiam aquilo em que você já acredita, mas bloqueia todo o resto. É necessário muito tempo para superar isso. É por esse motivo que torno a mencionar aqui. Em minha experiência como educador e também como cidadão, as pessoas precisam ficar expostas ao pensamento crítico muitas vezes antes que estejam prontas para questionar suas suposições. Você também tem de acreditar em sua própria falibilidade. Quase todos nós acreditamos ser motoristas acima da média, certo? Quem dera. Na média, somos motoristas comuns, e também pensadores comuns. Como poderia ser de outra maneira?

Mesmo em ciência e engenharia, há um grande e contínuo problema de viés de confirmação, ao qual devemos resistir continuamente. Nossos cérebros estão condicionados a ver o que esperamos ver e confiar em nossas próprias opiniões. Os físicos precisam ser cuidadosos para garantir que estão vendo uma partícula real, e não apenas um sinal que esperam ver, ostensivamente explicada por sua teoria favorita (partícula favorita?). Os pesquisadores do câncer dão um duro danado para garantir que estão vendo uma resposta real a uma nova terapia, mesmo se têm grande esperança e orgulho profissional investidos em um resultado positivo. Os pesquisadores do clima trabalharam durante décadas para garantir que os efeitos que vinham detectando eram reais. É um negócio difícil. Mesmo após muitos anos de pensamento ligado à ciência, garanto que há coisas que acredito que são totalmente erradas (mas também garanto que a seriedade da mudança climática não é uma delas; simplesmente, existem muitas evidências).

A boa notícia é que, com humildade e mente aberta, sempre é possível aprender mais. Você pode chegar a um entendimento mais honesto e preciso. Por mais que esse estilo nerd aberto possa ser contrário aos seus impulsos profundos, ele utiliza um dos melhores aspectos da natureza humana: a capacidade de acumular conhecimento e melhorar nosso estilo de vida.

Se você continuar pensando sobre as coisas do mesmo jeito que sempre pensou, e analisando as mesmas fontes que emolduram a questão da mesma e antiga maneira, continuará voltando às mesmas respostas e às mesmas suposições. Abarcar a possibilidade de mudar de ideia requer estar disposto a aceitar visões diferentes. Eu continuo sustentando que isso é muito difícil, mas, no espírito da mudança, vou pensar na mudança em si de uma nova maneira. Por que todos gostam de sair de férias? Porque querem escapar de suas rotinas. Querem conhecer uma nova região do mundo, se aprimorar em um esporte, ver pessoas que não veem há muito tempo, rever parentes, fazer novas amizades. É exatamente nisso que consiste a abertura nerd. Significa que, a qualquer momento, você está sempre pronto para fazer as malas e tirar férias das maneiras antigas como vem pensando atualmente no mundo.

Eu adoro — bem, vamos de *gosto* — sair de minha zona de conforto. É importante sair de sua bolha e ver o que está acontecendo na bolha ao lado. Isso não requer longas jornadas e planejamento antecipado; é algo que você pode fazer constantemente em pequenas doses. Não sou do tipo ligado na Fox News, mas assisto à Fox News porque preciso saber o que as outras pessoas estão pensando e vendo. Se você estiver convencido de que o outro lado não o está escutando, eis aí mais um motivo para escutá-lo e avaliar honestamente o que ele tem a dizer. Essa é a única maneira confiável de mudar de ideia, de ter a oportunidade de fazer o outro mudar de ideia e, em última análise, ter uma chance de mudar o mundo.

PARTE III

COMO MUDAR O MUNDO

CAPÍTULO 21

Você é um impostor?

Em 2010, quando assumi o cargo de CEO da Sociedade Planetária, eu não achava estar preparado para a tarefa. Lou Friedman, meu antecessor, foi um dos fundadores da sociedade e a comandou durante 30 anos. Por meu lado, eu não sabia quase nada sobre administração (que não é o mesmo que liderança) e nada sobre estrutura de organizações sem fins lucrativos. A Sociedade Planetária tinha funcionários na folha de pagamentos em licença médica e com benefícios de seguro, e eu, de repente, era responsável por todos deles. Senti uma pontada da síndrome do impostor; um medo irracional que deriva de esperar muito de si mesmo e de supor que os outros devem ser mais capazes que você. Essa é uma falha psicológica distrativa de seu cérebro, que o impede de fazer o que quer fazer. É, basicamente, pensamento autocrítico excessivamente crítico. Quanto mais nerd você for, mais suscetível você se torna a isso. Visto que você está lendo este livro, há uma boa chance de que você esteja experimentando certa forma da síndrome. E espero que todos nós aprendamos a lidar com isso.

Parte do que mudou minha autopercepção foram minhas interações com três pessoas. Uma delas é Neil deGrasse Tyson, que é membro da diretoria da Sociedade Planetária. Você já deve ter ouvido falar de Neil ou tê-lo visto apresentando a nova versão de *Cosmos*, ou escutado alguns de seus (e ocasionalmente meus) podcasts *StarTalk*. Outro cara que meu influenciou é Dan Geraci, presidente do conselho de administração da sociedade. Dan possui uma empresa de investimentos baseada principalmente no Canadá, e tem muita experiência com dinheiro e gestão de pessoal. E a terceira pessoa é Jim Bell, amigo de longa data. Jim também é presidente do conselho de administração e grande fonte de *insights*, mas o que gostamos de fazer juntos é dar boas risadas. Os três me convenceram a aceitar o cargo, e todos ainda me dão grandes conselhos, *insights* e apoio. Não sou capaz de enaltecer satisfatoriamente o valor da rede de apoio de amigos, que podem avaliar seus pontos fortes e seus pontos fracos.

Eu estava com Neil, Dan e Jim em um encontro na Grã-Bretanha, onde a Sociedade Planetária estava concedendo a Stephen Hawking o Cosmos Award for Outstanding Public Presentation of Science, prêmio em homenagem a pessoas que promovem a divulgação científica. Hawking compareceu para receber o prêmio e dedicou algum tempo para jantar conosco; sem dúvida, por causa do legado de Carl Sagan. Era um grande feito para a Sociedade Planetária, mas alguém ali poderia dizer que não estávamos tirando o melhor proveito do evento. A imprensa britânica deveria ter comparecido em peso. Alguns membros da Sociedade Planetária que foram convidados não estavam vestidos adequadamente. Tudo bem para eles, mas aquilo me deixou um pouco constrangido. Era o incrível Stephen Hawking, na incrível Oxford Library, pelo amor de Deus! Na biblioteca, a peça de mobília mais nova era do século XVII. O evento simplesmente não foi o que deveria ter sido. Não estávamos fazendo um bom trabalho para contar uma história impressionante e ambiciosa sobre aquilo para o qual todos nós nos reunimos para fazer e honrar. Meus colegas da diretoria pensavam a mesma coisa. A noite de entrega do prêmio para Stephen Hawking poderia ter sido muito mais inesquecível. Foi quando me dei conta de que a Sociedade Planetária precisava de um novo rumo, ou talvez viesse a fechar as portas.

Estudei a sociedade e concluí que era a melhor organização sem fins lucrativos com interesse no espaço da Terra, mas também percebi que eu podia trazer a perspectiva nova de que a sociedade precisava àquela altura. Assim, sob alguma pressão daqueles três amigos, decidi assumir o cargo de CEO da Sociedade Planetária. Comecei a chegar ao escritório antes das oito da manhã, todos os dias, porque havia muitas maneiras pelas quais eu queria melhorar as coisas. Sete anos depois, o lugar está transformado. Fico com o crédito disso, com a ajuda, os *insights* e o empenho de muitos outros, sobretudo Jennifer Vaughn, minha diretora de operações. Ela e eu supervisionamos a mudança de tom que, em minha opinião, foi realmente para melhor. Algumas das mudanças foram penosas. Tive de assumir a responsabilidade e mandar gente embora, e contratar pessoas com novas habilidades. E precisei aprender algumas novas habilidades sozinho, incluindo as técnicas arcanas de escrituração por partidas dobradas. Depois que entendi tudo isso, os sistemas racionalizados me permitiram controlar os custos e, em última análise, fazer mais. Com a ajuda de Lu Coffing, nossa gerente financeira de longa data, reformulei o orçamento de nossa *LightSail*, nave espacial experimental, que depende do impulso da luz solar e a primeira *LightSail* voou em 2015.

Em retrospectiva, consigo ver que esse processo foi o outro lado da moeda da percepção de que todos sabem algo que você não sabe: a percepção de que, na realidade, existiam coisas que eu sabia, mas outras pessoas não, e que havia *insights* significativos com os quais eu pude contribuir. Assim como com qualquer outro tipo de informação, o medo requer filtragem. Eu precisava fazer uma longa e difícil análise de minhas habilidades e me concentrar no que era capaz de trazer para a organização que ninguém mais estava trazendo. Então, poderia encontrar as experiências e forças interiores certas às quais recorrer, e também descobrir as melhores maneiras de falar daquilo que eu queria fazer para avançar, de modo que todos tivessem uma noção clara de aonde eu estava indo. Eu não tinha habilidades administrativas tradicionais, mas, em empregos como engenheiro, eu aprendera muito a respeito de contar com o trabalho em equipe para concluir tarefas complicadas. Os desafios orçamentários durante o trabalho no programa *The Science Guy* me ensinaram muito, também. Tudo o que eu queria era que a sociedade tivesse sucesso, e possuía uma visão clara do que aquele sucesso poderia parecer. Acima de tudo, acredito que tinha aprendido a escutar os outros e reconhecer a boa informação. Estou me vangloriando um pouco. Mas principalmente estou dizendo que todos nós temos talentos únicos, que podemos aplicar. No entanto, muitas vezes podemos ser os nossos piores inimigos quando se trata de usar toda a amplitude de nossas habilidades. Identificar com honestidade quais são seus talentos singulares lhe dá uma proteção poderosa contra a síndrome do impostor.

Se você é honesto consigo mesmo, também é mais fácil julgar se as outras pessoas são o que há de melhor. Consideremos o exemplo de Elon Musk, o muito discutido fundador da Tesla Motors e da SpaceX. Muita gente gosta dele, mas Musk também atrai muito ceticismo. No outono de 2016, eu estava no Congresso Internacional de Astronáutica, em Guadalajara, no México, quando Musk revelou planos realmente surpreendentes de enviar foguetes gigantes para Marte e construir colônias ali. Ele exibiu incríveis imagens digitais realistas. Tive de me perguntar, como alguém que ficara muito em contato com aquele pessoal de foguetes e espaço ao longo dos últimos seis anos, se acreditava que Musk era o bambambã.

Com certeza, Musk não parece sofrer da síndrome do impostor. No site da SpaceX, você pode assistir à impressionante apresentação dele em Guadalajara. Grande parte dela me pareceu irrealista. Não acho que alguém vai querer colonizar Marte mais do que alguém quer colonizar a Antártica. Uma base científica em Marte é uma coisa, com geólogos e exobiólogos indo e vindo em intervalos de poucos meses. Outra coisa bastante diferente são colonos vivendo em Marte em tempo integral, criando famílias por gerações, com obstetras e balanços. Entretanto, Musk, nesse caso, pode estar bem à minha frente. Pode ser que eu não esteja sonhando grande demais. Sem dúvida, suas ideias são inspiradoras, sobretudo para aqueles que trabalham na SpaceX e para outros fornecedores visionários de produtos espaciais. Os funcionários de Musk começam a trabalhar ao amanhecer e vão até tarde da noite. Podem ser o tipo exato de pessoas idealistas necessárias para realizar algo tão imenso.

Agora, a afirmação "Mire a Lua; se você errar o alvo, provavelmente acertará uma estrela" não faz muito sentido quando o que estamos discutindo é viagem pelo espaço exterior. No entanto, a ideia central dessa afirmação é que você nunca sabe o que atingirá se sonhar grande, e, com certeza, esse é o caso aqui. À medida que trabalha com esses objetivos, o pessoal da SpaceX já está realizando coisas muito ambiciosas. A empresa possui o que parece ser a grande ideia de reutilizar a metade inferior de seu foguete *Falcon 9*. Após o lançamento, o primeiro estágio retorna à Terra e aciona seus motores novamente para realizar um pouso suave e perpendicular. A SpaceX promoveu alguns voos de teste instáveis, mas agora consegue pousar esses estágios com grande precisão (quase sempre). O plano é utilizar os primeiros estágios repetidas vezes, o que deve tornar o lançamento de foguetes muito mais barato. Os engenheiros da SpaceX imaginam um propulsor capaz de ser reutilizado cerca de doze vezes, mas ninguém tem certeza de que isso seja factível. A empresa oferecerá um desconto para algum cliente colocar seu satélite em órbita por meio de um foguete cujo estágio inferior acumula sua décima ou décima primeira utilização? Nesse momento, a quantidade de reutilizações plausíveis é baixa e o custo de qualquer insucesso é alto, o que limita a economia de custo. Esse equilíbrio pode mudar com mais desenvolvimento e mais experiência. Por exemplo, se a parte inferior revelar algum vazamento após alguns lançamentos, isso será catastrófico. Se isso nunca acontecer, será incrível. Quando um fogue-te falha, o insucesso é geralmente explosivo e completo.

Exceto pelo ônibus espacial, cujos custos eram estratosféricos, nin-guém tentou utilizar o mesmo foguete várias vezes. A SpaceX tentará, e fi-cará cada vez melhor nisso. Isso significa que a SpaceX sabe como enviar pessoas para Marte? Ainda não. O que acho que Musk pode não estar abor-dando completamente é o fato de quão hostil Marte é. Além do mais, ques-tiono a afirmação de Musk de que precisamos ser uma espécie de dois planetas para garantir a nossa sobrevivência. Se algo catastrófico acontecer com a Terra, vamos recorrer a Marte como nosso lugar seguro para fuga e reconstrução? Acho que é muito mais fácil e muito mais prático proteger e preservar a Terra.

Avaliando todo o exagero em relação aos feitos reais, retorno à minha pergunta: Musk é um impostor? Definitivamente, meu impostômetro diz que não. Ele criou a SpaceX a partir do zero e, agora, está concorrendo ha-bilmente com a Boeing e a Lockheed Martin. Comanda a primeira empresa a ter pousado um foguete em segurança após o lançamento. Não está arran-cando dinheiro de ninguém para financiar seus sonhos marcianos. Sou cé-tico quanto a se Musk será capaz de alcançar todas as coisas grandiosas que quer fazer, mas ele mostrou que pode progredir através da pirâmide do pro-jeto do início ao fim, fazendo aquilo que ninguém fez antes. O cara é o que há de melhor.

A síndrome do impostor total — o fenômeno documentado inicialmente pelas psicólogas clínicas Pauline Clance e Suzanne Imes, em 1978 — pode ser um distúrbio debilitante. Não pretendo tratá-lo de maneira leviana. Mas, como aprendi de minha experiência na Sociedade Planetária, uma for-ma mais branda de síndrome do impostor não é algo inteiramente ruim. Se você se sentir muito inseguro, terá muita dificuldade para liderar alguém; se sentir-se pouco inseguro, poderá cair na autoilusão e na autoconfiança excessiva. Equilibrar o impostor corretamente requer a filtragem do medo, de modo que você mantenha as coisas em proporção. É um processo de aprendizado contínuo. Isso me faz lembrar de um conselho que o apresen-tador de tevê Tom Bergeron (provavelmente, você o conhece de *America's Funniest Home Videos* and *Dancing with the Stars*) me deu: "Converta seu nervosismo em excitação". No teatro, diante de um microfone, dirigindo uma pequena organização sem fins lucrativos ou em qualquer lugar da vida, uma certa quantidade de medo significa que você está assumindo um risco, está se desafiando.

Há outra advertência maravilhosa relativa aos atores de teatro e cinema: "Se você não fica nervoso mais, é hora de parar". O nervosismo significa que você está embarcando em algo ousado e importante. Quando você sente medo, sabe que está no rumo certo. Deixe o medo tomar conta, depois dedique algum tempo para se tranquilizar e perceber que você pode fazer aquilo, que pode lidar com aquilo. Se for necessário, anote alguns de seus feitos favoritos que antecederam esse momento de insegurança. Não é preciso que sejam atos notáveis. Talvez você tenha se divertido em uma peça na escola do ensino médio, ou talvez seu amigo Rusty tenha escrito que você era magistral. E você confiou em seu julgamento. (Isso aconteceu... comigo.)

Se você for realmente bom em internalizar e superar o medo, as pessoas talvez nunca venham a saber o que você sente. Consideremos James Cameron. Ele atingiu o fundo do mar em seu submarino de 23 milhões de dólares chamado de *Deepsea Challenger*. Cameron queria fazer boa ciência, mas também demonstrar sua capacidade. E, claro, **queria ir** porque era um explorador e o mar exercia um fascínio de longa data nele. Ao longo do caminho, Cameron enfrentou alguns momentos assustadores: tenho certeza de que a dúvida tomou conta dele quando seu submarino se soltou dos cabos de amarração com o navio, e quando ele ouviu um barulho muito alto no momento em que a pressão esmagadora do lado de fora do submarino golpeou sua escotilha principal. Muitos demonstraram ceticismo acerca de seu projeto, porque achavam que Cameron era apenas um diretor de cinema. Depois do lançamento de *Titanic*, ele, de forma memorável, se proclamou "rei do mundo", mas aquele era o mundo do cinema. No mundo da exploração submarina, ele era relativamente desconhecido.

Então, Cameron decidiu se pôr à prova de novo. Projetou seu submarino a partir do zero, e estava sozinho ali embaixo. Ele pousou no Challenger Deep — um ponto 11 quilômetros abaixo do nível do mar — com muito mais cuidado que a Marinha americana em uma missão exploratória em 1960; ele não levantou enormes nuvens de lodo. Algo fascinante que Cameron descobriu é que a poucos quilômetros de distância, onde o mar é apenas 30 metros menos profundo, há uma abundância de vida. Porém, onde o *Deepsea Challenger* se assentou, não há praticamente nada vivo. De algum modo, quando o fluxo da água se dirige para a parte mais profunda das regiões abissais, a água fica privada de tudo que a vida precisa: oxigênio, nutrientes e minerais do tipo apropriado. Nunca teríamos tomado conhecimento desse fato notável se James Cameron não tivesse decidido que ele era tanto um explorador quanto um cineasta. Ele fez grande ciência ali embaixo e trouxe uma nova perspectiva e visibilidade para o trabalho.

Mesmo se você nunca tentou explorar o fundo do mar ou construir uma nave espacial para Marte, há dois tipos de síndrome do impostor com que quase todos nós lidamos, e que é absolutamente essencial superar. Em primeiro lugar, há a pergunta: "Estou só fingindo ser uma boa pessoa?". Escuto isso o tempo todo, e reflito a respeito. As pessoas se perguntam se estão tentando fazer o bem por motivos essencialmente egoístas. Eu defendo as vacinas por um bem maior ou só para manter meu filho a salvo? Apoio a energia renovável só porque é a maneira mais fácil de não me sentir culpado em relação ao meu estilo de vida confortável? Faço doações para um fundo dedicado à defesa da água limpa no mundo em desenvolvimento principalmente para abatimento fiscal?

Ao adotar a abordagem tudo de uma vez, você pode dissipar tais sentimentos de impostor. Pouco a pouco, você passa a reconhecer que as coisas que o beneficiam também beneficiam os outros ao seu redor. A redução de doenças infecciosas, a desaceleração da mudança climática e a construção de infraestrutura no mundo em desenvolvimento contribuem para os bens comuns globais. Em longo prazo, ser egoísta e ser desprendido o levam a lugares semelhantes. Ninguém quer a pobreza. Quando as pessoas são pobres, são muito mais propensas a cometer crimes, contribuem menos para a economia geral, sofrem mais doenças. No Chade, a pobreza extrema exerce uma grande influência na saúde. Nesse país, a expectativa de vida média é de apenas 50 anos. Você quer que todos tenham um padrão de vida decente. Mesmo se você for um canalha egoísta, há de querer que todos tenham uma qualidade de vida elevada para que melhorem a sua. A melhor solução pode não ser a mais fácil, mas é, em última análise, do interesse de todos. É por isso que falo de mudar o mundo para *nós*. No bom projeto, todos ganham.

Então, há a segunda forma de síndrome do impostor; talvez a mais comum de todas. É o sentimento de que os problemas do mundo — pobreza, doenças, mudança climática — são tão grandes, e as soluções, tão complicadas e hercúleas, que parece absurdo presumir que podemos de fato solucioná-los. É fácil sentir-se presunçoso mesmo na tentativa; é fácil desistir e pensar: não sou mesmo uma boa pessoa porque não estou enfrentando a dura realidade. É o outro lado da moeda de ser um impostor real. Quando esses sentimentos ocorrerem, lembre-se de um dos grandes dons da honestidade nerd. Analisar tudo de uma vez não significa que você tem de solucionar todos os problemas de uma vez. Encaremos esse fato: isso não vai acontecer. O que você pode fazer, porém, é aplicar um padrão rigoroso às suas ações. Você pode superar o medo de ser um impostor ou de estar além de suas capacidades. Suas ideias favorecem seus interesses próprios favorecendo o bem comum? Uma resposta positiva pode emergir tanto dos pequenos atos como dos grandes. Suas respostas não precisam corresponder a algum padrão absurdamente opressivo; apenas a um cuidadosamente considerado.

Como você sabe, eu gosto de aprender novas palavras. Eis uma especialmente pertinente que Corey Powell apresentou para mim: *"neltiliztli"*. É um termo asteca, que significa "bem enraizado, autêntico e verdadeiro". Era a diretriz dos astecas de como levar uma vida boa em um mundo incerto, em uma Terra perigosa às vezes, não procurando poder ou afirmação, mas dando o melhor de si para estar em equilíbrio com seu ambiente. Os astecas — uma sociedade que a maioria de nós, no Ocidente, não associa com ciência — criaram uma expressão bela e sucinta para a honestidade nerd. A solução em relação a se sentir um impostor é ser autêntico, e o caminho da autenticidade é o caminho para um mundo melhor.

CAPÍTULO 22

Quão alto você pode ir?

Alguns anos atrás, trabalhei como consultor para a General Motors. Tinha feito um acordo de que eu dirigiria o EV1, o primeiro carro elétrico da GM, em troca de fazer algumas aparições públicas e compartilhar meu *feedback* com os integrantes dos projetos de baixas emissões da empresa e com o pessoal de relações públicas. Eu queria fazer minha parte em ajudar a mover o mercado para os veículos de zero emissão, e estava bastante curioso do que ouviria nos bastidores. Em uma reunião, um gerente começou sua apresentação com a seguinte afirmação: "Queremos que nossos caminhões leves sejam 50% recicláveis". Bem, aquilo me tirou do sério. Minha reação imediata foi: "Não, não, não! Você quer que seus caminhões sejam 100%. *Esse é* o objetivo".

Para mim, foi um momento louco. Quase nem me lembro do resto daquela reunião, mas ainda guardo aquela sentença na cabeça. Era como se o gerente estivesse dizendo: "Sem dúvida, espero tirar um C nessa matéria". Ali estava ele, em uma sala cheia de gente brilhante e esforçada, que avançara pela mata fechada da filtragem, do *timing*, da insegurança e assim por diante, só para ficar completamente emaranhada na confusão das realidades de curto prazo, em contraste com os objetivos de longo prazo. Se você quiser mudar o mundo — e criar um carro elétrico moderno e prático é, e sem dúvida era, um passo nessa direção —, precisará manter essas duas coisas muito claramente separadas. Nada de definir uma realização medíocre como seu destino final. Tudo bem falar em pequenos passos, mas eles devem ser dados para a obtenção de um grande objetivo.

Foi desanimador ver esse tipo de confusão na General Motors, mas para mim foi ainda pior perceber isso acontecendo na boa e velha National Aeronautics and Space Administration [NASA — Administração Nacional da Aeronáutica e do Espaço]. Ali, o problema corre na direção oposta: nenhuma falta de imaginação nos objetivos de longo prazo, mas expectativas irrealistas no curto prazo. Na Sociedade Planetária, estamos na mala direta de muitas organizações espaciais e aeroespaciais. Em intervalos de poucas semanas, ou mesmo de poucos dias, recebo e-mails cheios de grandes expectativas do escritório de informações públicas da NASA. As mensagens são elaboradas para pedir ideias ou propostas para um novo empreendimento patrocinado pela NASA, e, em geral, são assim: "Essa solicitação procura propostas para desenvolver tecnologias espaciais únicas, disruptivas ou transformacionais, atualmente em níveis baixos de disposição tecnológica, que possuem o potencial de conduzir a melhorias drásticas em nível de sistema. Especificamente, as propostas devem abranger um dos seguintes..."

Únicas! Disruptivas! Transformacionais! Não é de jeito nenhum como ocorre o progresso tecnológico real, e se alguém sabe disso são os cientistas e os engenheiros da NASA. O progresso real se desenvolve pouco a pouco, pequena melhoria após pequena melhoria, com um objetivo final claro e ambicioso em mente. As expectativas de transformação imediata e radical são uma via expressa para a decepção e os becos sem saída. Não facilitam os objetivos de longo prazo; frequentemente, impedem que aconteçam. Tenho certeza de que os pesquisadores e inventores da NASA têm plena consciência disso. Acontece que há uma estrutura administrativa tentando desesperadamente promover grandes avanços forjando um projeto impressionante com muitos jargões corretos e solicitações por e-mail de tirar o fôlego. É o comportamento de uma agência espacial que procura atalhos e que sente a pressão de ter de desempenhar além de seus recursos.

Há uma analogia com o beisebol muito boa. O técnico diz: "Aqui está o taco. Agora, vá ali e consiga um *home run*".* Não é fácil. Caso contrário, todos fariam isso o tempo todo. Mesmo rebater uma bola arremessada é bem difícil. Rebatê-la para fora do estádio é dificílimo. Provavelmente, na NASA, esse pensamento disruptivo, do tipo consiga um *home run*, é um

---

* Compara-se ao gol no futebol. Consiste em rebater a bola para além dos limites do campo de jogo. Proporciona para a equipe de um a quatro pontos. (N. T.)

remanescente da era *Apollo*. Naquela época, o orçamento da agência alcançava pouco mais de 4% do orçamento federal americano. É uma quantidade imensa de recursos para qualquer programa. A NASA nadava em dinheiro, tinha uma força de trabalho jovem e talentosa e possuía uma diretiva firme de colocar homens na Lua. O progresso ainda acontecia de forma incremental, mas tantas inovações aconteciam tão rapidamente que muitas vezes parecia um sucesso de um dia para o outro, sobretudo em retrospectiva.

Hoje, o orçamento da NASA é de cerca de 0,4% — essa fração é menos de um décimo do que o orçamento da agência foi outrora em comparação com o orçamento federal —, e sua declaração de missão carece da clareza que tinha antigamente. Pode ser que os administradores, sobretudo os mais antigos, conservem expectativas elevadas, em consonância com os recursos que a NASA tinha em seu auge. Mais provável, porém, é que o problema seja mais profundo e mais amplo. Em geral, acho que os gerentes dos programas entendem que as expectativas não são realistas, mas sentem que não têm escolha senão cooperar. Essa situação está longe de ser exclusiva da agência espacial. Se um músico possui um sucesso, a gravadora quer saber quando o próximo sucesso estará pronto. As empresas e as pessoas alcançam uma reputação por causa da inovação e, então, a pressão aumenta para que as inovações continuem acontecendo. Há investidores, amigos ou comissões do Congresso (no caso da NASA) a serem satisfeitos. Se você estiver em perigo de perder algo de seu financiamento, a pressão ficará ainda maior. E se você não conseguir entregar, a pressão sobre sua próxima grande promessa crescerá ainda mais.

É onde as coisas ficam complicadas para todos nós que queremos mudar o mundo. Se você der um passo maior do que a perna, não será capaz de realizar o que planejou. Por outro lado, se fizer planos muito pequenos, como o daquele gerente da GM, você jamais alcançará muita coisa.

Se você não percebeu, tenho uma grande agenda para meus planos de mudar o mundo. Quero recriar nossa rede de transporte, resolver a mudança climática, reduzir a pobreza drasticamente e melhorar amplamente a saúde humana. Ter um programa espacial robusto pode parecer um projeto secundário em comparação com tudo isso. Eu defenderia, com ênfase, o contrário. A exploração espacial fixa objetivos desafiadores, que nos ajudam a alcançar todos os outros. Também nos obriga a pensar com muita clareza a respeito de como chegar a esses pontos finais grandiosos, e aborda a confusão entre curto prazo e longo prazo que impede o planejamento do tudo de uma vez — quando isso chega à fase da ação. E, admitirei, meu interesse também é, em parte, pessoal. Sou um entusiasta do espaço. Acredito no poder transformador da exploração do universo. Foi como acabei como CEO da Sociedade Planetária, onde copiamos muito do que a antiga NASA era... e esperamos salvar algo da nova NASA de si mesma.

Muitas vezes digo que, em todo o mundo, NASA é a maior marca que os Estados Unidos têm. O acrônimo "NASA" é quase uma expressão abreviada para engenharia brilhante, para alegria do conhecimento científico, para a possibilidade de visar a Lua — de verdade — e chegar ali dando todos os passos espantosamente difíceis ao longo do caminho. A agência está cheia de grandes cientistas e engenheiros; mesmo os gerentes e chefes, por mais que muitos deles me causem preocupação, são únicos. Nenhuma outra organização na Terra consegue fazer o que a NASA faz. Não obstante, há claramente uma pressão auspiciosa do tipo *home run* em ação. Há muitos anos, a agência promoveu a viagem tripulada para Marte baseada em foguetes que não existem e em tecnologias de suporte à vida que não foram desenvolvidas. Muito mais importante, nada disso recebeu financiamento para desenvolvimento. Até agora, a viagem consiste mais de belas imagens gráficas do que de equipamentos reais.

No entanto, pense por um momento o que significaria ter a NASA posta em ação de novo, com planos de curto e longo prazos trabalhando juntos em harmonia. Pense no que uma viagem a Marte de verdade poderia fazer pela humanidade. Poderia responder à pergunta mais empolgante da ciência planetária: estamos sozinhos no cosmo, ou existe vida no universo além da Terra?

Se encontrássemos evidência de vida em Marte — ou, ainda mais estranho, algo ainda vivo ali —, isso transformaria a maneira pela qual pensamos sobre a vida aqui na Terra. Estremeceria e abalaria as crenças filosóficas e religiosas das pessoas. Estimularia a educação científica. Quase certamente afetaria a medicina, a biotecnologia e a ecologia. Promoveria todas as maneiras pelas quais queremos mudar o mundo. Mas acho que a maior coisa que faria seria nos mudar. Diria para nós que não estamos sozinhos no universo.

Afirmo que essa descoberta seria tão profunda e mudaria o mundo tanto quanto a prova de que a Terra é redonda, e não plana, ou de que as estrelas são outros sóis. A descoberta de vida mudaria a maneira pela qual cada um de nós pensa a respeito de ser uma coisa viva no cosmo. Esse é o objetivo de longo prazo que a NASA deveria estar visando.

Possuímos os meios para isso, e não temos nenhuma escassez de arquiteturas de sistemas e planos. Faltam-nos, isso sim, *bons* planos executáveis que preencham os princípios do *design* e planejamento nerds, executados através de todas as escalas de tempo. Pelo menos, estamos nos encaminhando para um início decente. Nossos robôs marcianos — *Sojourner, Spirit, Opportunity* e *Curiosity* — são incríveis e transformaram a maneira pela qual pensamos em Marte. O vindouro rover *Mars 2020* será mais capaz ainda, com visão de radar e a capacidade de examinar compostos orgânicos. No entanto, essas máquinas, ainda que sejam construídas por nossos melhores construtores de robô, pilotadas por nossos operadores de robô mais habilidosos e orientadas por nossos melhores cientistas planetários, não são suficientes.

O que precisamos mesmo é enviar pessoas. Elas receberão treinamento científico, com certeza, mas, de fato, serão exploradoras. Quando enviamos pessoas para território desconhecido, duas coisas acontecem. Primeiro, elas fazem descobertas. Segundo, têm uma aventura diferente de qualquer uma antes. Quando as pessoas estão em órbita ao redor de Marte ou caminham sobre esse planeta, todos na Terra compartilham essas experiências. Estima-se que aquilo que nossos melhores robôs levam uma semana para fazer, um explorador humano (adequadamente trajado e equipado) pode fazer em cinco minutos. Se houver vida em Marte, ou um bom lugar para ir procurar vida, os astronautas encontrarão em pouquíssimo tempo.

Sendo assim, por que não começamos? De novo, é um problema de curto prazo e longo prazo. De certa forma, a humanidade já começou a procurar vida em Marte algumas vezes, mas sempre foi uma visão de muito longo prazo e falta de apoio suficiente em curto prazo. O governo Bush — o primeiro, do Bush pai — desenvolveu um plano denominado Space Exploration Initiative que enviaria seres humanos para a Lua e, mais à frente, para Marte. Tinha um cronograma incerto e um custo estimado de 500 bilhões de dólares (em moeda de 1989, ainda por cima) ao longo de duas décadas. Em 2004, o segundo presidente Bush propôs uma versão atualizada, o Vision for Space Exploration, que desembarcaria seres humanos em Marte em 30 anos. Ele gerou um programa real denominado Constellation, que devia criar uma nova geração de foguetes gigantes. Mas nenhum desses planos acabou indo a algum lugar. Foram inícios sem um fim, sem nenhuma estratégia de longo prazo.

Houve uma suposição prolongada de que, uma vez que o projeto da NASA começasse, o Congresso encontraria maneiras de financiá-lo; o custo que se danasse. Na realidade, o Congresso deu uma olhada e declarou o plano de Bush morto na chegada. Em 2008, após assumir o governo, o presidente Obama cancelou o projeto Constellation, e o segundo plano para Marte também foi suspenso. Obama foi responsabilizado pelos entusiastas da exploração espacial por desistir do Constellation, mas a verdade é que o projeto nunca foi financiado oficialmente. Não se pode iniciar a produção de foguetes sem um plano para construí-los. Como Ned Nye ensinou a mim e aos meus irmãos quando éramos crianças: é bom ter iniciativa, mas você também precisa terminar o que começa.

Percebo que parte de meu trabalho na Sociedade Planetária é ajudar a NASA a desenredar sua confusão entre curto prazo e longo prazo e propor um plano realista e mais bem equilibrado para fazer coisas importantes. Há alguns anos, propusemos um programa que permitiria que a NASA tanto procurasse vida em Marte com os atuais níveis de financiamento como realizasse seus objetivos principais em um prazo politicamente significativo; ao longo do período de duas eleições presidenciais, por exemplo, em vez de vinte ou trinta anos. Agora temos esse plano.

Começamos com esta ideia: para manter os custos baixos e o apoio político alto, precisamos utilizar o que já temos; ou seja, a tecnologia espacial existente da NASA e as empresas privadas de foguetes. O foguete do Space Launch System, da NASA, está bem adiantado em seu desenvolvimento e teste. A SpaceX possui o *Falcon Heavy* a caminho, e outra empresa, a Blue Origin, recentemente anunciou um concorrente denominado *New Gleen*. Não vamos recomeçar com novos veículos de lançamento (foguetes). Aprendi isto com a minha experiência com o EV1, da GM: nada de objetivos medíocres. Mas também aprendi isto com o fracasso dos planos prévios da NASA em relação a Marte: nada de desejo de *home run* absurdo. Nenhuma exigência imediata por grandes avanços "disruptivos".

De início, nossa equipe da Sociedade Planetária sugeriu uma arquitetura que não exigia nenhum aumento real no orçamento da NASA. O orçamento, como o de qualquer outro programa federal, só deveria ser corrigido periodicamente pela inflação. Meus amigos, essa é uma ideia radical na comunidade de exploração de Marte. Em segundo lugar, fixamos uma data rígida para o pouso de homens em Marte: 2033. Em terceiro lugar, começaremos com seres humanos em órbita ao redor de Marte, em vez de pousarem direto na superfície. É como fomos para a Lua. Seres humanos orbitaram na *Apollo 8* antes do pouso da *Apollo 11*. Em Marte, o pouso humano só vai acontecer seis anos terrestres depois, em 2039. A Sociedade Planetária publicou essas ideias em um estudo de 2015 intitulado *Humans Orbiting Mars*, que incorporou contribuições de mais de setenta especialistas do Jet Propulsion Laboratory e outros líderes em voo espacial.

Para arcar com os custos da missão, propusemos que a NASA, por contrato, se desfaça da International Space Station [ISS — Estação Espacial Internacional] em 2024, o que economizaria ao menos 3 bilhões de dólares por ano. Há outras agências e organizações que expressaram interesse em assumir o controle da operação da ISS. Todo esse dinheiro novamente disponível poderia ser redirecionado para iniciar missões do tipo trampolim na Lua, se necessário, e através do espaço cislunar. Adoro esta palavra: "cislunar". Significa todo o espaço entre a Terra e a Lua (literalmente "deste lado" da Lua), incluindo pontos fixos na órbita lunar, que podem ser locais muito valiosos para pesquisa astronômica. Fizemos as contas e consideramos que há uma arquitetura de missão que funcionaria. Em 2033, poderemos colocar seres humanos em órbita ao redor de Marte sem aumentar o orçamento da NASA.

Enquanto pensamos em redirecionar a NASA, eu sustento que seria uma grande melhoria — embora politicamente muito difícil — se convertêssemos os oito centros da NASA no que se denominam centros de pesquisa e desenvolvimento financiados de forma federal. Isso tornaria esses centros quase independentes, com o poder de demitir pessoal, o que poderia trazer boas mudanças para todos os envolvidos. É como funciona o Jet Propulsion Laboratory, em Pasadena, operado junto com o Caltech; também é como o Applied Physics Laboratory [Laboratório de Física Aplicada], perto de Baltimore, operado pela Universidade Johns Hopkins, é constituído. Não se trata de coincidência que esses dois laboratórios tenham sido os responsáveis por algumas das missões recentes da NASA mais renomadas, incluindo os rovers *Spirit*, *Opportunity* e *Curiosity*, em Marte; a sonda *Cassini*, em Saturno; a sonda *Dawn*, nos asteroides Veste e Ceres; a sonda *Messenger*, em Mercúrio; a sonda *Juno*, em Júpiter; e o voo de passagem da sonda *New Horizons* por Plutão.

A Sociedade Planetária não pode dizer à NASA ou ao presidente do Congresso o que fazer, mas espera que o relatório *Humans Orbiting Mars* sirva como diretriz. A exploração espacial é maravilhosamente apartidária;

não possui agenda além da descoberta, e empolga a todos independentemente da preferência política. O maior obstáculo é a percepção de que se trata de um luxo com pouco benefício prático. Estou trabalhando nisso. De vez em quando, eu e diversos membros da Sociedade Planetária vamos para Washington. Durante um dia inteiro, nós nos reunimos com membros do Congresso. Mostramos para eles o valor da exploração espacial para a ciência, tecnologia e educação. Explicamos nosso plano sistemático. Acima de tudo, expomos as descobertas notáveis que nos esperam em Marte e além. Certa noite, a Sociedade organizou um encontro de membros e apoiadores na Mott House, a um quarteirão do Capitólio. O congressista Adam Schiff, cujo distrito inclui o Caltech, juntou-se a nós e saudou o grupo. O estado de ânimo era de apoio. Veremos. Estamos fazendo tudo o que podemos para aumentar a nossa influência.

Também devo dizer que, por mais que acredite na procura de vida em Marte, esse não é o único lugar onde podemos embarcar em novas aventuras de expansão de fronteiras, como aquelas que tornaram a NASA tão inspiradora em seus primeiros tempos. Já mencionei a *LightSail 2*, nave espacial experimental impulsionada por luz solar, que foi desenvolvida e construída pela Sociedade Planetária. A NASA possui duas missões inspiradoras sendo planejadas. Recentemente, fui ao Cabo Canaveral assistir ao lançamento do *OSIRIS-REx*. (Corresponde a Origins, Spectral Interpretation, Resource Identification, Security-Regolith Explorer... Sério!) Em 2018, a sonda visitará o asteroide Bennu e retornará à Terra com algumas amostras. Bennu é composto de alguns dos materiais mais primitivos do sistema solar. Também está em uma órbita que o traz para muito perto da Terra de vez em quando. A sonda *OSIRIS-REx* permitirá que os cientistas aprendam muito mais sobre as origens de nosso planeta e do resto do sistema solar. A missão coletará dados e testará tecnologias que serão fundamentais no caso de virmos a precisar defender nosso planeta de um asteroide em aproximação. A NASA também planeja fases para uma missão a Europa, a gigantesca lua coberta de gelo de Júpiter. Sob sua crosta congelada, Europa possui um oceano com duas vezes o volume de toda a água da Terra. É outro lugar fascinante para se procurar vida. Se tudo correr bem, isso poderá acontecer em meados da década de 2020. A NASA ainda poderá inovar com os melhores quando a burocracia sair do caminho e os visionários puderem definir, satisfazer e planejar as estratégias de curto prazo e longo prazo.

Todas essas missões e esses conceitos de missão são importantes não apenas porque expandem as fronteiras da engenharia, mas porque expandem as fronteiras da imaginação. São os empreendimentos nerds fundamentais relativos à mudança de perspectiva. Já mencionei as implicações de virmos a encontrar vida em outro lugar do universo. Mas e se não encontrarmos? E se continuarmos procurando e voltarmos com nada? Também seria extraordinário. De qualquer modo, a resposta dirá algo profundo acerca de nosso lugar no universo: somos parte de uma rede de vida cósmica ou somos algo singular e único? Se realmente parecer que estamos sozinhos, isso torna o ato de tomar conta de nosso planeta ainda mais pungente e profundo.

Ainda ouço a pergunta o tempo todo: como podemos gastar dinheiro na exploração espacial quando há tantos problemas aqui na Terra? Eu entendo, mas é o seguinte: os problemas estão todos interligados. Os engenheiros da GM e os da NASA estão lidando com os mesmos problemas; não apenas as mesmas questões conceituais de pensamento de curto prazo *versus* de longo prazo, mas muitos dos mesmos problemas técnicos referentes ao projeto de bateria, aos sistemas de controle, à navegação autônoma, e assim por diante. Não se trata de coincidência que as duas empresas principais de Elon Musk sejam a SpaceX e a Tesla; ele enxerga a conexão claramente. Se conseguirmos alcançar mais ao procurar vida em Marte, também conseguiremos mais ao desenvolver energia limpa, combater a pobreza e reimaginar os deslocamentos aqui na Terra. Vamos nessa!

A tragédia dos acidentes de trânsito

Como praticamente todas as pessoas do mundo que dirigem, eu me envolvi em algumas colisões ao longo dos anos. Até agora, em nenhum acidente grave, mas quando algo acontece, não consigo evitar a reflexão sobre a ineficiência maluca de todo o negócio. Eu arranco, observo o trânsito, e alguém bate na minha traseira; um sujeito passa o semáforo vermelho e bate na extremidade dianteira esquerda de meu fusca; ou um carro colide contra um táxi em que estou. Dirijo perto, sem dúvida muito perto, do sujeito na minha frente. Quase evito bater no carro dele, mas levo uma batida na traseira, e meu carro é empurrado com força contra o para-choque dele. Todas essas coisas aconteceram, e todas elas me fizeram pensar no quão estranho é o fato de empregarmos tanto esforço de engenharia para melhorar um sistema que basicamente é tão ineficiente: todos esses veículos, em todas essas vias de circulações.

De um ponto de vista, o arranjo que temos agora é muito melhor do que aquele que tínhamos há dois séculos. Afinal de contas, deslocamos muitos de nós para muitos lugares a praticamente qualquer hora do dia e em quase qualquer condição meteorológica. Os carros são muito mais rápidos e mais confiáveis do que cavalos, e não cobrem nossas ruas com esterco. Muitos projetos meticulosos e obras de engenharia entraram em todas essas vias de circulação, veículos, sinais de trânsito, e assim por diante. Mas de outro ponto de vista, a maneira como fazemos as coisas é simplesmente maluca. Observe como um carro é grande em comparação com seu motorista. Note como uma rua é larga em comparação com uma calçada. E veja todos esses motoristas especialmente treinados, no comando de equipamentos pesados, e se deslocando em altas velocidades. Quanto da infraestrutura de transporte atual seria do jeito que é se estivéssemos começando do zero? E se adotássemos uma abordagem de quadro geral e de tudo de uma vez, e permitíssemos que os nerds reestruturassem isso a partir da base da pirâmide até o topo, enfocando a segurança e a eficiência? O quão melhor eles poderiam fazer? Tenho a sensação de que eles poderiam fazer muito melhor. Em breve, acho que farão.

Nosso atual sistema de transportes possui o que os engenheiros civis chamam de alto "nível de serviço" (capacidade de ir de lugar para lugar e de porta a porta), usando carros e caminhões nas vias de circulação, mas só enquanto não introduzirmos muitos veículos, e enquanto nada der errado. O problema com muitos veículos é óbvio: a necessidade de espaçamento adequado entre carros, os atrasos criados quando fluxos de tráfego se cruzam em entradas e saídas de uma rodovia e os indesejáveis fluxos mais rápidos e mais lentos causados por veículos se movendo em velocidades não compatíveis conspiram para reduzir a velocidade das vias de circulação. E se você quiser realmente estragar tudo em uma rua ou rodovia, nada como uma colisão. As colisões ocorrem o tempo todo, em geral porque motoristas falíveis, como você e eu, estão envolvidos. Tudo bem, ninguém como *você* se envolve alguma vez; você é um motorista acima da média, que dirige muito bem, mas diariamente se vê cercado por motoristas estúpidos dirigindo aqueles outros carros. Eu sei, eu sei, é seu fardo a suportar.

No entanto, as estatísticas são preocupantes. Só em 2015, 38.300 pessoas perderam a vida nas estradas americanas. Outros 4,4 milhões se feriram. Você talvez conheça alguém que morreu em um acidente de carro. Quase certamente conhece alguém que se feriu em uma colisão. Você mesmo pode ter se ferido. Com esses ferimentos, chegam as contas hospitalares, as ações judiciais, a perda de produtividade e, acima de tudo, a angústia pessoal. Coisas que é melhor evitar. Essa é a consequência previsível de colocar centenas de milhões de pessoas na direção de mísseis viários ambulantes de metal e vidro, com restrições apenas limitadas para impedi-las de fazer algo verdadeiramente estúpido (como dirigir alcoolizado ou cansado, ou apenas não olhar para o caminho enquanto sintoniza o rádio ou mexe no celular). Todos nós partilhamos os custos e a aflição.

Com tudo isso, ainda é notável que o sistema atual funcione tão bem. A principal razão envolve a adoção da física fundamental. É um tributo aos engenheiros nerds, que geralmente dão o melhor de si, não obstante os erros grosseiros presentes em alguns ferros-velhos como o Ford Pinto e o Chevrolet Vega, que critiquei anteriormente. As pessoas ainda batem seus carros como sempre bateram, mas, atualmente, em geral escapam com vida dos destroços. Via de regra, há décadas, a taxa de mortalidade em acidentes de carros é declinante, porque diversos engenheiros trabalharam zelosamente dentro das restrições de nosso sistema para tornar os automóveis mais seguros em caso de acidentes. O que faz com que se possa sobreviver a muitas colisões é nosso entendimento da energia e de como podemos redistribuí-la pelo carro. Você talvez tenha ouvido o termo "região de deformação". Refere-se à parte do veículo que é projetada para literalmente se deformar em um acidente. Do mesmo modo que precisamos de bastante força para esmagar uma lata de cerveja, é necessária muita energia para deformar as extremidades de um carro. Os carros e os veículos utilitários esportivos (suvs, também conhecidos como caminhões para a família) foram projetados com regiões de deformação, que absorvem a energia do impacto que, de outra forma, seria transmitida para o motorista e os passageiros. Para compreender o quão bem isso funciona, recomendo que você dê uma olhada no processo em ação.

Se você ainda não examinou isso, procure na internet o vídeo do teste de impacto de um Chevrolet Bel Air 1959 contra um Chevy Malibu 2009. (Você pode encontrá-lo com facilidade no YouTube.) Ele mostra uma colisão frontal, em que o lado do motorista de um carro se choca contra o lado do motorista do outro. Muitos de nós sentem saudade dos bons e velhos tempos do que pareciam ser carros superdimensionados e muito sólidos. No entanto, quando assistimos ao vídeo do teste, gravado de diversos ângulos e pontos de vista, nos surpreendemos com como o moderno Malibu se sai muito melhor na proteção do motorista e dos passageiros — a mesma marca, o mesmo tipo básico de sedã médio, construído com 50 anos de diferença, com muito mais compreensão de como ocorrem as lesões. Em comparação, o Bel Air parece quase como se tivesse sido projetado para matar gente. Havia muito aço nos carros antigos, mas não era arranjado especialmente bem para uma colisão. Ele enviava a energia da colisão direto para o interior do automóvel. Era muita força bruta e nada de cérebro, podemos dizer.

Todas essas belas chapas metálicas também não foram arranjadas muito bem para o trabalho principal de um carro, que é, claro, transportar pessoas. Quando você ergue o capô de um desses carros antigos e olha dentro, depara com muito espaço ocioso. Se você for um adulto de tamanho médio e estiver inclinado a saltar sobre a grade dianteira, poderá facilmente ficar entre o motor e o interior de um ou outro para-lama dianteiro. Parte desse tamanho se deve aos excessos da estilização da década de 1950, mas, sinceramente, muito disso acabou ali. Em grande medida, o comprimento total do carro era determinado pelo que era exigido para manter o virabrequim do motor alinhado com a carroceria do automóvel, de modo que o eixo de torção pudesse transmitir a potência do motor até a traseira do carro. No começo, os carros tinham todos tração traseira, porque era um pouco complicado projetar rodas dianteiras com duas funções: direção e tração. Hoje, a maioria dos automóveis possui tração dianteira, porque o arranjo fornece melhor tração e mais espaço para os passageiros na cabine. Melhor "empacotamento", como dizemos no negócio da engenharia.

Um carro moderno (ou veículo de carga ou SUV) é o dispositivo mais complexo que você possui; é como seu forno, sua geladeira, seu celular e seus móveis da sala de estar empacotados juntos e postos sobre rodas. Há apenas poucas configurações que fazem tudo em um carro ou veículo de carga funcionar corretamente, mas existem inúmeras outras que não funcionam. Você poderia dizer o mesmo a respeito de qualquer produto industrial moderno. No projeto, é fácil se obter o caos e a desordem, ao passo que a harmonia eficaz exige uma quantidade enorme de esforço. É por isso que você deveria respeitar os bons projetos ao seu redor. Alguém enfrentou muitos problemas para arranjar todas as partes, de modo que a coisa — seja uma cidade, um carro ou uma bandeja de cafeteria — se reúna para cumprir seu objetivo com eficácia. Um bom projeto requer uma combinação de *insight* amplo e atenção firmemente concentrada nos detalhes.

A abordagem do tudo de uma vez — prestar atenção às forças de impacto, à transmissão de potência do motor, à forma e à colocação exata dos assentos, e milhares de outros detalhes — requer uma solução mais complicada do que arranjar o motor e as rodas traseiras em uma linha reta. Isso era naquela época. No entanto, hoje, a complexidade adicional dos veículos modernos é compensada por um veículo que possui um funcionamento e um desempenho melhores. Essa abordagem também melhorou o processo de montagem. E não há necessidade de restringir esse *insight* ao projeto automotivo. Quanto mais detalhes os engenheiros levam em conta, melhor o resultado final. Muitas pessoas ignoram o enorme benefício prático de décadas de melhorias nerds em ciência e tecnologia: quase todos os produtos que você usa são mais bem projetados hoje do que foram no passado. **Isso** é verdade para geladeiras, máquinas de lavar roupa, jaquetas de esqui, bicicletas e moinhos de vento. Ponha um aspirador de pó de meio século atrás ao lado de uma unidade moderna e pense com qual você prefere limpar sua casa. Nós progredimos muito desde aquele Bel Air 1959, em quase todos os sentidos.

Na realidade, o Chevy Bel Air 1963 de meus pais (o branco com interior vermelho, que encantou tanto minha irmã e a mim) não era tão diferente daquele do vídeo da colisão. Eu já falei da vez em que meu pai brecou de repente, e meu nariz bateu no volante. Isso aconteceu bem antes que os cintos de segurança fossem padrão; meu pai com cabeça de engenheiro os tinha adicionado, mas não no meio do assento da frente, onde eu estava. Também foi, devo notar, antes que meu pai inventasse sua placa OBRIGADO, para se comunicar com os outros motoristas. O impacto mudou a forma da cartilagem do meu nariz, e eu não consegui sentir cheiros muito bem até ter meu nariz endireitado profissionalmente após outro traumatismo, anos depois, enquanto brincava com um *frisbee*. Assim, posso dizer por experiência própria que aqueles carros antigos eram bastante brutais. Sem meio século de engenharia nerd, ainda seriam. Os novos projetos precisavam ser suficientemente bons em termos de segurança. Na pirâmide do projeto, as equipes de marketing fizeram bem seu trabalho, um pouco bem demais, e os compradores aceitaram os antigos compromissos de segurança... Por um tempo.

O que de fato fez o automóvel evoluir foi a regulamentação. Tanto quanto Rachel Carson ajudou a estimular o momento ambiental que surgiu no primeiro Dia da Terra, Ralph Nader e alguns outros ativistas ajudaram a concentrar a demanda pública por carros melhores e menos sujeitos a colisões. Desde então, Nader seguiu em frente e se tornou algo radical. Porém, quando ele criticou o Chevy Corvair, todos escutaram e concordaram que podíamos fazer muito melhor com algumas leis para nos proteger dos produtos projetados com descuido. As pessoas pediram isso, os legisladores exigiram isso, e os engenheiros foram liberados para desenvolver melhores soluções. Foi como chegamos aos carros modernos, com regiões de deformação nas laterais, na traseira e na dianteira. Os nerds analisaram todas as restrições e propuseram uma boa solução: deixar o carro deformar numa batida. Após uma colisão, um carro moderno é muitas vezes enviado para o ferro-velho, mas como resultado disso muito menos acidentes fatais têm ocorrido. Um carro que parece uma sanfona após um acidente grave é sinal de que alguns engenheiros fizeram seus trabalhos muito bem. Foi um longo caminho até o nosso atual nível de refinamento de projeto, porque projetar um carro é complicado, mas isso é só parte da história. A indústria automobilística também foi contida pelo tipo de pensamento incompleto com que deparei em minha reunião com os engenheiros da GM. (Aliás, ainda não temos um pequeno veículo de carga elétrico.) A questão é que mudamos o mundo quando queremos. Quando não pressionamos por mudanças, os resultados podem ser fatais. E apesar de todo o progresso, temos um longo caminho a percorrer.

Mesmo quando celebro a fantástica (phantástica) física envolvida em nos impedir que nos matemos com nossos modernos carros e SUVs, não posso deixar de reconhecer que todas as correções que descrevi até agora são um desperdício. Decidir como sociedade que precisamos de carros que podem se deformar de forma eficaz significa aceitar antes da hora que vamos bater e deformar *muitos* carros. Significa aceitar as colisões como uma restrição permanente em relação ao sistema atual e às soluções existentes. Agora nós (nerds, reguladores, clientes, todos nós) precisamos dar uma olhada nessa restrição para descobrir uma maneira melhor não só para mitigar o perigo da restrição, mas para erradicá-la completamente. Em minha opinião, uma maneira melhor para gerenciar nosso sistema de transporte já existe, e todos nós parecemos prontos para aceitá-la.

Estou falando, se você não adivinhou, dos carros autônomos. É um processo do tipo tudo de uma vez, onde você tem de considerar uma visão muito ampla para enxergar todas as implicações e possibilidades. A segurança é um benefício óbvio. Afinal, estamos prestes a dar prosseguimento a isso, parando de simplesmente tentar minimizar as colisões e começando a conseguir algo muito melhor impedindo-as completamente. Neste exato momento, voar é cerca de 200 mil vezes mais seguro do que dirigir. Tente essa pequena experiência imaginária. Você viaja de carro ida e volta entre Portland, no Oregon, e Orlando, na Flórida, por exemplo, dez vezes, o que levará alguns meses. Enquanto isso, eu viajo de avião ida e volta entre Portland e Orlando dez vezes. Quem você acha que tem mais probabilidade de morrer ou ficar ferido? É você, o motorista. Os aviões e o sistema de controle de tráfego aéreo são bem mais seguros, sem dúvida. No futuro, isso acontecerá com os automóveis autônomos. Acidentes de carro ainda acontecerão, mas serão raros, e irão se dar em veículos fabricados para nos proteger ainda melhor do que hoje. Os engenheiros continuarão trabalhando para melhorar a segurança em todos os lugares possíveis. Aposto que as futuras gerações ouvirão histórias sobre acidentes de carro com descrença.

Uma vez que tenhamos veículos pessoais ultrasseguros, que não requeiram controle pessoal, seremos capazes de começar a explorar novas formas de viajar de um lugar a outro. Você talvez não seja um grande fã de pegar um ônibus neste momento; pode ser que o itinerário e o horário não sejam bons ou que não haja assentos suficientes. Mas e se você pudesse chamar um veículo pessoal que aparecesse instantaneamente em sua porta e o levasse para seu destino exato? Você se importaria muito se estivesse dividindo esse percurso com outras pessoas, sobretudo se pudesse relaxar, trabalhar em seu laptop ou disputar jogos em seu celular? Desse jeito, o uso compartilhado de um veículo pode se popularizar de uma maneira como nunca antes. Locais remotos, que não são acessíveis por nenhum tipo de serviço de transporte público, podem se tornar acessíveis por meio de carros autônomos. Mesmo ao longo de rotas bastante acessíveis, como entre Washington, Nova York e Boston, você talvez ache mais rápido e mais agradável relaxar em um silencioso veículo autônomo elétrico do que se dirigir ao aeroporto e embarcar em um avião, ou seguir até uma estação ferroviária da Amtrak. Com certeza, será melhor do que dirigir seu próprio carro ao longo das pistas apinhadas da rodovia I-95, e também mais eficiente.

A partir disso, não tenho dificuldade em imaginar um mundo em que apenas um pequeno número de pessoas ainda se dará ao trabalho de possuir carros. A produção de automóveis mudará completamente. Em vez de novos e elegantes modelos lançados a cada ano, carrocerias robustas e de vida longa, e peças sobressalentes para elas, podem se tornar a norma. A maior parte do tempo, o transporte será um serviço que acionaremos quando necessário, como o acesso à tevê a cabo e à internet. Talvez ainda dirijamos por prazer de vez em quando, mas, predominantemente, ficaremos livres para deixar que as empresas de transporte e os municípios lidem com todos os inconvenientes de possuir e manter carros. Por meio de minha visão de engenheiro, isso faz muito sentido. As mudanças de comportamento permitirão mudanças na infraestrutura. Por exemplo, poderíamos reconstruir as ruas em centros urbanos densos, para que táxis autônomos mais estreitos do futuro possam se deslocar mais próximos uns dos outros do que nossos veículos extralargos de hoje. As vagas de estacionamento poderão se tornar novas áreas sociais ou de pedestres. Poderemos aproveitar as áreas atualmente destinadas a garagens e acessos de veículos. Muitos dos velhos pressupostos de hoje talvez venham a se tornar parte de antigas anedotas encantadoras de amanhã.

Muitos se perguntam se o mundo do transporte está pronto para esse tipo de remodelação nerd. A posse do carro pessoal se acha tão profundamente arraigada na cultura ocidental — sobretudo, na cultura americana — que mudar isso parece radical, quem sabe até inquietante. Por outro lado, neste momento, trabalho com diversos jovens que não possuem carros. Eles utilizam os serviços de táxis ativados por celulares para todos os lugares a que vão. Para mim, a atual situação dos automóveis é parecida com o que aconteceu com o transporte a cavalo há um século. Um pequeno número de pessoas gosta de cavalos e ainda gasta parte de seu tempo e de seu dinheiro montando-os e cuidando deles. Porém, para a maioria de nós, os cavalos não são tão confortáveis, fáceis ou capazes como os automóveis e os trens do metrô.

Pense na produtividade que ganharemos quando não mais gastarmos horas por semana nos deslocando manualmente de um lugar para outro. Também pense na produtividade que não perderemos. Evitaremos dores e sofrimentos enormes, visitas a hospitais, custos de seguros, honorários legais. Não terei de dirigir por aí preocupado em sofrer uma batida por trás, colidir com o para-choque de alguém ou ver meu carro ser deformado por um adolescente enviando mensagem de texto. Quando não tivermos de nos manter atentos atrás do volante, ganharemos quarenta e cinco minutos por dia, em média, para cada americano adulto. Tempo perdido virará tempo ganho quando pudermos empregar nossos cérebros para ler, escrever, criar, disputar jogos, falar com os amigos, fazer todos os tipos de tarefas que não requerem trabalho manual, e aproveitar todas as modernas formas de recreação. Teremos mais tempo para a contemplação de tudo de uma vez e do ciclo de *feedback* positivo resultante disso: com a contemplação vem a inspiração nerd que levará aos próximos sistemas automatizados que tornam nossas vidas ainda um pouco melhores.

Agora, se você não gosta da ideia do deslocamento automatizado, espero que esteja sentado, porque tenho más notícias: ao embarcar em um avião, você também confiou em um sistema automatizado. Na maior parte do tempo, o "piloto" no controle de um avião de passageiros moderno é o piloto automático. Ou pilotos automáticos, no plural: podem existir três sistemas de piloto automático, que votam, no sentido eletrônico, e, se não concordam, emitem alarmes sonoros, e o piloto humano tem de assumir o comando. Os pilotos automáticos podem manter um avião voando em linha reta e nivelado de um lugar para outro sem envolvimento humano; podem realizar a aproximação e o pouso; e podem lidar com emergências em cada fase do voo. Esses sistemas se baseiam em versões cada vez mais capazes desenvolvidas para aviões militares. Isso me faz lembrar de uma piada que os engenheiros costumavam contar na Boeing. "Você ouviu falar do bombardeiro B-3? Possui um piloto e um pitbull. O piloto está ali para observar os instrumentos. O cachorro, para garantir que o piloto não toque em nada." Até agora, não existe nenhum bombardeiro B-3 com essas características, mas essa piada é engraçada (para mim), porque não é tão difícil de imaginar. Aliás, sinto o mesmo em relação a muitos líderes e autoridades em posição de tomada de decisão sobre as grandes questões de nossa época. Eles podem ser os pilotos, mas nós temos de ser os pitbulls.

Sou a favor de tornar os nossos sistemas automatizados o mais possível, desde que nós sejamos os responsáveis pela automatização. Se deixarmos as nossas máquinas ficarem inseguras, a culpa não será das máquinas — será nossa. Se deixarmos os nossos governos fugirem ao controle, a culpa também será nossa.

A julgar pelo fascínio do público com as primeiras experiências com carros autônomos e sua descendência em rápida multiplicação, não demorará muito para que estejamos dispostos a desistir do controle em outro nível, muito além dos bondes elétricos e dos aviões. Em breve, faremos as pazes com a ideia de sermos passageiros não intervenientes em nossos próprios automóveis, mesmo quando estamos sozinhos. Por um lado, os carros serão como aviões, mas, por outro, serão bem diferentes. Neste momento, os controladores de tráfego aéreo (aqueles que trabalham nas torres dos aeroportos), e os sistemas que eles operam, orientam e controlam os voos dos aviões. Eles garantem que os aviões fiquem fora da rota um do outro; posicionam cada aeronave para decolagem; e alinham os aviões para pousos quando estão no céu. Em grande medida, o sistema de controle de tráfego aéreo é de cima para baixo: o tráfego aéreo é monitorado e dirigido por sistemas informáticos centralizados, e os aviões são despachados ou retidos de acordo com um plano mestre.

Quase com certeza os carros e veículos de carga autônomos não funcionarão assim. Em vez disso, as pessoas vão embarcar em seus automóveis e ordenar o local onde querem desembarcar. Em geral, ainda estamos muito na fase de projeto, imaginando o mundo dos carros autônomos, mas ele está chegando mais perto. Vimos melhorando os nossos sistemas, aproximando-nos a cada quilômetro que passa. Enquanto escrevo, a Uber já está implantando uma frota experimental de carros autônomos em Pittsburgh. Muitas outras redes de táxi similares chegarão em breve, e, na sequência, os veículos autônomos vendidos para proprietários individuais. Ainda há muitos problemas que demandam solução antes de estarmos prontos para isso, mas os engenheiros ao redor do mundo vêm trabalhando duro para identificar as restrições e encontrar maneiras de superá-las. As empresas estão fazendo progressos em relação à pirâmide invertida do projeto. Em resumo, isso precisará de uma perspectiva do tipo tudo de uma vez. Teremos de avaliar os projetos criticamente em cada fase e mudar de ideia quando descobrirmos que algumas abordagens não correspondem às expectativas exageradas. Além disso, em geral, teremos de aplicar o rigoroso padrão: um carro autônomo terá de se sair melhor do que você ou eu o tempo todo, sempre que se enfrenta o trânsito.

Podemos notar que essas ideias não são exatamente novas. Em 1939, na Feira Mundial de Nova York — uma época em que meus pais, Ned e Jacquie, eram um jovem casal universitário apaixonado, e minha existência não estava sequer sendo considerada —, a exposição Futurama apresentou carros elétricos autônomos comandados por rádio. O único problema com os carros era que eles não eram reais. Tratava-se de uma visão inspirada de um *designer* industrial chamado Norman Bel Geddes, o planejador da Futurama. A tecnologia da época não chegava perto do que seria necessário para tornar esses carros uma realidade prática. A realidade precisou de mais de 70 anos para alcançar a melhor solução (ou ao menos a solução mais adequada), que nerds como Bel Geddes conseguiram ver de forma tão tentadora em suas imaginações. Mas você sabe o que é bacana? Ainda que tenha levado algumas gerações, estamos chegando lá.

Sempre que olho pela janela de um avião ou de um andar alto em um arranha-céu, fico impressionado com o imenso desperdício que nos rodeia. Estamos usando cérebros humanos, sistemas biológicos preciosos capazes de fechar chaves em um clarinete, computar as curvas do cálculo infinitesimal, acelerar, frear e direcionar nossos carros em caminhos não guiados, onde uma única contração muscular ou um momento de desatenção pode ser fatal. Como engenheiro, esperei por algo melhor do que soluções do tipo aceite as coisas como elas são, como, por exemplo, para-choques ou regiões de deformação. Agora isso está realmente acontecendo. Os carros manuais desaparecerão da vida diária porque são parte de um sistema que, em breve, reconheceremos como quase comicamente perigosos e ineficientes. Adotaremos projetos melhores, como adotamos repetidas vezes no passado.

Os primeiros carros autônomos não serão completamente autônomos, e seus sistemas serão tão bons quanto os seres humanos que os projetaram, mas, ah, que começo. Eles melhorarão rapidamente. Já está acontecendo. Então, depois que alguns engenheiros calcularem os problemas ligados à autocondução — navegação, evitação de colisão e acordo relativo à preferencial em cruzamento —, o mundo será mais fácil para nós. Esses carros vão eliminar grande parte do aborrecimento relativo às nossas experiências no trânsito congestionado ou nos longos e monótonos trechos de rodovia. Melhorarão muito a mobilidade de deficientes físicos ou idosos. Proporcionarão deslocamentos seguros para casa de pessoas que beberam muito no jantar. Os veículos autônomos ainda poderão ter uma configuração que nos deixe pegar no volante, mas, provavelmente, não nos deixarão dirigir como loucos, costurando no trânsito. Não haverá necessidade de RoboCops do futuro; o sistema terá outros veículos que nos limitarão se começarmos a dirigir loucamente.

Acostumar-se com a ideia dos carros autônomos exigirá uma grande mudança de pensamento para todos nós, motoristas acostumados a estar no controle de nossos automóveis. No entanto, abriremos mão desse controle individual em favor de um bem maior. E é um movimento completamente precedente: fazemos isso em aviões, em metrôs, e toda vez que embarcamos em um carro com outro motorista. Não é um fardo; será apenas como rodaremos. Em outras palavras, nossa tecnologia vai impor uma dose de polidez e responsabilidade nerd. Vai nos fazer cuidar melhor uns dos outros.

CAPÍTULO 24

A realidade nua e fria do gelo

No verão de 2016, visitei o East Greenland Ice-core Project (EGRIP), onde um grupo de cientistas do clima está perfurando o manto de gelo da Groenlândia: um livro grosso de 400 quilômetros com páginas feitas de neve.

Minha visita à Groenlândia foi uma experiência emocional. Nas últimas duas décadas, examinei a prova irrefutável de que os seres humanos estão influenciando o clima em todo o mundo. Falei sobre o assunto na televisão, em palestras e em livros. No entanto, como a maioria das pessoas, eu achava difícil pensar no que está acontecendo de maneira imediata, visceral. O mundo é muito grande para a maioria de nós pensar em cada ecossistema distinto, e a mudança climática é um processo complexo, sutil. Então, há as escalas de tempo: centenas de milhares de anos. Quero dizer, o que alguém, se existisse alguém, estava fazendo há milhares de séculos? É maravilhoso e desconcertante contemplar. Em comparação, nossas vidas são curtas. Quando você visita a Groenlândia, a maioria dessas abstrações desaparece. A variabilidade e a sensibilidade do meio ambiente global estão expostas. Não há como negar a possibilidade de mudança repentina e catastrófica. Não resta dúvida acerca da urgência de ação. Podemos olhar profundamente no passado para prever o futuro, usando o poder preditivo da ciência. Isso é o que os pesquisadores estão fazendo no gelo da Groenlândia.

A prova que vi é profundamente preocupante.

A Groenlândia contém um registro abrangente do clima antigo da Terra, porque tudo que acontece ali fica naturalmente armazenado. De fato, é um congelador com mais de 1,5 quilômetro de profundidade. A prova ali é tão pura que os cientistas têm de fazer uma filtragem muito pequena para entender o que está acontecendo. Embora eu tenha feito minha visita no verão, as temperaturas no topo da camada média do manto de gelo nunca ficavam acima de -5ºC. Durante o que seriam as horas de noite, podia ficar muito mais frio, abaixo dos -20ºC. Nesse caso, a palavra "noite" refere-se apenas ao horário de um relógio. Por meses ao redor do solstício do verão, o Sol nunca se põe, e, durante meses no inverno, ele nunca aparece. Em minha viagem, eu acordava ao redor das três da manhã e tirava algumas fotos, porque era quase tão claro ao ar livre nesse horário quanto às dez da manhã.

Todos os anos, novas camadas de neve se acumulam no topo das geleiras que cobrem a Groenlândia, formando enormes mantos de 100 quilômetros de comprimento de gelo sólido. As neves se tornam um registro das condições atmosféricas da época. As variações de temperatura e umidade produzem flocos de diferentes tamanhos e espessuras. Dependendo dos ventos, pode haver uma camada de poeira trazida de outro continente misturada na parte de cima de algumas nevadas. Ao longo de uma estação, a neve acumulada forma um registro do que foi o meio ambiente durante aquela estação. As neves de inverno e as neves de verão possuem qualidades um pouco diferentes. Na Groenlândia, neva em todas as estações há centenas de milhares de anos, e a neve não derrete. Ou seja, estamos falando de um monte de neve amontoada. Em cada camada, os flocos de neve ficam comprimidos pelo peso da neve adicional acima. O ar entre os flocos de neve não tem para onde ir. Assim, acaba em minúsculas bolhas de atmosfera, que estão aprisionadas entre as pontas dos flocos. O manto de gelo da Groenlândia é composto desses flocos comprimidos: mais de 100 mil estações de neve amontoadas e preservadas pelo frio. Isso é o que os pesquisadores do gelo querem dizer quando a chamam de livro de neve. É um livro contábil natural do ciclo inverno e verão das estações, da atmosfera antiga e das condições climáticas da Terra.

Nos últimos 40 anos, aproximadamente, engenheiros desenvolveram ferramentas específicas de sondagem do gelo para trazer essas páginas da história do clima para a superfície, para que possamos lê-las. É, como você pode imaginar, um trabalho duro. O trabalho do EGRIP é patrocinado pela Universidade de Copenhague. Assim, a comida ali é preparada no estilo dinamarquês contemporâneo, que é fantástico. Isso mantém todos energizados, e eles precisam ficar assim. Todos ali — a equipe de perfuração, os paleoclimatologistas, o carpinteiro, o eletricista, o médico e o cozinheiro — estão contribuindo para trazer as amostras de gelo para a superfície e preservá-las para estudo. A pequena equipe de perfuração tem um trabalho especialmente difícil. Para permanecer fora do vento e da luz solar, ela cria uma área de trabalho em uma cavidade usando veículos sobre lagartas ao estilo de resort de esqui. Escava fossos com 30 metros de comprimento, 10 metros de largura e 10 metros de profundidade. Infla enormes balões em forma de cachorro-quente nos fossos. Então, usando sopradores de neve, cria um telhado cobrindo o topo dos balões com cerca de 3 metros da neve circundante.

O resultado de todo esse trabalho é uma enorme caverna de gelo. O espaço oco sob a neve terminado parece o refúgio de um vilão de história em quadrinhos. Nos túneis de gelo, você está protegido das intempéries, mas está longe de ser confortável. Não brinco ao dizer que é gelado. Na realidade, é mais frio ali embaixo do que na superfície. Todos têm de se movimentar embrulhados em múltiplas camadas: roupas de baixo compridas, calças com isolamento térmico, botas revestidas com muito material isolante e, em geral, uma jaqueta bem grossa. É preciso usar óculos escuros para suportar a luz ofuscante refletida do gelo. O estudo da mudança climática não é um passatempo calmo. De fato, a pessoa precisa querer conhecer a fria e dura realidade para fazer esse tipo de pesquisa.

Lá fora, na vasta extensão coberta de gelo, a equipe do EGRIP utilizou radar de penetração no solo para descobrir onde o manto de gelo era mais espesso. Era ali que eles esperavam encontrar muitas camadas de neve antiga criadas pelos muitos anos de queda de neve, e, portanto, o registro mais antigo e mais longo do clima ancestral. Para obter os melhores dados, os pesquisadores selecionaram um local específico no centro do manto de gelo da Groenlândia Oriental. Para conseguir uma boa amostra, eles introduzem um tubo de perfuração sob medida no gelo extremamente sólido. O tubo é equipado com um motor elétrico, que aciona brocas de corte afiadas. A equipe deixa a máquina perfurar, criando um cilindro de gelo longo e grosso. O tubo de perfuração também possui "cães" acionados por mola — ou seja, garras metálicas que agarram a extremidade de um cilindro de gelo capturado, para que possa ser içado à superfície por meio de cabo de aço. Na gelada área de trabalho ao redor do tubo de perfuração, os pesquisadores observam as amostras de gelo extraídas em comprimentos padrão de 55 centímetros, pesam cada uma e anotam quaisquer imperfeições evidentes que possam ter sido criadas pelo seu sistema de sondagem.

Toda a perfuração, serração, pesagem e medição constituem apenas o início do processo. Os cientistas examinam em detalhes as propriedades químicas do gelo e do ar incorporado. Podemos saber com certeza quantos anos atrás a neve caiu e qual era o clima na época, bem como a composição da atmosfera naquele tempo e de onde veio a poeira entranhada no gelo. Podemos ler as páginas do livro de história dos cientistas do clima. Passando o dedo ao longo de uma amostra do EGRIP, você pode rastrear seu caminho através de um trecho do tempo remoto. Eu passei o meu; é incrível. Talvez porque eu consigo levar um papo de engenheiro (e só porque estava ali com uma equipe de filmagem — alguma divulgação), a equipe do EGRIP me deixou manusear diversas amostras preciosas. Essas coisas são muito difíceis de substituir; a seu modo, são inestimáveis. Cada amostra aflora como um cilindro de gelo de cerca de 2 metros de comprimento. Essa quantidade de gelo é muito pesada, mas quando eu estava ali embaixo manuseando-as, foi tão empolgante que não reparei.

Quer no laboratório muito frio da caverna, que está ligado à área de perfuração, quer em um laboratório igualmente frio em Copenhague ou Denver, os cientistas do clima contam as camadas de gelo. Fazem isso como se contassem anéis no tronco de uma árvore, e isso revela a mesma história básica: cada camada ou grupo bem cheio de camadas corresponde a um ano (uma estação) de queda de neve. Se a camada de separação entre anos não for visualmente evidente, os pesquisadores examinam o gelo mais a fundo, utilizando um par de sondas de condutividade elétrica, que pode detectar diferenças sutis ano a ano na composição da queda de neve. Não muito longe da superfície, onde as antigas camadas de neve estão menos comprimidas, as bolhas de ar aprisionadas são bem visíveis. Mais fundo, as camadas correspondentes a cada estação de neve são cada vez mais finas por causa do crescente peso da neve situada acima. As bolhas ainda estão ali, mas ficaram comprimidas quase até a invisibilidade. Mais fundo ainda, as bolhas estão comprimidas de tal forma que desaparecem — dissolveram-se completamente no gelo sólido.

Fiquei ali tempo suficiente para observar a equipe de perfuração ultrapassar a neve *firn* com densidade relativamente baixa, firmemente compacta, mas, sem dúvida, neve ainda porosa. Eu estava ajudando (ou tentando ajudar) quando uma amostra de 1889 surgiu. Todos os pesquisadores reconheceram imediatamente aquela camada quando a amostra foi posta sobre a bancada de medição; veja o quão bem eles conhecem o gelo. Eu pude ver uma linha fina e singular indicando que tinha sido um ano especialmente quente. Até o momento, enquanto escrevo, o uso do gelo e de uma grande quantidade de dados coletados de todo o mundo revelaram que 2016 foi o ano mais quente já registrado. Faz parte da tendência pós-industrial de 250 anos. O gelo contém a prova do alcance global da humanidade.

Após o primeiro dia de perfuração da estação, todos nós partilhamos doses de uma garrafa de excelente uísque escocês, celebrando uma nova linha (ou cilindro) de pesquisa e um trabalho desafiador iniciado. Quando pedaços de gelo de grandes profundidades são içados para a área de perfuração, o ar embutido está pronto para estourar com a força da pressão liberada. É divertido pegar algumas lascas de gelo não aproveitadas, que estão presas no cilindro externo da broca, e colocá-las em seu copo de uísque. O gelo chia quando bolhas comprimidas da atmosfera de muito tempo atrás da Terra aparecem de novo após milhares de anos.

O mais importante a saber sobre a pesquisa do EGRIP é que ela não somente registra o passado, mas também fornece evidência empírica a respeito do que esperar no futuro. Ela se contrapõe a todas as ideias e teorias espúrias que demonstram que os homens não estão afetando o clima, ante uma prova absolutamente irrefutável. Junto com a prova assustadora da mudança climática causada pelo homem moderno, há outro fenômeno bastante amedrontador. O gelo da Groenlândia contém prova detalhada daquilo que os pesquisadores do gelo estão chamando de "mudança climática abrupta". Agora, gente, isso é sério. Ao longo de períodos muito curtos, os padrões de queda de neve e precipitação pluviométrica mudaram. Os padrões de tempestade mudaram. As correntes marítimas mudaram. Não estamos falando de "curtos" em uma escala de tempo geológico. Falamos de mudanças climáticas substanciais que se desenvolveram ao longo de décadas, ou até ao longo de poucos anos. Se um desses eventos de mudança climática abrupta acontecesse quando você nascesse, na época em que você se formasse no ensino médio, os solos onde seus alimentos foram cultivados poderiam estar completamente áridos. Os sistemas agrícolas podem ser alterados rápido o suficiente para alimentar todo o mundo? É um cenário perturbador descrito para mim pelo climatologista Jim White, da Universidade do Colorado. Esses eventos abruptos podem acontecer incorporados ao que percebemos como o ritmo geral lento dos processos naturais. Atualmente, vimos interferindo no sistema climático da Terra muito mais rápido do que qualquer fenômeno natural. Em algum momento, talvez deparemos com uma dessas transições abruptas do sistema climático, e não sabemos quando. O que os modelos computacionais (ainda) não podem predizer é, de alguma forma, ainda mais assustador do que aquilo que podem.

As eras glaciais são exemplos dramáticos de como a mudança climática extrema pode ser. Estamos há mais de 10 mil anos desde o último grande período frio, mas as evidências das eras glaciais do passado ainda estão por todos os lados. Eu cursei a faculdade em Ithaca, que fica junto ao lago Cayuga, no estado de Nova York. Meu primeiro emprego depois da faculdade de engenharia foi na Boeing, em Seattle, que fica junto ao lago Washington. Brian, meu amigo do ensino médio, mora em Cleveland, que fica à margem do lago Erie. Todos esses corpos de água foram entalhados por geleiras. O lago Cayuga, como o resto dos lagos Finger, correm no sentido de norte a sul, assim como o lago Washington. Todos eles acompanham o fluxo dos mantos de gelo desaparecidos há muito tempo que se arrastaram do gélido norte. Quando esses mantos se moveram, entalharam baixadas que se tornaram os lagos. Os Grandes Lagos foram formados a partir de "gelo morto"; ou seja, enormes blocos de geleira que pararam de fluir em declive, com seu imenso peso pressionando os vales, que foram entalhados e alargados pelo gelo em movimento.

Os processos que desencadearam esses acontecimentos radicais foram bastante sutis. As causas primárias das eras glaciais são mudanças na forma da órbita terrestre, e no grau e na direção de inclinação de nosso planeta em relação ao Sol. Essas mudanças ocorrem em ciclos de cerca de 100 mil anos, 41 mil anos e 23 mil anos, respectivamente. São chamados de ciclos de Milankovitch, em homenagem a Milutin Milankovitch, matemático sérvio que os descobriu em 1912, aproximadamente. Hoje, porém, o clima está mudando mais rápido do que qualquer ciclo de Milankovitch. Nossa situação exige ação urgente, calculada.

Quando os efeitos dos ciclos se combinam para colocar um pouco menos do que a luz solar média na superfície da Terra, nosso planeta esfria um pouco. Quando os ciclos se alinham para proporcionar mais luz solar, a Terra esquenta um pouco. A química e a circulação dos oceanos aumentam esses efeitos. Quando a Terra aquece, os oceanos liberam algo de seu dióxido de carbono dissolvido, e a água evapora mais rápido do oceano; o CO_2 e o vapor de água adicionais no ar exacerbam o aquecimento. De modo oposto, quando os ciclos de Milankovitch se combinam para fornecer menos luz solar, a Terra esfria um pouco, os oceanos absorvem mais dióxido de carbono, e menos vapor de água alcança o ar. Isso aumenta o resfriamento, e temos uma era glacial.

Para obter uma perspectiva nerd apropriada da mudança climática, o que realmente precisaríamos fazer é realizar experiências no planeta para

ver como ele se comporta; estudar causa e efeito. Não podemos fazer isso; assim, desenvolvemos modelos computacionais e comparamos seus resultados com os dados do gelo. Vemos se podemos desenvolver *softwares* que predizem o passado e modelam os fatos no gelo. Podemos verificar nossas suposições e tendências.

Enquanto isso, quando examinamos as amostras de gelo da Groenlândia e de outros lugares, notamos mudanças abruptas nas camadas. Isso é a prova de que mudanças importantes podem ocorrer em menos de 20 anos. Ainda não sabemos exatamente como essas mudanças acontecem, mas temos uma boa ideia: é a interação de temperatura, dióxido de carbono, correntes marítimas, vapor de água e os seres vivos que reagem a tudo. Também há alguns outros fatores importantes. Se há menos neve e gelo do inverno, a superfície da Terra fica mais escura e absorve mais luz solar, o que leva a mais aquecimento. Se mais água é despejada pelas geleiras da Groenlândia, isso muda o equilíbrio entre água doce e água salgada do oceano Atlântico, o que pode alterar seu padrão de circulação. As correntes marítimas distribuem o calor ao redor do planeta e, assim, qualquer alteração nelas pode ter grandes consequências. Esses são os processos que os homens estão manipulando por meio da queima de combustíveis fósseis, do desmatamento das florestas e de outras atitudes, aumentando o efeito estufa. O ano de 2016 foi um marco: no mundo todo, a concentração atmosférica de dióxido de carbono ficou acima de 400 partes por milhão *pela primeira vez em 4 milhões de anos*. As pessoas causaram isso, e as pessoas pagarão o preço. As questões principais são: que pessoas e quão alto será esse preço?

Estamos em território desconhecido, motivo pelo qual é urgente começarmos a nos mover rumo a um futuro livre de carbono, e começarmos a fazer isso agora. Os homens e as mulheres da pesquisa das amostras de gelo descrevem a Terra como um sistema caótico. De modo geral, um sistema caótico possui contributos e interações que podem levar a mudanças imprevisíveis e, às vezes, enormes como resultado de disrupções minúsculas. Você deve ter ouvido falar do "efeito borboleta"; ou seja, a ideia de que o bater de asas de uma única borboleta na América do Sul pode fazer com que um furacão comece na costa ocidental da África. Bem, pode ser que estejamos encarando esse tipo de efeito de verdade. Isso é parte da história registrada no gelo da Groenlândia. Os homens estão assumindo o papel da borboleta, mas em vez de batermos asas, estamos despejando dióxido de carbono e metano (um gás do efeito estufa ainda mais poderoso) na atmosfera em um ritmo um milhão de vezes mais rápido do que a natureza.

Às vezes, os autoproclamados céticos assinalam que o clima sempre mudou. Eles têm razão, mas só até certo ponto. Sempre mudou, mas a *taxa* de mudança que os homens estão introduzindo agora é sem precedentes. Você pode pensar nisso desta maneira. Quando você está na estrada, pode estar dirigindo a 100 quilômetros por hora. No entanto, quando chega em casa, sua velocidade é de 0 quilômetro por hora. E veja, você está indo bem. Mas note: você também pode ir de 100 a 0 batendo contra um muro de tijolos. Isso levaria a um resultado algo diferente. Imagine-se na estrada com outra pessoa ao volante. Você vê um muro de tijolos logo à frente e grita: "Ei, diminua a velocidade!". Então, o motorista diz: "Não se preocupe com o muro. A velocidade do carro muda o tempo todo". O problema não é a mudança, meus caros amigos; o que pega é a taxa de mudança. É quase a mesma coisa com o clima. E agora imagine o muro se aproximando e aquele motorista dizendo: "Não dê bola para esses especialistas em acidentes de carro. Eles só estão tentando enriquecer com esses subsídios da física".

Atualmente, tem-se a impressão de que para cada especialista nerd genuíno há outra pessoa espalhando uma dúvida incorreta. É por isso que temos de trabalhar juntos, fazer alguma filtragem de informação cuidadosa, e fazer ouvir as vozes versadas. Precisamos garantir que todos entendam a real situação: o bem-estar do planeta (e daqueles que por acaso vivem nele) tem um futuro incerto.

Ali no gelo da Groenlândia, eu fiquei assustado. E não estou falando dos movimentos rastejantes do manto de gelo, que desliza cerca de 15 centímetros por dia. O que eu quero dizer é que meu estômago embrulhou quando pensei nas consequências das descobertas sendo feitas ali. O que acontece na Groenlândia acontece no resto do planeta. A ascensão e a queda das eras glaciais registradas naquelas amostras de gelo de meio metro do EGRIP refletem as mudanças climáticas remotas que fustigavam todo o mundo, e podem voltar a fustigar em breve. O rápido aquecimento agora em curso também será sentido em todo o planeta. Apesar das ocasionais quedas de neve pesadas, provavelmente veremos mais secas na Califórnia, ondas de calor na Europa no verão e inundações catastróficas no sul da Ásia. Com certeza, haverá outras consequências do efeito borboleta que ainda não consideramos. Essa é a tragédia dos comuns no extremo. Nenhuma pessoa pensou que teria efeito em todo o planeta, ou poderia ter. Porém, todos nós continuando do mesmo jeito, deixando as coisas como estão, e logo sentiremos os efeitos em grande estilo.

Os pesquisadores predizem e avaliam as possíveis consequências. Padrões de precipitação pluviométrica drasticamente alterados podem levar a fracassos frequentes de culturas fundamentais: arroz, trigo, milho, soja e algodão. Os invernos mais quentes podem permitir a proliferação de insetos. Eles podem destruir culturas ou espalhar doenças outrora tropicais, como malária e dengue, em Londres, Moscou, Tóquio e Minneapolis. Áreas urbanas importantes podem deparar com escassez de água potável. E sem formas adequadas de se livrar de seus esgotos, todos os tipos de doenças podem emergir. No caso extremo, o caos climático pode se desenvolver de uma forma tão inesperada, rápida e catastrófica que dificultaria o preparo de respostas adequadas em grande escala. Mesmo se o aquecimento se desenvolver de maneira mais previsível, de modo que possamos antever com mais facilidade a escassez de comida, a falta de energia elétrica, os incêndios, as secas, as ondas de calor e as falhas do sistema de esgoto, não seremos capazes de deter esses efeitos ou de impedir que a maioria deles aconteça.

A mudança climática é o grande teste de nossa capacidade para aproveitar o pensamento crítico. Até agora, estamos sendo reprovados nesse curso. Precisamos fazer melhor. Temos de extrair o melhor de tudo — dados, projeto e execução, que serão moldados pelo nosso senso de responsabilidade coletiva — e começar a trabalhar. Devemos gerenciar nossas emissões de gases do efeito estufa, e fornecer água limpa e eletricidade confiável, produzida de modo renovável, para todos na Terra. E temos de nos apressar, porque quanto mais esperarmos, mais os problemas se agravarão. O tempo de começar é agora. Esse problema é maior do que qualquer país e qualquer governo. Se os nossos líderes não começarem a agir coletivamente, então teremos de nos tornar líderes de nós mesmos. Se negacionistas e obstrucionistas promovem ruídos desconcertantes de desinformação, temos de fazer nossas vozes nerds serem ouvidas mais alto.

Quando as futuras gerações examinarem o registro do gelo da Groenlândia do século XXI, quero que elas vejam o ano em que entramos em ação. Uma correção de curso dessa magnitude exigirá um esforço mundial amplo e prolongado. Para salvar o planeta de nós, seres humanos, teremos de prestar atenção a nossos interesses compartilhados, em vez de chegarmos ao caos como indivíduos isolados e egoístas. Temos de aproveitar o conhecimento e a responsabilidade.

Temos de mudar o mundo em prol de todas as espécies, sobretudo a nossa.

CAPÍTULO 25

A população da Virgínia Ocidental e todo aquele carvão

E m outubro de 2015, fui convidado pela West Virginia Higher Education Policy Commission [Comissão de Política de Ensino Superior da Virgínia Ocidental] para dar uma palestra a respeito de ciência e meio ambiente em Charleston. Uma questão central de minha palestra foi a necessidade de adoção da energia limpa e renovável. Essa parte de minha palestra sempre provoca reações acaloradas. Às vezes, a audiência ri, e outras vezes assente quando defendo um ponto de vista importante. Melhor ainda: de vez em quando faz um gesto negativo de cabeça, em desacordo enfático, o que significa que estou obtendo uma resposta e talvez até despertando uma reconsideração. Eu estava preparado para muito da variedade hostil de gesto negativo de cabeça quando conversei com a plateia da Virgínia Ocidental. É o estado do carvão, afinal de contas, e eu tenho muitas críticas a fazer à pedra preta.

Para aqueles que não conhecem Charleston, é um belo lugar, bastante de acordo com *Take Me Home, Country Roads*, a canção que John Denver dedicou ao estado. Percorre-se um autêntico exemplo de uma estrada rural típica de cartão-postal e logo se avista uma atividade agressiva de mineração de carvão. Olhando pela janela do avião em meu voo para lá, avistei enormes áreas rochosas cinzentas, como ilhas áridas em meio a um mar de árvores. Em certos lugares, a cor cinzenta predominava, como se alguém tivesse despejado um enorme balde de tinta industrial sobre a paisagem. Em todas as direções, havia lagos lamacentos; manchas tão monótonas que eu não tive certeza de que retinham alguma água até vislumbrar a luz do sol brilhando nela. E aqueles lagos não são de água limpa. São reservatórios de rejeitos; baldes gigantes ao ar livre de fluidos de mineração.

Para qualquer um com um mínimo de sensibilidade ambiental, a cena despertaria desespero. Como pudemos ter destruído tanta floresta? Como pudemos desenterrar toxinas antigas e deixá-las repousando ali sobre o terreno? Como pudemos causar tanta devastação naquelas belas florestas e nos picos dos Apalaches em menos de dois séculos? Construímos estradas, navios, fábricas e cidades com a energia do combustível fóssil, mas muitas das pessoas que outrora amaram a terra não podem mais viver nela. Nenhuma agricultura ou caça é possível perto dos lagos artificiais de gosma industrial, e a água potável está contaminada em diversas áreas. Os empreendedores de antigamente não entendiam ou não se importavam com as consequências a curto e a médio prazos, e muito menos em longo prazo, de suas ações. As empresas recebiam enormes lucros. Os políticos tomavam decisões que protegiam os empregos pelos próximos dois ou quatro anos, e não pelos próximos vinte ou quarenta. Agora, o único carvão que resta não é de tão alta qualidade, nem é tão fácil de extrair. Os fins que justificavam esses meios estão desaparecendo, como um claro exemplo de ganho de curto prazo em troca da perda de longo prazo, como você verá.

Eu procurei manter a perspectiva histórica enquanto contemplava aquela cena lúgubre. A transformação em toda a escala da paisagem natural é uma evidência da inovação tecnológica e do poder industrial humano. Gerações anteriores de nerds descobriram como aproveitar a energia química armazenada nos vegetais outrora vivos dos antigos pantanais — plantas que foram enterradas há milhões de anos, comprimidas, transformadas pelo calor e convertidas em carvão. Os inovadores da era industrial criaram maneiras de extrair o carvão, usando-o para acionar máquinas a vapor ou converter sua energia armazenada em eletricidade gerada por combustível fóssil, que move muito do nosso mundo moderno. Esses foram movimentos da genialidade nerd verdadeira. Muitos desses cientistas e engenheiros do passado seguiram as melhores práticas de projeto e trabalharam com a melhor informação disponível. Eles também estavam tentando tornar o mundo melhor. No final das contas, a solução deles era de curto prazo. Temos de mudar.

Por cerca de dois séculos, a abordagem norteadora do mundo industrializado foi basicamente: cave, cave, cave. Queime, queime, queime! Os recursos naturais da Terra pareciam enormes em comparação com as necessidades humanas. Porém, como muitos motoristas em dificuldades experimentaram, você pode ficar sem gasolina. A natureza levou milhões de anos para criar o carvão (junto com o petróleo e o gás natural). Quando esses recursos desaparecem, não reaparecem durante a vida de ninguém que você conheça. Mais cedo ou mais tarde, teremos de recorrer a fontes de energia novas e melhores que estejam disponíveis para nós. Quanto mais esperarmos, piores as coisas ficarão para todos e em todos os lugares. Todos compartilhamos o ar... Mas a tecnologia da energia do combustível fóssil está bem estabelecida, e os lucros da combustão, solidamente garantidos. Há forças políticas e sociais poderosas que motivam a indústria a se manter fiel a políticas energéticas ruins, baseadas em percepções ultrapassadas da capacidade da Terra de absorver dióxido de carbono.

Nessa região, à medida que a tecnologia avançava e os mineiros extraíam o carvão mais acessível, o processo de mineração ficava cada vez mais disruptivo. Mesmo se você não for familiarizado com a palavra, tenho certeza de que pode evocar uma imagem mental de um ádito, ou seja, a entrada de uma mina. O ádito de uma mina de carvão de outrora levava direto para dentro de uma colina ou montanha que continha um depósito de carvão. Frequentemente, a camada de carvão é quase horizontal, como o fundo de um lago tranquilo, que pode ter outrora ondulado onde o carvão foi formado há milhões de anos.

Você ainda pode ver áditos e túneis de mineração em um passeio pela Virgínia Ocidental, mas são relíquias. Atualmente, equipamentos de mineração, escavadeiras e caminhões enormes assumiram o comando. Há um grande motivo para os 10 mil empregos perdidos nos últimos cinco anos: mecanização. As máquinas modernas são imensas. Quão imensas? Um caminhão basculante pode ter uma altura equivalente a três andares. Na maioria das vezes, é mais fácil utilizar essas máquinas para remover toda a montanha do que construir túneis nela. As empresas de mineração cunharam o perturbador termo "remoção do topo da montanha" para esse novo estilo de extração do carvão. Você não precisa ser um mineiro para se dar conta do primeiro grande problema: o que você faz com o topo da montanha? O que acontece com toda a fauna selvagem, plantas, pássaros, abelhas e árvores que costumavam viver ali antes de sua chegada? O que acontece com eles depois de sua partida?

As respostas não são agradáveis. Em todos os lugares, as minas estão escavadas, o "entulho" — toda a montanha que costumava ficar sobre a camada de carvão — está triturado e, em geral, despejado nos vales abaixo.

Esse despejo cria algumas das áreas sem árvores que podemos ver pela janela de um avião. Outrora, essas áreas eram florestas com copas de árvores, camadas de vegetação rasteira e solos que proporcionavam lares para insetos pululantes e trutas ardilosas. No fundo fértil desses vales é onde os regatos correm para alimentar o ecossistema silvestre e propiciar água potável para a população humana que vive nas proximidades. Ou melhor, onde costumavam correr. Os minerais do entulho da montanha lixiviam nos regatos, muitas vezes tornando-os tóxicos. Os peixes e os pássaros foram muito afetados. As pessoas que vivem nas proximidades sofrem de níveis elevados de câncer e doenças cardíacas, possivelmente por causa das toxinas na água e no ar. Além disso, custa muito dinheiro transferir moradores cujas casas e terras foram contaminadas ou destruídas. Não é barato arruinar tudo. A mineração com remoção do topo da montanha transfere os custos para todos nós.

Faço ideia de como um morador da Virgínia Ocidental pode se sentir profundamente confuso com tudo isso. O negócio de mineração de carvão ali acontece desde meados do século XVIII. Para muitas famílias, é uma tradição que abarca diversas gerações. Mesmo em sua área reduzida, o estado ainda possui 51 camadas de carvão exploráveis, produzindo anualmente 60 milhões de toneladas de carvão em mineração de superfície e 80 milhões de toneladas de mineração subterrânea. Mais de um terço da eletricidade dos Estados Unidos vem do carvão; mundialmente, o número é ainda maior, alcançando mais de 40%. O carvão é importante para o mundo moderno. O problema é: ele é muito importante. O carvão é o combustível fóssil mais intensivo em carbono, e a queima de carvão é a principal fonte de emissões de gases do efeito estufa gerada pelo homem. Essas não são questões de opinião ou políticas; são fatos.

Sem medir as palavras: o futuro da Terra depende de o carvão não ter futuro em nosso suprimento de energia. Se quisermos evitar arruinar nossos bens comuns globais, teremos de nos mexer e encontrar maneiras melhores de obter a nossa energia. Essa era a dura mensagem que eu estava levando comigo para a Virgínia Ocidental, e não sabia quantos ali estavam prontos para ouvir isso. Eu não tinha certeza de que eles se achavam preparados para enxergar o mundo através dos olhos de um estranho muito menos sintonizado com seus pequenos ganhos de curto prazo do que com a enorme perda de longo prazo do planeta.

A caminho da apresentação de minha palestra, li uma mensagem enviada por um dos organizadores do evento, que foi realizado no belo Clay Center, no centro de Charleston. Ela me prevenia do seguinte: "As políticas do presidente Obama atingiram a região com muita força. Assim, infelizmente, nenhuma palestra a respeito de mudança climática será bem recebida". Ergui os olhos e fiz um comentário para mim mesmo — na realidade, para a equipe de filmagem do documentário que me acompanhava: "Bem, isso é lastimável". Decidi não acolher a recomendação. Naquele ano, a equipe me acompanhou à Virgínia Ocidental, a algumas faculdades e à Groenlândia.

Cheguei ao hotel antes de minha palestra tendo em mente todos os argumentos a favor e contra o carvão. O carvão tem um passado nobre e fornece energia para grande parte de nossa indústria moderna, mas acredito firmemente que a "era do combustível fóssil" está chegando ao fim. Tem de chegar; não é sustentável, nem responsável: nem para os mineiros, cujos empregos logo desaparecerão, nem para nós, que temos de lidar com as emissões. Todos precisam ouvir essa mensagem, sobretudo aqueles que são mais diretamente afetados por ela. Planejei dizer aos cidadãos da Virgínia Ocidental que ter uma economia baseada em carvão não era um bom plano, mesmo nesse ínterim, e muito menos cinco décadas mais à frente. Enquanto a equipe de filmagem e eu trabalhávamos na sala de conferência, percebemos três sujeitos andando pelo hotel. Um deles era ninguém mais, ninguém menos que Donald Blankenship, ladeado por seus dois guarda-costas. Blankenship é o odiado "rei do carvão", que vinha aguardando julgamento por fraude. Fraude grave.

Blankenship era notório na região. Ele era um ardoroso defensor da remoção dos topos das montanhas. Seu empenho para solapar rivais com negócios imobiliários duvidosos gerou ações judiciais e multas. Ele redigiu memorandos furiosos aos seus funcionários: "Se qualquer um de vocês for solicitado pelo seu diretor, seu supervisor, seus engenheiros ou qualquer outro a fazer algo além de extrair carvão, ignore-o e continue extraindo carvão. Esse memorando só é necessário porque parece que não entendemos que o carvão paga as contas...". Blankenship também escreveu que os mineiros não deviam se preocupar muito com os *overcasts*, ou seja, os condutos de ar improvisados que os mineiros entalham na rocha e no carvão para permitir que vapores de metano potencialmente explosivos escapem. Ele disse que esses "problemas de ventilação" seriam tratados mais tarde.

Antes que o "mais tarde" chegasse, uma grande explosão na mina Upper Big Branch matou vinte e nove mineiros em poucos minutos, alguns deles situados a quase 2 quilômetros de distância do centro da explosão. Segundo a opinião geral, era mais fácil condenar Blankenship por fraude e negociatas do que por violações de segurança cruéis, imprudentes e do que se tornou rotina fatal. Antes que ele fosse enfim acusado de delito leve e associação criminosa e condenado por infringir padrões de segurança em minas, com sentença de um ano de prisão, Blankenship andava pelo hotel com seus guarda-costas e provocava arrepios.

Por meu lado, eu preparava slides descrevendo as mentiras difundidas pelos negacionistas da mudança climática financiados pela indústria do combustível fóssil, e outros slides mostrando as incríveis oportunidades para os cidadãos locais se adotassem a energia eólica e solar. Todo tipo de novos empregos associados à sustentabilidade seria criado. A energia seria gerada localmente, com impacto ambiental mínimo. A água e o ar seriam mais limpos e saudáveis. E a economia seria mais estável. Ao contrário da situação com o carvão, o vento e a luz solar não podem ser excluídos do negócio por vento e luz solar mais baratos de outros países. A energia renovável é produzida onde é usada, na Virgínia Ocidental para sua população. Os cidadãos do estado poderiam abraçar seu espírito independente ainda mais do que nunca. No entanto, eu me perguntava a respeito das gerações de cidadãos da Virgínia Ocidental que ganhavam seu sustento a partir do carvão. A plateia aceitaria um estranho intelectualoide com uma mensagem de mudança radical? A mensagem poderia ressoar mesmo ali?

Se você quiser que as pessoas mudem de ideia, terá de estar pronto para falar com gente que não enxerga as coisas do seu jeito. Assim, segui em frente. Bem, depois de cinco minutos da palestra, pude notar que a plateia presente no Clay Center estava muito cansada da indústria do carvão. Como comediante semiprofissional de longa data, ou assim me dizem, posso dizer pelo *timing* e pela intensidade das risadas que a audiência estava comigo. Agora, aqueles eram fãs espontâneos, um grupo de cidadãos que decidiram gastar parte de seu dinheiro ganho com muito esforço para me ver. Porém, eu estava na mesma cidade onde as pessoas tinham experimentado alguns dos piores efeitos da mineração de carvão. Eu revelei que, naquele momento, restavam apenas 30 mil empregos ligados à indústria do carvão em todo o estado, de acordo com o West Virginia Office of Miners' Health, Safety and Training. Era menos de 3% da população estadual. Eu estava dizendo que o carvão fora um grande negócio na Virgínia Ocidental, mas não era *assim* tão grande, não mais. Os cidadãos podiam ser mais felizes com um estilo de vida menos ambientalmente destrutivo.

Se você é da Virgínia Ocidental, provavelmente seu time da National Football League (NFL) é o Pittsburgh Steelers, porque o estádio fica na Highway 79. Em qualquer dia de jogo da NFL, há mais do que o dobro de torcedores no estádio do que a quantidade de pessoas empregadas na indústria do carvão da Virgínia Ocidental. Falando de Pittsburgh e dos Steelers [refere-se às pessoas ligadas ao negócio do aço (steel)], o time recebeu esse nome em homenagem à outrora importante indústria siderúrgica local. Hoje, a economia de Pittsburgh está completamente transformada. Ainda há um pouco do negócio do aço, mas os setores de assistência médica, seguros e comunicação são predominantes. Os prédios que ficavam pretos por causa da fuligem do carvão foram limpos. A zona industrial ao longo da margem do rio foi convertida em um centro comercial próspero. A mudança é possível.

À medida que eu falava, podia perceber que estava trazendo a plateia para o meu lado. Ela não só ria das minhas piadas, mas também me entendia e aceitava minhas ideias. Dava-se conta de que poderia sobreviver sem a indústria de extração de carvão e gás, que levou à destruição da bela paisagem do estado. Eu conversei com algumas pessoas depois da palestra. Sim, eram os fãs de Bill Nye, mas também havia muitos outros simplesmente curiosos de ouvir o que eu tinha a dizer. Eu não precisava intimidá-las acerca de minha maneira de analisar o mundo. Elas estavam prontas para ouvir. Já vinham pensando acerca do mundo além da Virgínia Ocidental e de um futuro além do próximo cheque de pagamento salarial. Tentei lhes oferecer uma visão otimista do que o futuro poderia parecer. Talvez algum dia, em breve, os cidadãos da Virgínia Ocidental liderem o mundo com sua transformação em uma economia de energia limpa. Talvez eles possam se tornar agentes ativos da mudança. Nesse caso, é o que se espera.

Minha viagem para a Virgínia Ocidental me fez pensar de novo sobre meu avô e meu tio Bud. Para meu avô, pai de tio Bud, a vida ao ar livre fazia parte da vida cotidiana. Em sua época, os carros ainda não estavam disponíveis. Montar um cavalo era uma habilidade requerida para se deslocar e realizar negócios de rotina. Era como você ia ao trabalho e como visitava seus amigos. Para apoiar o setor de transporte equino, havia ferreiros, cocheiras, cavalariças, lacaios e lojas de selas. Isso tudo desapareceu com a chegada do transporte sem cavalo. As pessoas do setor associado aos cavalos passaram para outros ramos de atividade. Não foi bom nem ruim. Simplesmente, *foi*. As coisas mudam. Os trabalhos mudam. Os projetos melhoram. Atualmente, as pessoas cavalgam por esporte, mas, no início do século XX, não havia nenhuma esperança razoável de preservar a economia equina comercial e impedir a economia do automóvel.

Meu tio Bud também cavalga, mas só por esporte. Ele se tornou o "mestre da caça" na região de Kansas City onde se aposentou. Os caçadores cavalgam por um tempo e, depois, voltam para a cocheira principal, onde apreciam um grande *brunch*, com suco de laranja misturado com champanhe. Da geração de meu avô para a de meu tio, tudo mudou em apenas 15 anos! É hora de outra grande mudança: em nossa produção de energia.

A equipe de filmagem do documentário e eu visitamos a fábrica da Boeing onde eu trabalhei, em Everett, no estado de Washington. Encontramos um sujeito incrível ali. Ele simbolizou para mim o espírito de adaptação que precisamos na Virgínia Ocidental e em todo o mundo conforme mudamos a maneira de obter e utilizar a energia. Hoje, esse homem instala importantes conjuntos de cabos na aeronave 747. Antigamente, ele trabalhava como pedreiro. Ele emprega suas mesmas habilidades básicas — identificar padrões e colocar materiais no lugar de modo cuidadoso, confiável e estético —, só que agora para construir máquinas incríveis, que transformaram a economia e uniram pessoas do mundo inteiro. Ele foi capaz de se adaptar a um novo conjunto de problemas utilizando habilidades que já tinha. Pensou em termos de quadro geral e enxergou que havia novas maneiras de ganhar a vida usando suas habilidades tradicionais. Percebeu o problema que enfrentava, e, com isso, permitiu-se permanecer aberto a todas as oportunidades lucrativas ao seu redor.

Então, o negócio é o seguinte, pessoal: na Virgínia Ocidental e em todos os lugares, podemos perceber o que está acontecendo com nosso clima, estudando os anéis no tronco das árvores, a contagem de pólen, os sedimentos do oceano e as amostras de gelo. Podemos ver, ouvir e cheirar o que acontece quando extraímos e queimamos carvão. Alguns cientistas aplicados filtraram os dados e avaliaram os resultados. Se abraçarmos a ciência, veremos que precisamos abraçar todas as melhores alternativas, tudo de uma vez. Você pode ajudar. Em diversas regiões do país, nesse momento, você pode optar por adquirir eletricidade livre de carbono. Você pode votar em candidatos que favoreçam a regulação das emissões e as leis tributárias justas em relação à energia renovável, e que apoiam as organizações que ajudam a promover essas ideias construtivas. Você pode se oferecer como voluntário ou fazer doações para ajudar as regiões do país (e do mundo) que são mais afetadas pela transição energética. Como fiz na Virgínia

Ocidental, você pode colaborar para espalhar a notícia de que o movimento rumo à energia limpa é uma liberação, e não uma agressão.

Sem dúvida, haverá rupturas e sofrimento. Alguns serviços não serão mais necessários ou procurados. Por outro lado, haverá oportunidade e alegria. As fontes de energia renovável oferecem crescimento limpo e de longo prazo — muito ao contrário das regulações frouxas para manter o carvão sujo vivo por mais algum tempo. Alguns empregos novos e incríveis serão criados, e estarão disponíveis para pessoas com todos os currículos e formações imagináveis. E se não fizermos nada, as rupturas e os sofrimentos serão muito piores. O clima da Terra está mudando muito rápido para nos adaptarmos sem algum trabalho duro. A informação está toda exposta para nós. Neste momento, tudo o que temos de fazer é a parte difícil: executar grandes mudanças, para que possamos mudar o mundo.

CAPÍTULO 26

Segurança nerd

As épocas de crise trazem à luz os melhores e piores aspectos da mente humana. Ativam nossos formidáveis poderes de solução racional dos problemas, mas também liberam medos poderosos, que inspiram ações irracionais, ou nenhuma ação. E, sem dúvida, estamos vivendo em uma época de crise. Gerenciá-la e superá-la exigirá toda a nossa inventividade nerd; não apenas em *design* e engenharia como também no enfrentamento das nossas necessidades emocionais como pessoas. É essa busca elusiva de felicidade que queremos perseguir. Era com tudo isso em mente que eu refletia sobre o discurso do Estado da União que Franklin D. Roosevelt proferiu em 6 de janeiro de 1941. A guerra assolava a Europa, e Roosevelt, como a maioria das pessoas nos Estados Unidos, estava preocupado com a segurança nacional. Os Estados Unidos tinham se comprometido a fornecer aos países aliados alimentos e outros itens essenciais por meio de comboios marítimos, e também provê-los com alguns equipamentos de combate importantes, incluindo bombardeiros B-17 e tripulações.

Roosevelt reconheceu que não demoraria muito para os Estados Unidos se envolverem diretamente no conflito. Ele não queria ver isso acontecer, mas, ainda mais, desejava estabelecer um arcabouço de longo prazo para que esses confrontos terríveis e fatais não mais ocorressem. Da mesma maneira que os executivos dirigem as empresas de cima para baixo, Roosevelt divulgou um conjunto de princípios em seu discurso do Estado da União para orientar os Estados Unidos (e outros países) através dos perigos de um mundo em guerra. Se você pensar em um país como um enorme projeto de engenharia, poderá chamar os princípios de Roosevelt de projeto. Ou você poderia adotar a linguagem da política e simplesmente chamar isso de "liderança". O discurso de 6 de janeiro passou a ser conhecido como o discurso das "Quatro Liberdades". Nele, o presidente Roosevelt afirmou:

> Nos dias futuros, que procuramos tornar seguros, esperamos ansiosamente um mundo baseado em quatro liberdades humanas básicas. A primeira é a liberdade de expressão – em todos os lugares do mundo. A segunda é a liberdade de cada pessoa cultuar Deus à sua maneira – em todos os lugares do mundo. A terceira é a liberdade contra a miséria – que, traduzida em termos mundiais, significa acordos econômicos que assegurarão a cada país uma vida saudável em tempos de paz para seus habitantes – em todos os lugares do mundo. A quarta é a liberdade de viver sem medo – que, traduzida em termos mundiais, significa uma redução universal dos armamentos, a tal ponto e de tal forma que nenhum país estará na posição de cometer um ato de agressão física contra nenhum vizinho – em qualquer lugar do mundo.

As duas primeiras liberdades são bem conhecidas. Nos Estados Unidos, a liberdade de expressão e a liberdade religiosa são direitos institucionais, escritos nas páginas da Constituição pelos Nerds Fundadores. Opa! Pelos *Pais* Fundadores! A liberdade contra a fome e a miséria: essa é mais teórica, o que meus contemporâneos chamam de metas ambiciosas. Os Estados Unidos são um país de grande riqueza, mas a pobreza ainda existe, e a pobreza extrema persiste em todo o mundo. Assim, como meta, permanece não cumprida em grande parte. Está repleta de problemas culturais e de distribuição.

No entanto, para mim, a quarta liberdade, a de viver sem medo, é um tremendo *insight*. E este capítulo trata basicamente dessa liberdade. Ou seja, é possível viver sem medo? É desejável? Há vezes em que o medo é útil ou essencial. Por exemplo, é bom que você evite dar passos que levem a um precipício. Há um bom motivo pelo qual nós, seres humanos, temos uma forte reação de medo programada em nossos cérebros. Não obstante, Roosevelt tinha razão. Queremos ser os senhores de nosso medo. Quando o medo nos domina, os resultados podem ser algo desde o desagradável até o catastrófico.

Dominar o medo é fundamental, porque o medo realmente engloba todas as três outras liberdades — ou melhor, as ameaças à liberdade. Ele emerge da sensação de que outra pessoa pode levar algo que nos pertence: nossa riqueza, nosso poder, nossa religião, nosso direito de dizer e fazer o que queremos. Pense em todas as raivas e conflitos do mundo que podem remontar a esses distintos tipos de inseguranças, e ao medo que inspiram. Essa visão do mundo de "nós contra eles", às vezes chamada de tribalismo, é umas das forças mais primitivas da natureza humana. Há um grupo (tribo) com o qual nos identificamos; e, então, há todos os outros grupos que estão competindo contra o nosso.

Em seu discurso das "Quatro Liberdades", o presidente Roosevelt nunca usou a palavra "tribalismo". Claro, era uma época diferente, mas, com certeza, ele entendia o conceito. Percebia que, quando as liberdades básicas não eram satisfeitas, as pessoas competiam e entravam em conflito; quando as liberdades eram satisfeitas, a paz podia ser mantida. Dadas as circunstâncias da época, Roosevelt, de modo compreensível, falou do caminho para a paz mais diretamente em termos de redução de armas. Ele estava propondo que os governos do mundo seriam mais estáveis e mais seguros se seus cidadãos não estivessem em pé de guerra. Porém, ele não tinha ilusões de que bastava simplesmente livrar-se das armas. Para ser alcançada, a paz requeria enfrentar as desigualdades e injustiças que levavam ao desejo por armas; isto é, alcançar a liberdade de viver sem medo em todas as suas formas.

Essa é uma visão de política muito nerd e guiada por projeto, e, 66 anos depois, ainda me impressiona como um brilhante modelo para uma abordagem racional dos direitos humanos globais. Imagine o quanto mais os países poderiam fazer se não tivessem gastos militares. Pense no que poderíamos alcançar por meio de um consenso nacional e internacional em favor de uma mudança para a energia renovável livre de carbono, tornando-a disponível para todo e qualquer indivíduo do mundo. O planeta seria mais limpo e saudável. Os recursos financeiros agora desperdiçados em armas poderiam ser direcionados para expandir o acesso aos alimentos e à água limpa, combater as doenças, criar novas tecnologias, explorar o universo. As pessoas viveriam mais felizes e levariam vidas mais produtivas. A paz significaria menos pobreza, e menos pobreza significaria mais paz.

Temos as ferramentas que precisamos para chegar a isso. A estrutura legal progressista da Constituição americana é uma. A filtragem de dados para eliminar informações fraudulentas e incendiárias é outra. A honestidade nerd, a responsabilidade coletiva, a implantação sistemática: são todas ferramentas que também fazem parte do kit. Porém, se quisermos mesmo um mundo mais pacífico, teremos que ir a fundo na psique humana e enfrentar os sentimentos de insegurança. Os nerds precisam ir atrás dos medos sozinhos.

O medo provoca comportamento irracional, mas o medo em si não é irracional. É um mecanismo de sobrevivência básico, que nos concentra nas ameaças mais imediatas; ou melhor, aquelas que percebemos dessa maneira. Eu tenho medo de que os homens não enfrentem a mudança climática no devido tempo, e sou uma das pessoas mais racionais que conheço (hã?). O tribalismo, e o medo associado de indivíduos que percebemos como diferentes de nós, tampouco é inerentemente irracional. Confiamos naqueles de nossa tribo porque os conhecemos, ou porque são muito parecidos conosco. (Nesse caso, estou definindo "tribo" em termos gerais, para incluir aqueles com quem nos identificamos em cultura, classe, língua, aparência, religião etc.) Além disso, se alguém de nossa tribo prejudica outro de nós, compartilhamos valores e escalas de justiça e castigo. Sabemos como o resto da tribo vai reagir.

Em geral, não confiamos em pessoas de outra tribo porque podem ser imprevisíveis e potencialmente perigosas. Elas podem tentar nos roubar. Podem tentar nos matar. Não sabemos quem elas são ou o que querem. Assim, temos de nos preparar para o pior. Quaisquer experiências ruins que tivemos antes se projetam sobre a outra tribo, porque não podemos ter certeza de que não é exatamente o que ela está determinada a fazer. É outra forma de viés de confirmação: de preferência, enxergamos características confiáveis em pessoas que são como nós, e não confiáveis naquelas que não são. Ninguém está completamente imune a isso. Não, nem mesmo eu. Nem mesmo você, se estiver sendo "nerdmente" honesto.

A mentalidade de nós contra eles é inevitável, seja em uma guerra mundial ou em uma disputa familiar a respeito de quem vai ficar com o edredom da avó. Acontece, sobretudo, entre países, embora possa ocorrer em todo nível político. Os países sempre conseguem encontrar coisas sobre as quais brigar: terra, água limpa ou peles de castor. Um ponto de discórdia difundido é a religião. Há uma percepção frequente de que, se as outras pessoas acreditam em algo um pouco diferente do que você acredita, há algo errado com elas. "Xenofobia", ou seja, o medo de estranhos, se origina das palavras gregas para "estrangeiro" e "medo": "Proíba a entrada de todas essas *outras* pessoas e, então, não teremos mais problemas" é xenofobia em sua forma mais grave.

Deixe-me lembrar de algo. Somos todos muito mais parecidos do que diferentes. Do ponto de vista biológico, somos todos quase idênticos. Compartilhamos pelo menos 99,9% das mesmas sequências de DNA. Dentro de uma população geográfica típica (como, por exemplo, as tribos das Primeiras Nações norte-americanas), a conexão é perto de 99,994%. Um cientista visitante de outra galáxia dificilmente poderia diferenciar qualquer um de nós. Com esse conhecimento nerd, e com as viagens pelo mundo se tornando mais acessíveis para muitos de nós, a tendência geral é de que todos estejamos nos tornando muito mais tolerantes uns com os outros. Esperemos que isso aconteça o quanto antes.

Embora eu adore a ideia de todos os povos do mundo dando as mãos e cantando Kumbaya* (espere aí, isso parece absolutamente medonho, mas você entende o que eu quero dizer), reconheço que sempre haverá um pouco de tribalismo. Os torcedores do Boston Red Sox sempre terão problemas com os torcedores do New York Yankees; como nativo de Washington e fã de beisebol, tenho problemas com esses dois times; grandes problemas. Uma maneira de lidar com um mundo imperfeito é permitir limites razoáveis e saudáveis. Temos o antigo dito "Boas cercas geram bons vizinhos". As cercas significam que você não tem de se preocupar que a família da casa ao lado — a outra tribo — invada seu gramado e pegue algo de sua garagem sem perguntar. Talvez a sua vizinha não queira que você a veja tomando sol nua. Talvez ela queira garantir não vê-lo tomando sol nu. Todos precisam de privacidade. Os países e os estados precisam de fronteiras para definir o escopo de suas leis.

Veja bem, uma fronteira voluntária não é a mesma coisa que um muro. Limitar a si mesmo não é igual a impedir a entrada de pessoas. Um bloqueio global é uma ideia impraticável; mesmo se não fosse, é retrógrada e contrária à ciência de nossos antepassados e ao conceito de direitos legais iguais para todos. Como nerds, temos que manter nosso respeito pelos outros em jogo e nossos medos sob controle. Isso se relaciona, mais uma vez, com aquelas quatro liberdades. Sabemos por meio de uma difícil experiência que a doutrina do separado, mas igual não funciona.** Ela leva a desigualdades de

* Canção cantada por escoteiros. (N. T.)
** Antiga doutrina jurídica dos Estados Unidos que justificava e permitia a segregação racial. (N. T.)

riqueza e direitos, e, então, voltamos ao medo e ao conflito. O pensamento racional rejeita a polêmica visão de mundo do nós contra eles.

Por mais importante que seja a privacidade, ela é apenas um componente da liberdade de viver sem medo. Isolar-se de maneira ativa é limitante. Vai contra a troca aberta de informações e ideias, que é atributo distintivo do pensamento do tipo tudo de uma vez, e muito do moderno progresso que produziu. Em isolamento, você perderá, ou perderia, oportunidades de interação, intercâmbio e troca de ideias. Gosto de pensar que chegará o dia em que os países não precisarão ter forças militares, quando a guerra será obsoleta. Não acho que viverei para ver isso. Confesso que tenho dificuldade para imaginar tal coisa. O que posso imaginar, porém, são soluções científicas e tecnológicas que criam barreiras seguras e sentimentos de segurança em escalas muito menores e menos agressivas que tanques de guerra, bombas de fragmentação e mísseis nucleares. Essas soluções nos levariam um pouco mais para perto da visão do presidente Roosevelt de um mundo sem armas.

Quando assumi como CEO da Sociedade Planetária, tive oportunidade de examinar uma tecnologia avançada dentro desse espírito. Fui convidado para falar em um jantar formal no laboratório de pesquisa da Força Aérea americana em Albuquerque, no Novo México. Ali, enquanto eu examinava um maravilhoso processo de soldagem a *laser* que utilizamos nas retrancas de nossa nave espacial *LightSail*, meus anfitriões me entretiveram com uma demonstração de um novo dispositivo que estavam experimentando: o Active Denial System (ADS). Esse aparelho, ou melhor, sistema, repele as pessoas sem tocar nelas, sem sequer aproximar-se delas. Aliás, repele mesmo, com mais eficácia do que uma pessoa com mau hálito em uma festa de casamento.

O ADS possui uma antena enorme, tão grande quanto uma cama *king-size*, montada em posição vertical sobre uma caminhonete. Quando é apontado para um indivíduo, atinge-o com um feixe de ondas de rádio de 95 gigahertz (são quase 10^{11} ciclos por segundo e cerca de dez vezes a energia de um feixe de radar). É como um forno micro-ondas de baixa potência emitindo feixes em todo o seu corpo. De fato, a energia total do feixe é muito menor do que a energia de um forno micro-ondas, mas as ondas são de frequência muito maior, alcançando-o. É a rapidez da sensação que torna o sistema bastante eficaz. Uau! Naquele dia, a antena do ADS estava montada sobre um veículo utilitário militar Humvee, o que a fazia parecer ainda mais ameaçadora. O motor diesel do Humvee acionava um grande gerador elétrico, que alimentava o incrivelmente potente arranjo ADS. E, nossa, é poderoso!

O veículo estava estacionado em uma pequena colina, a cerca de um quilômetro de distância de onde alguns de nós nos encontrávamos. Abaixo de mim, os soldados da aeronáutica marcaram uma área retangular de teste, com cerca de 4 por 5 metros, com cones laranja. Eles me levaram para ficar nesse retângulo. No instante em que giraram a antena e a apontaram para onde eu estava, senti como se minha pele pegasse fogo. Meu instinto imediato foi fugir, sair daquele retângulo o mais rápido possível. No instante em que saltei para fora daquele retângulo (quer dizer, fora da área do feixe), a sensação desapareceu. Simples assim. A ideia é dispersar multidões ou afastar pessoas de algum lugar em uma área urbana contestada ou no campo de batalha. É incrível, e um pouco arrepiante, o quão bem o ADS funciona. O veículo é evidente para qualquer observador ou aspirante a encrenqueiro, e o gerador faz barulho. Porém, o feixe em si é completamente invisível.

Tenho sentimentos confusos a respeito dessa tecnologia específica. Se o exército ou a polícia utilizar em cenários perigosos, onde antes usava armas, será um passo à frente. Só não quero vê-lo ser utilizado para dissolver protestos não violentos e similares. Como é, até agora, tecnologia exclusivamente militar, não há muita informação pública disponível sobre onde e como o sistema foi testado. Pelo visto, as Forças Armadas o levaram para o Afeganistão, mas nunca o empregaram em combate, talvez porque o veículo e a antena sejam muito vulneráveis. No entanto, posso vê-lo sendo mais eficaz e menos violento do que gás lacrimogênio e balas de borracha em certos tipos de áreas de conflito.

Por mais arrepiante que seja, o ADS me impressionou. Trata-se de um produto de nerds à procura de maneiras mais tranquilas de enfrentar situações violentas. Ele utiliza tecnologia para lidar com o medo de um jeito menos letal, o que o qualifica como um pequeno passo na direção de mitigar o conflito tribal. Os pesquisadores estão nos ajudando a aumentar a segurança de diversas outras formas tecnológicas: scanners de armas em portos marítimos, sistemas de dados para controle de passaportes, policiais com câmeras acopladas ao corpo, viaturas policiais equipadas com câmeras no painel, redes de vigilância pública. Elas têm seus defeitos, mas ao menos não são armas de ataque. Promovem a liberdade de viver sem medo, e, por extensão, a possibilidade de tomadas de decisão mais racionais, mas só em relação a pequenas coisas.

Aguardo o dia em que toda essa tomada de decisão racional nos permitirá resolver de verdade nossas dificuldades mútuas. Quero dizer, o tempo todo na origem: nós. Como o presidente Roosevelt expôs em suas Quatro Liberdades, o jeito de chegarmos lá não é projetando armas melhores ou nos livrando totalmente das armas. Temos de correr atrás dos quatro medos, o que significa trabalhar para reduzir o tribalismo. Uma mentalidade de crise tende a empurrar as pessoas com mais força para seus corners no ringue tribal. Então, um dos melhores modos de reduzir o tribalismo e promover a paz é reduzir a sensação de crise. Ah, quão difícil isso pode ser?

Dificílimo. Uma das coisas mais difíceis que existem. Voltamos à ideia de mudar o mundo. Mas é o que estamos aqui para fazer. É o que vamos fazer.

Sustento que há oportunidades para que engenheiros, cientistas e especialistas em política usem a tecnologia para nos libertarem amplamente do medo em escala global. Como o tipo de pessoa que compra meus livros (obrigado!), você provavelmente conhece essa verdade melhor do que ninguém: há duas maneiras de ficar rico — ter mais ou precisar de menos. A solução é fazer ambas as coisas. O pensamento nerd pode propiciar melhorias radicais em eficiência, mas também pode aumentar muito o fornecimento de energia, alimentos, medicamentos e informações. Talvez eu esteja sendo Bill, aquele que ilude a si mesmo. Posso estar, de forma nerd, presumindo que todo problema possui, em seu cerne, uma solução técnica, mas eu acredito nisso.

Sim, conheço tribos de pessoas que atiraram pedras e proferiram insultos umas contra as outras durante milênios. Isso não vai parar amanhã. Não obstante, temos de trabalhar na solução dos conflitos todos os dias. Conhecemos o objetivo. Então, avancemos na direção dele. Espero que junto com nosso instinto de desenvolver arame farpado, presídios de segurança máxima e Active Denial Systems, possamos desenvolver tecnologias que possibilitem não só segurança ao estilo tribal, mas todo um sistema em que as pessoas possam confiar umas nas outras.

Estou pensando em placas solares fotovoltaicas com película magnética de alta eficiência, turbinas eólicas em alto-mar e linhas de transmissão de energia de nanotubo de carbono, para que possamos ter energia abundante para todos. Estou pensando em novas técnicas para purificar água de maneira econômica, para que não tenhamos de brigar por água em um planeta mais quente. Penso em combate generalizado contra a pobreza e a escassez, para que possa haver mais liberdade e menos tribalismo de nós contra eles em todo o mundo. O mix correto de tecnologias de grande e pequena escala pode assegurar igualdade de condições no mundo. E se trabalharmos para colocar todos os cidadãos do planeta em uma esfera de raio igual economicamente? Essa imagem é muito nerd para você? Que tal oportunidades iguais para todos? Podemos fazer isso. Vamos começar.

CAPÍTULO 27

Pense cosmicamente, atue mundialmente

Eu acabara de completar 13 anos, em 1968, quando o astronauta Bill Anders, da mesma missão *Apollo 8* que mencionei no Capítulo 5, tirou uma foto incrível de uma Terra gibosa com a superfície da Lua em primeiro plano. Essa imagem icônica veio a ser chamada de "nascer da Terra". Foi a primeira vez que nós, seres humanos, vimos nosso planeta da perspectiva de outro mundo. Ao morar aqui na superfície terrestre, a maioria de nós pensa na Terra como um lugar imenso, com bilhões de habitantes morando em milhares de cidades e milhões de vilarejos, mas os astronautas, olhando para aquela imagem bem acima da superfície lunar, enxergam nosso lugar no cosmo de modo diferente: um pequeno mundo azul, suspenso sem nenhum meio visível de apoio, delicado, finito, único. É diferente de qualquer outro planeta que encontramos em qualquer lugar do universo, e é o único lugar onde sabemos que a vida pode existir (até agora).

Ninguém previu o profundo impacto daquela foto do nascer da Terra. Bill Anders olhou pela janela de sua cápsula espacial, viu algo incrível, pegou a câmera e tirou uma foto do que achou que era uma bela visão da Terra. Provavelmente, sua intenção não era influenciar bilhões de pessoas com um único instantâneo fotográfico. Mas influenciou.

Vista de uma grande altitude do espaço cislunar, é evidente que a Terra é um único mundo. Isso enche nerds como eu de otimismo. Antes que me candidatasse a seguir os passos de Anders e ser um astronauta da NASA (em vão, quatro vezes), senti-me atraído pelo espaço e pela visão otimista do futuro, talvez porque cresci assistindo à série original *Jornada nas estrelas*, que ia ao ar — quando a tevê estava "no ar" — 50 anos atrás. Toda semana, a nave espacial *Enterprise* (a *NCC-1701*) viajava pelo cosmo visitando ou combatendo uma civilização diferente. Cada aventura se desenrolava não em um país, mas em um mundo inteiro. Desde que a foto de Anders chegou a nós, também pensamos em nossa Terra inteira, com todos os seus ecossistemas e todos os seus oceanos, como um único mundo, da mesma forma que naquele programa de tevê. Só que de verdade. E isso muda tudo.

A visão de mundo nerd do tipo tudo de uma vez é muito parecida com a do seriado *Jornada nas estrelas*. As duas estão enraizadas na mesma filosofia: todos nós estamos nisso juntos. O programa e seus personagens se tornaram parte da cultura internacional, como Disney e o Mickey Mouse. Neste planeta, em todos os lugares, você encontrará fãs de *Jornada nas estrelas*. Muito mais importante, em todos os lugares deste planeta você encontrará pessoas que foram e são influenciadas pelo seriado e por sua visão de mundo; ou melhor, sua visão cósmica. O programa foi produzido por Gene Roddenberry, cujas histórias se baseiam em uma visão otimista do futuro, em que a sociedade provê a todos. Não há pobres na Federação Unida dos Planetas. O povo do universo de *Jornada nas estrelas* deve ter realizado tudo de uma vez. Em seu futuro, o bem-estar de cada criatura é propiciado por meio da tecnologia. Não encontramos outra nave espacial que ficou sem comida, nem vemos um planeta da Federação em que pessoas comuns estão tremendo ou morrendo de frio por falta de energia elétrica. Todos os problemas rotineiros relativos a alimento, vestuário e abrigo foram solucionados. Presumimos que a tecnologia avançada do futuro faz muito mais do que podemos fazer agora. Presumimos também que todo aquele bem-estar é, em última análise, produto de nada além da ciência. Afinal, aquelas naves espaciais possuem um "diretor de ciência". Elas não têm um "diretor psíquico", um "médico de medicina alternativa" ou um "diretor religioso". Possuem replicadores que podem cuidar de praticamente qualquer necessidade e tricorders médicos que podem avaliar imediatamente qualquer problema de saúde. Nessa ficção científica específica, é tudo ciência o tempo todo.

Exatamente como os planetas ficcionais visitados pelas diversas naves espaciais de *Jornada nas estrelas*, a Terra vista da distância da Lua não possui marcações ou fronteiras políticas. Também não possui barreiras naturais que confinam a mudança climática a uma parte da superfície. E é muito pequena em comparação com a vastidão do espaço. A atmosfera da Terra é tão fina que se você pudesse dirigir seu carro diretamente cima em velocidades de autoestrada, chegaria ao espaço exterior em menos de uma hora. Toda a ideia de "nós contra eles" parece absurda quando se tem consciência de que toda pessoa viva é mantida gravitacionalmente sobre a mesma rocha úmida de 12.742 quilômetros de diâmetro movendo-se pelo espaço. Não há a opção de seguir sozinho. Estamos todos juntos nessa viagem.

Ao contrário das histórias de *Jornada nas estrelas*, aqui em nossa nave planetária real temos problemas de saúde pública em escala global. As pessoas passam fome. As pessoas não podem participar de cultos religiosos como querem. As guerras persistem, e as pessoas não conseguem viver sem medo. Ainda não conseguimos aplicar nossos recursos científicos de modo pleno e justo. Continuamos longe da igualdade global como descrevi no fim do último capítulo. A taxa de pobreza mundial caiu mais da metade nas últimas duas décadas, mas quase 11% da população (cerca de 770 milhões de indivíduos) ainda vivem em condições de pobreza extrema, de acordo com o estudo mais recente do Banco Mundial. Os números na África subsaariana caíram muito pouco ao longo desse tempo. E só para ser claro, a pobreza extrema realmente é "extrema". É definida como viver com menos do que o equivalente a 1,90 dólar por dia. Mesmo levando em conta as excentricidades de como o poder de compra funciona em diferentes partes do mundo, esse valor representa uma existência penosamente miserável.

Temos de fazer melhor. Podemos fazer melhor, se pensarmos grande. Melhorar o padrão de vida de todos, em todos os lugares de uma vez, melhorará o nosso mundo e nos deixará mais seguros. Quando as pessoas são capazes de trabalhar e ganhar dinheiro para viver, tornam-se produtivas, em vez de desiludidas e prontas para brigar. Aqueles tirados da pobreza contribuem mais para o crescimento econômico e para a expansão do conhecimento humano. O progresso gera mais progresso, e todos compartilhamos isso.

Diversas organizações e entidades governamentais estão reduzindo o problema da pobreza global de maneira nerd, inteligente e orientada por dados. Sou membro de longa data da Union of Concerned Scientists (UCS), cuja declaração de missão afirma que é "por um mundo mais seguro e saudável". Por exemplo, a UCS possui engenheiros que analisam emissões veiculares e custos. Eles fazem recomendações ao Congresso americano a respeito de padrões de eficiência energética alcançáveis com base em suas análises de engenharia. A organização também possui especialistas em agronomia e nutrição, que fazem recomendações para a melhoria da produção agrícola. Soando alarmes, a UCS iniciou suas atividades visando a conscientização em relação ao desenvolvimento, à implantação e à manutenção de armas e materiais nucleares. Todas essas são formas significativas e práticas de aplicar o pensamento nerd para tornar o mundo mais seguro e saudável. E embora a UCS enfoque predominantemente os Estados Unidos, foi influente na proteção das florestas tropicais, e, ao mesmo tempo, estimulou o desenvolvimento sustentável ao redor do mundo, garantindo que a conservação não ocorra à custa da economia local.

A Global Citizen (anteriormente Global Poverty Project) é uma organização impressionante, que estabeleceu o objetivo de acabar com a pobreza extrema no mundo em 2030. Orgulho-me de estar trabalhando com a Global Citizen. É um objetivo difícil, mas a organização está cuidando disso de maneira inteligente e bem estruturada. A organização levanta dinheiro por meio de concertos e eventos de grande repercussão, e também de campanhas de arrecadação de fundos *on-line*. Ela redistribui cuidadosamente esses fundos, investindo amplamente em saneamento, educação e assistência médica, e financiando inovações em pequena escala. Os programas da Global Citizen não se resumem a entregar sacos de alimentos e sumir. Os especialistas mostraram que esse tipo de programa de ajuda possui um histórico terrível. Resolvem o problema por um dia, e, no dia seguinte, o problema está de volta. É o exemplo típico da ação de curto prazo sem a execução de longo prazo. Em contraste, o pessoal da Global Citizen trabalha com parceiros locais e desenvolve estratégias de longo prazo e de esforço máximo.

O que faz organizações como a Union of Concerned Scientists e a Global Citizen trabalharem bem é que elas possuem missões claras, que percorrem todas as etapas da pirâmide invertida do projeto. Comece com a ideia de que você quer que o mundo seja mais saudável. Como você faria isso? Você quer pessoas respirando ar mais limpo e bebendo água mais limpa. Como conseguir essas coisas? Você pode fazer isso de cima para baixo ou de baixo para cima. A Union of Concerned Scientists analisa tudo de uma vez e filtra para obter impacto máximo. Adota uma abordagem de cima para baixo, defendendo regulações que forçam as pessoas a não poluir. Também adota uma abordagem de baixo para cima, visitando cidadãos afetados por aumentos de maré e ar poluído. A Global Citizen pede contribuições para celebridades, empresas, fundações e doadores individuais. Os recursos vão para iniciativas direcionadas, como erradicação da pólio na Índia ou agricultura sustentável na África, outro mix inteligente de abordagens de cima para baixo e de baixo para cima.

Acredito firmemente que cuidar de todas as pessoas deste planeta requer três coisas básicas: eletricidade confiável e sustentável, água limpa e acesso à internet. A eletricidade é fundamental, porque possibilita tanto fluxo de informação eletrônica como energia para gestão da água. A Solutions Project é uma de minhas organizações favoritas que lideram a iniciativa de energia renovável. Ela é composta por um grupo de engenheiros (como Mark Jacobson, um de seus fundadores, que é engenheiro civil da Universidade Stanford) que fizeram análises reais para demonstrar que as fontes de energia renovável — vento, luz solar, marés e calor geotérmico — poderão satisfazer às necessidades de eletricidade de todo o mundo em 2050. A organização capta recursos para realizar análises detalhadas requeridas e para pagar pessoal que defende suas propostas orientadas por dados em eleições locais e nacionais.

O que destaca a Solutions Project é que suas propostas não se baseiam em intuição infundada, nem a organização se envolve com tecnologias ainda inexistentes. Por exemplo, os engenheiros da Solutions Project propõem a eletrificação de todos os meios de transporte terrestres: carros, caminhões e trens funcionariam com baterias ou sob linhas de transmissão. Essas tecnologias existem. Eu já dirigi um Chevy Bolt fabricado nos Estados Unidos totalmente elétrico. Se tivéssemos milhões de carros e caminhões elétricos equipados com baterias, poderíamos armazenar energia para todos, em todos os lugares, o tempo todo. Costumo viajar entre Nova York e Washington no Acela, trem totalmente elétrico da Amtrak. Se a eletricidade fosse produzida de forma renovável, os trens funcionariam de modo limpo. Para aqueles que duvidam que ideias assim são alcançáveis, pense de novo. A equipe da Solutions Project faz isso. Todos os seus planos são metodicamente projetados, equilibrando objetivos de curto prazo e longo prazo e se baseando na análise cuidadosa das fontes de energia renovável que estão disponíveis onde a eletricidade é necessária. Até recentemente, ninguém havia feito essa análise metódica de recursos renováveis; os combustíveis fósseis são uma parte tão ubíqua de nossa infraestrutura de energia que isso não parecia necessário. Agora que existem a informação e os algoritmos para atualização dessa infraestrutura, avançar será muito mais fácil.

Nas próximas três décadas, segundo o plano da Solutions Project, passaremos da produção centralizada de energia para a produção distribuída. É um grande trabalho, mas o mundo é pequeno. (Você pode experimentar as duas percepções simultaneamente quando observa a foto do nascer da

Terra.) Lembre-se de que as tecnologias de energia já existem. Elas podem ser compartilhadas e configuradas para as necessidades locais em todos os lugares. Os integrantes da Solutions Project acreditam que poderemos fazer tudo isso se simplesmente decidirmos fazer isso. Eis por que, junto com o trabalho técnico, eles defendem essas tecnologias renováveis nos governos locais e regionais, e também nos governos dos Estados Unidos e de mais de cem outros países. O fornecimento expandido de energia limpa aumentará muito a riqueza, e, ao mesmo tempo, reduzirá drasticamente a desigualdade, o tribalismo, o conflito e o medo. É uma visão otimista do futuro por meio da ciência. É como se *Jornada nas estrelas* emitisse raios de luz para a Terra.

Escolhi as organizações que conheço melhor e com quem trabalhei diretamente. Tenho certeza de que elas realizam um bom trabalho, ajudando a melhorar as condições de vida em nosso planeta. No entanto, há diversos outros grupos respeitáveis contribuindo com sua parte. Com dados acerca de instituições beneficentes, assim como com todas as informações, você pode filtrar os fatos cuidadosamente. Procure organizações com custos administrativos relativamente baixos (o dinheiro que gastam só para manter suas operações) e com um histórico comprovado, e com uma missão e um conjunto de objetivos bem elaborados. Organizações de vigilância como a BBB Wise Giving Alliance e a CharityWatch podem lhe fornecer um rápido teste de realidade. É fácil encontrá-las *on-line*.

Você deve recordar que já falei do Congresso Internacional de Astronáutica [IAC, na sigla em inglês] que foi realizado em Guadalajara, no México, em 2016. Esse foi um fantástico evento nerd, com fornecedores vendendo imensos foguetes comerciais e naves espaciais de pequena escala construídas por estudantes sob o mesmo teto de um centro de convenções. Também foi um estudo de caso fascinante a respeito de como o mundo está começando (mais ainda lutando) a trabalhar em conjunto como um só. O IAC decidiu se reunir em Guadalajara porque a cidade vem se tornando uma incubadora de tecnologia importante no México. Os negócios ali assumiram uma perspectiva cósmica em relação à ideia de progresso. Guadalajara é uma cidade moderna e bem desenvolvida. A economia parece sólida, e suas instalações são boas o bastante para atender a uma conferência internacional importante. Porém, pude perceber que ainda há trabalho a ser feito. Os estrangeiros como eu foram aconselhados enfaticamente a não beber água de torneira, porque nossos sistemas gástricos não contêm os anticorpos que os nativos possuem contra os diversos micróbios indutores de disfunções comuns na água de torneira mexicana. O desenvolvimento tecnológico não fluiu para o nível das torneiras e dos chafarizes.

Essa é uma versão em escala de cidade de uma questão muito maior: a guerra contra a pobreza deve ser travada em todas as escalas, tudo de uma vez. Quando você tem por meta as estrelas, ainda tem de prestar atenção às calhas. Digo isso literalmente. De vez em quando, um jornalista me pergunta sobre a invenção que considero a maior para a humanidade até agora. Minha sensação é de que ele espera que eu responda o iPhone ou talvez a lâmpada elétrica. No entanto, sempre respondo: "O esgoto". Sem os meios de remover os dejetos humanos e todos os micróbios transmissores de doenças neles contidos, os vilarejos se tornam meios de cultura para todos os tipos de parasitas. Se a água de um vilarejo que todos bebem estiver contaminada, mesmo levemente, as pessoas adoecerão com frequência. Pessoas doentes, sobretudo crianças, são improdutivas, e demandam cuidadores. Quase 800 milhões de indivíduos ao redor do mundo carecem de água potável, e 2,5 bilhões não têm acesso ao saneamento moderno. Esgoto é o marco zero se o seu objetivo for água limpa para o mundo em desenvolvimento e, por extensão, um caminho muito importante para a eliminação de pobreza.

No mundo desenvolvido, os engenheiros civis e os municípios solucionaram de maneira eficaz o problema dos dejetos e das doenças. Eles fornecem água limpa por meio do uso de tanques de sedimentação, equipamentos de aeração, agentes de floculação, controle de acidez e um enorme sistema hidráulico domiciliar. É tão corriqueiro no Canadá, no Reino Unido, na Dinamarca, no Japão, nos Estados Unidos e em outros países ocidentais que, provavelmente, a maioria de nós raramente concedeu a isso um minuto sequer de atenção. Por outro lado, se você cresceu sem uma instalação sofisticada de água e esgoto, também não deve ter pensado nisso, porque nunca viu com seus próprios olhos. Nós, do mundo desenvolvido, poderíamos reparar isso. Afirmo que é de nosso melhor interesse introduzir canalização de esgoto e modernas instalações de água limpa. As organizações nacionais e internacionais de serviços que já mencionei poderiam tomar parte do processo de fazer isso acontecer.

Água e energia andam de mãos dadas. A água limpa atende a uma população saudável que pode ajudar a adaptar práticas agrícolas modernas e a construir uma nova infraestrutura de energia. A energia atende às tecnologias de saneamento e purificação necessárias para manter a água limpa. Juntas, elas promovem a grande causa de trazer mais liberdade e menos medo para todo o mundo, e fomentar tanto a equidade quanto o nosso interesse próprio. Com energia limpa e água limpa adequadas, podemos melhorar a saúde pública. Podemos dar acesso a celulares e conexões à internet para as pessoas. Podemos expandir o acesso à educação e à oportunidade econômica. Então, teremos uma população mais produtiva, e gente mais produtiva para realizar negócios. Em longo prazo, teremos mais países contribuindo para a economia global, em vez de países fracos e esperando receber ajuda.

Assim como muitos investimentos, prover saneamento moderno e energia renovável para todo o mundo parece caro, mas só até você analisar o custo de *não* fazer isso. Apenas pense em quanto perdemos — em produtividade, crescimento econômico, ciência e tecnologia — ao não levarmos em conta uma grande quantidade da população mundial. Todos nós podemos fazer mais para corrigir isso. Podemos fazer doações para as organizações que mencionei anteriormente, oferecermo-nos como voluntários, ou talvez criar uma organização para acelerar as coisas. Todas as organizações sem fins lucrativos com a missão de mudar o mundo começaram com um único indivíduo. O próximo pode ser você. Os objetivos progressistas advogados pelos Pais Fundadores e as Quatro Liberdades articuladas por Franklin Roosevelt ainda são grandes modelos para o progresso e a prosperidade globais. Quando fico empolgado, como parece que me sinto agora, acho que falhar em abraçar esses desafios seria absolutamente não americano. Com certeza, não seria nerd.

Nas últimas quatro décadas, *Jornada nas estrelas* (junto com outras ficções científicas idealistas) ajudaram a semear uma visão de futuro em que a ciência solucionou os maiores problemas do mundo. Para perseguir essa visão, temos de seguir o caminho do tudo de uma vez. *Jornada nas estrelas* também ajudou a disseminar a consciência — correta, em minha humilde opinião — de que projetos ambiciosos incomuns, como um programa espacial, não são luxos supérfluos, mesmo para países em desenvolvimento. Todos os benefícios a respeito dos quais falei (escrevi) também se aplicam a esses países, talvez ainda mais. Um programa espacial estabelece objetivos ambiciosos, que promovem a educação, a inovação e o pensamento crítico de maneira que beneficiam todo um país, de cima para baixo, da mesma forma que as explorações espaciais da NASA beneficiaram enormemente os Estados Unidos.

Atualmente, há programas espaciais em todo o mundo. Em 2014, a Índia pôs uma sonda denominada *Mangalyaan* ("Embarcação de Marte") em órbita ao redor de Marte, e sua agência espacial está ajudando a empresa privada TeamIndus a pousar um rover na Lua em 2018. Países tão diversos como Malásia, Brasil, Irã, Nigéria e Vietnã possuem programas espaciais de vários tipos. Estou particularmente atento ao caso do México, país que ficou à parte da inovação tecnológica, ainda que tenha uma enorme quantidade de comércio com os Estados Unidos. A reputação de atraso do México é parte do que tornou esse país alvo de tantos demagogos denunciando a imigração e os tratados comerciais. No entanto, a situação está mudando. O México fez mais do que simplesmente promover uma conferência dedicada ao espaço. Agora, o país possui seu próprio programa espacial. Guadalajara está até sendo chamada (com um pouco de exagero, é verdade) de Vale do Silício do México.

Confesso que o espaço está em mim, assim como sou parte do cosmo. Carl Sagan criou a Sociedade Planetária em 1980. Eu ingressei como membro fundador. Agora sou CEO da sociedade. Aceitei o cargo porque sinto intensamente que o espaço revela o melhor de nós. Engaja pessoas de todo o mundo. Já afirmei que a exploração espacial transcende ideologias políticas, mas também transcende culturas e países. Não reconhece nenhuma tribo, sendo um ícone da liberdade e da possibilidade de progresso, independentemente de quem você é ou onde vive. Não importa que outros problemas a humanidade terá de enfrentar, pois todos queremos saber de onde viemos e como chegamos à Terra. Na Sociedade Planetária, nossa missão é claramente global: empoderamos os cidadãos do mundo para conhecer o cosmo e nosso lugar dentro dele. As pessoas de todos os lugares anseiam fazer parte de algo maior do que elas mesmas.

Há inúmeros céticos que sustentam que apoiar a nave espacial *Light-Sail*, construir uma máquina para andar na Lua ou enviar um robô para Marte deveriam ser relegados para segundo plano, priorizando-se o fim da pobreza ou a transformação do mundo em um lugar mais saudável e seguro. Eles não estão percebendo um ponto muito importante: quando exploramos o universo, cada de um nós se sente mais conectado com o nosso planeta, mais realizado e mais produtivo. Quando a sonda *Mangalyaan* entrou em órbita com sucesso e começou a enviar suas primeiras fotos de Marte, toda a Índia comemorou. Foi uma celebração da *expertise* científica e do projeto virtuoso. Também foi a celebração da razão sobre a superstição, da colaboração sobre o medo e a divisão. Não é uma situação de uma opção só: acabar com a pobreza ou explorar o espaço. As duas andam de mãos dadas. A exploração espacial e a ciência são parte de um impulso humano maior. Sinto orgulho de fazer parte disso.

Retorno à foto da Terra nascendo acima da Lua; uma joia brilhante suspensa no vazio. O impacto de ver nosso planeta de uma grande distância é tão poderoso que tem um nome: efeito visão total. Os astronautas que voltam do espaço muitas vezes descrevem essa sensação: um apagamento substancial do senso habitual de fronteiras entre países e tribos. Nem todos nós podemos ir ao espaço (ainda), mas podemos tentar internalizar o efeito e, em seguida, disseminá-lo ao máximo.

O processo de construção de confiança entre os países incluirá o compartilhamento do conhecimento, da tecnologia e do completo processo nerd e racional de solução de problemas. É como você ataca as raízes institucionais da pobreza. Esses objetivos são mais amplos do que as prioridades de água, energia e informação. Eles também se aplicarão a qualquer uma de nossas futuras necessidades, e confirmam o compromisso com os direitos humanos básicos. Já temos instituições que incorporam o efeito visão total: não apenas grupos sem fins lucrativos como Union of Concerned Scientists, Solutions Project e Global Citizen, mas também as Nações Unidas, os programas nacionais de serviços e as empresas globais. Mesmo as maiores instituições gerenciadas de cima para baixo devem reconhecer a necessidade de trabalhar de baixo para cima simultaneamente, ajudando a desenvolver empresas e mercados locais.

O escopo das ações pode parecer desencorajador, mas o efeito visão total pode nos ajudar aqui. Nem todos nós somos especialistas em fazer essas coisas, nem precisamos ser. Temos apenas de trabalhar juntos, respeitando o princípio de que todos sabem algo que você não sabe. Procuremos esses especialistas formais e informais, e obtenhamos a cooperação deles, ou nos juntemos a eles. Apliquemos os melhores princípios de projeto, testando abordagens diferentes, construindo protótipos e refinando as nossas soluções. Decomponhamos os maiores trabalhos em tarefas manejáveis. Enfrentemos a pobreza da maneira mais inteligente e mais nerd, dando o melhor de nós para alcançarmos o máximo. Tudo de uma vez.

Algum dia em breve, espero, veremos jovens americanos trabalhando duro nos Estados Unidos e no exterior, montando turbinas eólicas, instalando painéis fotovoltaicos e estendendo linhas de transmissão eficientes, talvez revolucionárias, onde são necessárias. Da próxima vez que eu visitar Guadalajara, talvez o México esteja lançando seu próprio grupo de satélites que permitirão conexão à internet, e todos de qualquer lugar sejam capazes de beber água de torneira sem maiores consequências. Da próxima vez que eu analisar um desses gráficos de pobreza no mundo, quero ver todas as linhas tendendo a zero. Sonho com o dia em que não precisaremos ter essas conversas porque todas essas coisas estarão acontecendo. E acredito que, passo a passo, poderemos converter esse sonho em realidade.

CAPÍTULO 28

Os homens controlam a Terra; os nerds devem orientar os homens

Tenho ouvido ultimamente os cientistas usando muito um termo: "antropoceno". A palavra vem do grego (significa "a era humana") e descreve a era geológica atual, em que nossa espécie domina os processos naturais de nosso planeta. Com 7,4 bilhões de pessoas aqui, respirando, queimando e despejando no ar, não surpreende que estejamos mudando o clima. De acordo com um estudo importante, o homem alterou 83% da superfície terrestre, incluindo 98% das áreas que são adequadas para agricultura. Com nossas escavadeiras, equipamentos de irrigação e explosivos, revolvemos quase 100 bilhões de toneladas de solo por ano. Movemos mais terra do que a própria Terra, mais rápido do que vulcões, erosões e placas tectônicas somados. Estamos deslocando canais de rios, decapitando montanhas, pavimentando terras e mudando padrões de drenagem com estradas, e reformulando a composição de terra, mar e ar. Estamos mudando a paisagem do planeta ao menos 100 mil vezes mais rápido do que pode acontecer na natureza. Eis como somos poderosos.

Para mim, há uma questão fascinante e perturbadora suscitada pela ideia do antropoceno: quando começou? Quero dizer, quando o homem começou a exercer uma influência em grande escala sobre a Terra? Alguns fixam a data em meados do século XX, quando as bombas atômicas alteraram a composição radioativa da superfície do planeta. Outros fixam no século XIX, com a introdução dos fertilizantes químicos para agricultura intensiva. Ou talvez tenha começado no século XVIII com a Revolução Industrial, ou no século XVI, quando os colonizadores europeus começaram a transportar espécies (incluindo doenças infecciosas) entre o Velho e o Novo Mundo. Eu poderia continuar, defendendo a tese de que começamos a afetar o meio ambiente há 10 mil anos com a introdução da agricultura, ou há um milhão de anos com a introdução do fogo. E daria para prosseguir além disso, mas não vou.

O limite entre as influências natural e humana sobre o mundo é confuso. Nós mudamos a Terra de maneira significativa desde que nos tornamos uma espécie tecnológica. Não pretendíamos fazer nada disso. Na maior parte do tempo, nem sequer sabíamos que estávamos fazendo. Às vezes, as pessoas analisam todos os modernos problemas ecológicos e me perguntam: como nós, enquanto espécie, permitimos que tudo isso acontecesse? O que estávamos pensando? A resposta básica é que *não estávamos* pensando; simplesmente, estávamos *fazendo*, seguindo nossas necessidades e nossos instintos evolucionários sem reconhecer ou antecipar consequências nessa escala.

Esse *insight* pode levar ao desespero. Ou você pode dar meia-volta e mudar sua perspectiva. Se você não acreditou em mim antes, quando eu disse que podemos mudar o mundo, talvez acredite agora, *porque nós já estamos fazendo isso*. Não podemos voltar o relógio para trás, mesmo com o trabalho mais diligente de idealistas ambientalistas. Não somos capazes de repor os topos de montanhas removidos onde eles estavam, na Virgínia Ocidental. Não vamos demolir cidades ou descultivar lavouras. E não podemos reverter o progresso humano — nem devemos. Ninguém quer abrir mão do conforto, da conveniência, da conectividade, da boa saúde e de todas as outras maravilhas que a tecnologia moderna proporcionou. Ninguém quer tornar o mundo mais pobre, menos informado e mais tribal. Os estilos de vida tradicionais não são possíveis com a população moderna. Para a frente é a única opção.

Como protetores da Terra, nós, seres humanos, temos de modelar (ou remodelar) o mundo do jeito que queremos que ele seja. A única maneira pela qual podemos cuidar uns dos outros é também cuidando de toda a bola azul. Vivemos hoje como imaginamos outrora que viveríamos nas histórias de ficção científica, como senhores de nosso planeta. A boa notícia é: sabemos que temos essa capacidade. O que precisamos agora é de sabedoria, direção e execução, para dar vazão a essa capacidade da maneira mais construtiva. O homem está no controle da Terra, mas ainda não estamos plenamente no comando de nós mesmos. Precisamos de mais sabedoria e de aplicar os princípios do bom projeto em escala global. Precisamos de especialistas que possuam entendimento profundo de como a nossa população humana interage com a natureza. Devemos coordenar nossas ações em uma escala nunca empreendida ou até visualizada com seriedade.

Começamos pelo caminho certo ao menos, mesmo se foi necessário crise e conflito (mais uma vez) para começarmos. A Segunda Guerra Mundial mostrou a possibilidade aterrorizante da autodestruição global; sua consequência inspirou novas instituições a promover a colaboração construtiva em uma escala mundial. Algumas dessas instituições apareceram sob a forma de tratados internacionais. Outras surgiram como redes de programas afins de ciência, tecnologia e pesquisa ambiental. A ONU, apesar de seus limites e defeitos, proporciona um foro para discussão e tomada de decisão internacional. A organização Médicos sem Fronteiras mobiliza médicos de todo o mundo para prestar serviços médicos àqueles em necessidade. A Convenção sobre o Comércio Internacional das Espécies da Fauna e da Flora Silvestres Ameaçadas de Extinção [CITES, na sigla em inglês] e a Conservação Internacional trabalham para impedir a caça ilegal e pela conservação de espécies ameaçadas. A Conferência das Partes, realizada em Paris em 2015, conhecida como COP21, produziu o acordo internacional mais significativo até hoje a respeito da redução dos gases de efeito estufa.

O ideal seria termos encontros regulares estabelecendo tratados e acordos regulares semelhantes ao COP21 para todos os tipos de questões globais. No mundo perfeito de Bill Nye, cientistas e engenheiros de diversos países se reuniriam para estabelecer padrões de ar limpo, água limpa e eletricidade renovável. Os países mais ricos trabalhariam para ajudar os países mais pobres, proporcionando *know-how* e educação para todos os estudantes de cada país. Abordaríamos estratégias para o desenvolvimento equitativo e a redução da pobreza. Colaboraríamos em projetos inspiradores para a cura do câncer em todas as suas formas, em experiências de física e na exploração espacial. São grandes ideias, mas frequentemente remonto à verdade incontestável: a jornada mais longa começa com um único passo.

E não se sinta excluído, porque muitos desses pequenos passos precisam vir de você. O comportamento pessoal conta. Cada centavo no banco soma. Tomamos decisões sobre que tipo de carro comprar, em que tipo de casa morar, que aquecedor ou ar-condicionado instalar. Em muitos lugares, você pode escolher como a eletricidade é produzida na empresa de energia elétrica local. Você tem bastante influência sobre o que seus filhos aprendem e que valores adotam. Você pode ser um agente da mudança em sua escola local. Pense em todas as maneiras com que você pode aumentar seu controle sobre a Terra. Os tratados internacionais e os acordos de comércio são úteis na conservação, preservação e melhoria do meio ambiente. Esses acordos não surgem do nada. Emergem em resposta às percepções dos políticos àquilo que é importante no mundo; sobretudo o que é importante para os eleitores. O mesmo é válido para os níveis nacional, estadual e municipal.

Como digo em todas as oportunidades que tenho: vote. Vote! Espere, talvez você tenha pensado que eu estava brincando: *Vote!* Essa é a maneira fundamental pela qual influenciamos as políticas em países democráticos de todo o mundo. Agora mesmo, é mais claro do que nunca que eleições importam. Mesmo os países não democráticos são muito influenciados pelo que veem outros países importantes fazendo. Aquele sortudo o bastante para viver nos Estados Unidos ou em alguma outra democracia progressista, tem a responsabilidade consigo mesmo, e com o resto do mundo, de dar um exemplo bom e proativo. Fazer ouvir sua voz política é fundamental, porque o negócio da política não é apenas estabelecer políticas, mas também encontrar e escolher os líderes. Com as políticas certas, os orçamentos certos e os líderes certos no lugar, podemos ir direto ao assunto. Não se sinta desmoralizado quando o resultado de uma eleição não for de seu agrado. Não fique complacente quando for. A apatia é um dos grandes obstáculos ao progresso nerd.

Tudo bem, Bill, digamos que votar é a coisa mais importante que um cidadão pode fazer. Então, como os cidadãos escolhem em quem votar? Esse é apenas outro problema de filtragem. Temos de contar com as organizações de proteção, aquelas com um histórico de apoiar boas causas e produzir resultados reais. Algumas das organizações que mencionei anteriormente, como a Union of Concerned Scientists, também estão de olho nos políticos que são mais apoiadores e eficazes em promover as políticas ambientais globais e de bem-estar humano. A UCS também realiza análises independentes das consequências de políticas públicas para a saúde e divulga diretrizes acerca de estratégias de desenvolvimento para membros do Congresso e para os funcionários legislativos que produzem muito da linguagem política. Meu amado empregador, a Sociedade Planetária, relata acontecimentos políticos pertinentes. Como organização sem fins lucrativos, não fazemos *lobby* no sentido legal técnico. Em vez disso, nós advogamos. Promovemos encontros com especialistas, nos reunimos com autoridades eleitas e estimulamos nossos membros a entregar abaixo-assinados aos seus representantes. Pode parecer sutil, mas, com certeza, é eficaz. Afinal de contas, os governos são compostos de pessoas. Em grande medida, as políticas são produzidas como resultado de argumentos fundamentados, que são aceitos ou rejeitados com base nos relacionamentos entre os indivíduos.

Cabe a todos nós fazer parte desse relacionamento, encontrar essas organizações e avaliar seu trabalho, falar aos nossos amigos e colegas a respeito delas, e, em última análise, apoiá-las com nosso dinheiro e nosso tempo. A complexidade de nossa sociedade exige que adotemos uma postura analítica para votar e gerenciar os nossos recursos. O que estou dizendo é o seguinte: temos de prestar atenção à política e participar do processo, e não ser apenas espectadores. Às vezes, isso significa levantar a voz (ligando para seu representante local, aparecendo em uma reunião pública). Outras vezes, significa apoiar um político ou um ato legislativo mesmo se o político ou o ato não forem perfeitos. Como você é responsável por todo o planeta, há ocasiões em que terá de ser pragmático.

Como você pode ter aprendido a esta altura, acho que, quanto mais pensadores nerds tivermos em altos cargos, mais bem-sucedidos seremos em gerenciar o planeta. Nos últimos anos, houve uma popular reação adversa à ideia de confiar em "especialistas". Eu acharia preocupante se não fosse tão absurda. Pense nisso por um momento. O tráfego aéreo seria melhor sem especialistas em radar? Quão saudáveis seríamos se ninguém se interessasse por química, microbiologia ou tratamento de águas servidas? Nossas rodovias seriam melhores sem alguém que entendesse de como instalar e iluminar placas? Essas são habilidades especializadas, que são basicamente técnicas, e não queremos ficar sem elas. Suspeito de que os ataques contra os especialistas sejam mais uma questão de tribalismo do que de *expertise* em si. Alguns temem que enfrentar a pobreza no exterior significa menos riqueza em casa; imaginam que atuar globalmente significa oferecer menos ajuda localmente. É um argumento completamente imperfeito do ponto de vista lógico, mas possui bastante poder emocional bruto, pois explora a mentalidade do nós contra eles.

Espero que pensar e falar em termos de nosso controle de toda a Terra possa ajudar. Ninguém ganha se o planeta perde; mais pertinente, talvez, ninguém perde quando todo o planeta ganha. Queremos tornar o mundo mais justo (ao menos espero que você também queira), não só porque é a coisa certa a fazer, mas porque é a melhor coisa a fazer para todos nós. Não tenho certeza de que haja alguém que não ache que a equidade seja uma boa coisa. Mas a equidade não é um valor autônomo. Para a equidade florescer, precisamos ser livres para ter discussões abertas e ser honestos uns com os outros. Ecoando Franklin Roosevelt, também necessitamos do básico para uma vida saudável e feliz. Em meu papel como tio Bill, as queixas mais sérias que ouço de meus sobrinhos é: "Mas isso não é justo!". ("Minha irmã foi ao passeio da casa mal-assombrada na Funland. Por que eu não posso?" etc.) Não acho que isso virá a mudar em algum momento. A iniquidade visível é o que causa os conflitos na idade adulta. A equidade é um elemento essencial de um mundo melhor.

Controlar o planeta exige políticas certas. Exige objetivos certos. Também exige ciência e engenharia certas: as melhores contribuições para qualquer programa de mudança global direcionada que podemos desenvolver. Quando estamos tentando decidir o que queremos fazer para a Terra, temos de saber exatamente o que *podemos* fazer, agora ou muito em breve.

Neste momento, sabemos o suficiente para estabelecer acordos e tratados mais abrangentes para a alocação justa de recursos hídricos, tanto nos Estados Unidos como no exterior. Podemos concordar em não fertilizar em excesso nossos campos, para que os efluentes ricos em nitrogênio não acabem em nossos rios, golfos e mares, onde provocam a eflorescência de algas mortíferas; essas eflorescências algais estão matando imensas populações de peixes. E não há controvérsia (exceto entre aqueles cujo trabalho é criar controvérsia) sobre a necessidade de parar a queima de carvão para cozinhar, aquecer ou gerar eletricidade. Todas essas coisas ajudarão a trazer o nosso planeta de volta ao equilíbrio.

Podemos melhorar nossas práticas agrícolas nas próximas décadas, para que consigamos produzir alimentos para 9 bilhões ou 10 bilhões de pessoas usando menos terra arável do planeta do que usamos agora. As culturas transgênicas tendem a ser parte importante da solução. Podemos projetar plantas para tolerar tempo mais quente, resistir às secas e ser mais resistentes em tempestades de vento. Sabemos que essas mudanças climáticas estão chegando. Posso imaginar a inserção de novos genes nas árvores, para que sejam imunes a espécies invasivas que transportamos; esse desafio já está presente. Então, posso imaginar um sistema de acordos internacionais que permitam que produtores rurais e geneticistas criem sementes para culturas aprimoradas ou para árvores capazes de barrar insetos, que possam ser comercializadas por meio de um arranjo de desenvolvimento mundial. Essas ações ajudarão a contrabalançar mudanças globais que já fizemos e que não podem ser revertidas.

Todo o ecossistema terrestre é energizado pela luz solar, e, em nosso mundo nerd e reformulado, muita eletricidade também virá da luz solar. O Sol será o nosso gerador. Recentemente, tomei conhecimento da Rayton Solar, empresa californiana cujos engenheiros encontraram uma maneira de fabricar células solares que produzem muito menos resíduos que os métodos tradicionais. As células também são mais finas e mais eficientes. Atualmente, as placas solares típicas conseguem converter cerca de 20% da energia solar coletada em eletricidade. Se conseguirmos alcançar 50% de eficiência, isso mudará o mundo rapidamente. Há diversas empresas, universidades e grupos de pesquisa governamentais trabalhando para isso acontecer. Então, agindo movidas simplesmente por interesses econômicos, as empresas de energia elétrica trocariam logo os combustíveis fósseis pela luz solar. Os países em desenvolvimento poderiam instalar geradores solares de baixo custo para tapar os muitos buracos em suas redes elétricas. Tornar-se-ia muito mais fácil mudar para uma economia que não mais enriquece a atmosfera terrestre com gases do efeito estufa.

Da mesma forma, podemos reformular a paisagem, para que extraiamos energia do vento. Podemos instalar turbinas eólicas em toda a região meio-oeste dos Estados Unidos. Ao longo do litoral oriental, onde vive metade da população americana, há enormes recursos eólicos inexplorados. A energia está ali; só temos de capturá-la, distribuí-la e encontrar maneiras melhores de armazená-la. Há trabalho a ser feito. Temos de reformular a rede elétrica para que se adapte à variabilidade da energia eólica. Precisamos de maneiras mais eficientes para distribuir a eletricidade e meios mais eficazes em termos de custos para mantê-la até necessitarmos dela. São desafios manejáveis se dedicarmos recursos suficientes para eles e se os abordarmos de forma inteligente e tudo de uma vez.

No antropoceno, essas são algumas ferramentas importantes à nossa disposição. A ciência e tecnologia que nos permitirão realizá-las virão do lugar habitual: os nerds. A decisão de implantá-las virá de todos nós: nerds, simpatizantes dos nerds e futuros nerds (sou um otimista). Contudo, para tomar as decisões certas, precisamos derrubar as barreiras do tribalismo e difundir a mensagem de que estamos no controle da Terra. É por isso que todas as ações que citei são essencialmente importantes. Se você não definir a agenda para a Terra, alguém definirá. Se não controlarmos o destino de nosso planeta deliberadamente, só o controlaremos de modo cego e negligente. O controle do planeta não é um trabalho que se pode largar.

Aceitar o fato de que todos nós, neste momento, estamos sentados na diretoria do planeta Terra é uma responsabilidade nova e imensa. Também é uma mudança gritante em como pensamos nosso relacionamento com a natureza, principalmente para aqueles que têm um longo envolvimento com o movimento ecológico. Em vez de "Deixar a natureza seguir seu curso", gastaremos muito mais tempo concentrados em "Estamos no comando agora. Vamos descobrir como administrar este lugar". Em longo prazo, isso sugere uma possibilidade bastante radical. Por tentativa e erro, já estamos encontrando as alavancas e os comutadores que controlam o clima do planeta. Em algum momento, podemos decidir que precisamos operar esses controles deliberadamente, para manter o clima do planeta tão benéfico quanto possível, não só reduzindo nossos impactos involuntários, mas também introduzindo novos e intencionais. Por acaso, mudamos o clima em uma só direção. Podemos conseguir mudar alguns aspectos no sentido inverso, em uma forma próxima da ficção científica?

Essa noção de manipulação em escala planetária é chamada de geoengenharia, e alguns cientistas e engenheiros a levam muito a sério. (Escrevi muito mais a respeito do assunto em meu livro *Unstoppable*. É uma leitura excelente. Você devia obter um exemplar.) Eles propuseram uma série de experiências específicas, principalmente para ajustar as nuvens, as partículas atmosféricas ou a cor da superfície do mar, para que alguma fração extra da energia do Sol seja refletida de volta ao espaço. Até agora, essas experiências só existem em laboratório ou como modelos computacionais. No mundo real, testes em pequena escala podem não ser capazes de produzir resultados tão significativos quanto testes em grande escala... Bem, é preciso ser muito cuidadoso quando se está brincando com um planeta. Já estamos vivendo com um conjunto de consequências não intencionais, e não queremos introduzir outra ou mais algumas.

Nesse caso, espera-se que o cuidado nerd e a abordagem passo a passo, juntamente com algumas grandes ideias, guiem nossa administração. E se alguma forma de geoengenharia parecer razoável, espera-se nesse caso que os cidadãos do mundo atuem com cautela e confiem na ciência. No futuro do tipo vamos cuidar de todos, podemos imaginar uma pirâmide invertida do projeto para toda a Terra. Seria fantástico e também apropriado em escala global. Estar no controle do planeta é o maior teste que nossa espécie já encarou. Exigirá nossas melhores mentes, nossa melhor filtragem e nosso melhor planejamento. Mais do que nunca, devemos superar as suspeitas e as superstições, e abraçar a razão e a lógica. Administremos nosso planeta de maneira eficaz e com compaixão. Administremos o mundo ao estilo nerd, para torná-lo melhor para todos.

CAPÍTULO 29

O manifesto de quem raciocina

No final da primavera de 2016, durante a loucura em ascensão daquela memorável campanha presidencial, dirigi-me para Washington para falar no segundo Reason Rally. Trata-se de um evento organizado por e para pessoas que querem que o pensamento científico oriente nossos governos e nossa legislação. O evento também é uma reunião comunitária. Da mesma forma que algumas pessoas têm encontros religiosos, programação religiosa e feriados religiosos, os participantes do Reason Rally gostam de ficar juntos, socializar e trocar ideias com outras pessoas que compartilham sua concepção básica da vida. Em grande medida, o Reason Rally consiste de ateus (embora não inteiramente). Para eles, não há divindade supercompetente dirigindo o espetáculo. Nessa comunidade, a responsabilidade final pelas ações humanas reside em nós, e em ninguém ou nada mais. O evento possuía ecos intrigantes de minha viagem ao primeiro Dia da Terra realizada há 46 anos. Só que dessa vez eu estava no palco, e não na plateia.

Via de regra, não falo de religião, exceto quando os entrevistadores procuram minha opinião ou religiosos fazem um ataque direto contra a ciência. (Quando um notório criacionista chamado Ken Ham, que nega praticamente tudo que sabemos a respeito de geologia e história natural da Terra, desafiou-me para um debate, senti-me compelido a responder; essa experiência inspirou meu livro *Undeniable*. Outra leitura muito boa que pode ser um excelente presente. Mas estou divagando.) Além desses exemplos, sinto-me feliz de continuar sendo o cara da ciência e o CEO da

Sociedade Planetária. Há muitos motivos para me conter. A fé é um assunto muito pessoal; as conversas sobre isso possuem uma tendência incômoda de produzir mal-entendidos e conflitos. Mesmo uma leve nuança inapropriada por instigar o tribalismo, em vez de amenizá-lo. Porém, na perspectiva de quadro geral deste livro, a crença religiosa é impossível de ignorar. Ela influencia o quanto as pessoas filtram as informações ao seu redor, como elas pensam a respeito da responsabilidade coletiva, e como elas respondem... Bem, a tudo. Os dados podem lhe dizer o que está acontecendo no mundo, mas só seu código interno pode dizer o que fazer com essa informação; dizer-lhe como mudar o mundo para melhor, ou se você deve se incomodar em tentar.

Para contextualizar as coisas: não sou estranho à religião. Fui criado na Igreja Episcopal. Servi como acólito. Carreguei a cruz e realizei todos os deveres concomitantes com grande reverência. E ainda gosto de celebrar a Newtonmas, ou seja, a data de nascimento de Isaac Newton como considerada na Grã-Bretanha: 25 de dezembro de 1642. (A mãe do bebê Isaac conhecia essa data como Natal.) Quando jovem, eu tentava entender as respostas da Igreja para perguntas que tinha sobre onde eu e meus companheiros terráqueos nos encaixávamos no cosmo. Depois que me formei na faculdade de engenharia, lia a Bíblia todos os domingos. Li do início ao fim duas vezes. Precisei de cerca de dois anos. Fui a uma livraria cristã e comprei os mapas que vinculavam os acontecimentos bíblicos com os locais reais ou deduzidos do Oriente Médio. Passei maus bocados com os heróis bíblicos que matavam uns aos outros, ofereciam seus filhos em sacrifício, recomendavam apedrejar suas próprias filhas até a morte, e assim por diante. Mesmo se não considerasse essas histórias literalmente, elas ainda me impressionavam como moralmente problemáticas. Senti ainda mais dificuldade com a ideia de que uma divindade matara todos os seres vivos na Terra, exceto uma família incestuosa e seus animais. Isso tampouco podia ser considerado literalmente. O mesmo vale para todos os milagres na Bíblia. Se acontecessem da forma como descritos, as implicações para nós, seres humanos, seriam bem amargas.

Eis o que quero dizer. Milagres são mágica, e na ciência simplesmente *não se pode* ter mágica. Na melhor das hipóteses, um milagre é um atalho, uma explicação inverificável para fenômenos naturais. Recentemente, encontrei três estudantes judeus criacionistas, muito jovens e dedicados, em um *wine bar* (também me surpreendeu). Eles eram sérios e curiosos. Também eram (para minha surpresa adicional) fãs do programa *The Science Guy*.

Ainda assim, levou apenas um instante para o lado deles da discussão recair sobre pensamento mágico. Seu argumento foi mais ou menos este: a ciência continua propondo novas ideias, mas a Bíblia nunca muda. Portanto, a Bíblia é a única fonte da verdade, e tudo que observamos por meio da ciência não pode ser exato; ou, no mínimo, é duvidoso. Eles sugeriram que Deus pode ter incluído toda a aparente história de 4,6 bilhões de anos de nosso planeta quando Ele criou o universo há 5,7 mil anos. Mas, por outro lado, admitiram (mais uma surpresa) que Deus também podia ter criado o mundo ontem, com todas as nossas memórias e histórias *ex-post facto* postas no lugar de modo preciso e consistente, se foi isso o que Ele quis. Em essência, minha resposta foi: "Então, talvez tudo não seja real? Sério? Saboreiem seu vinho, rapazes".

Mas eu entendi. As pessoas querem certeza no mundo, mas também desejam um clima de mistério. A ciência propicia um caminho através desse paradoxo. Cada mistério é um caminho rumo a mais conhecimento. Essa ideia me instigou na aula de física da escola do ensino médio, e a sensação nunca desapareceu. É bem verdade que nunca atingiremos o conhecimento onisciente total, mas o que aprendemos será real e será igualmente real para qualquer um no planeta (ou para qualquer ser inteligente em todo o universo). É um nível de certeza que nenhuma religião poderá oferecer. A ciência pode nos elevar e nos tranquilizar de uma maneira que nenhuma religião sequer pode imaginar. Os cientistas começam da premissa de que o mundo natural é conhecível, que a realidade é real. Podemos usar a observação, a hipótese, a experiência, o resultado, uma nova hipótese, uma nova experiência, um novo resultado, e assim por diante, para aprender mais a respeito da natureza e de nós mesmos. Ao observarmos algo que não combina com o conhecimento existente, então temos a oportunidade de aprender algo novo. Um mistério não é um fim de jogo, mas uma abertura para um nível mais profundo de entendimento. Um entendimento profundo é fundamental se você quer mudar o mundo.

Recordo uma citação maravilhosa de Isaac Asimov (outro Isaac), um dos maiores divulgadores científicos de todos os tempos. Ele escreveu: "A expressão mais estimulante de ouvir em ciência, aquela que anuncia novas descobertas não é 'Eureca!', mas 'Hummm... Isso é curioso...'". A implicação é o que uma descoberta espera. É ciência. Todo esse sistema de pensamento se desmantelaria se não pudéssemos confiar nas coisas que vemos ou, para ser mais exato, observamos. Se você chamar isso de milagre ou truque mágico, como explicação do fenômeno natural, será um beco sem saída. Seria algo que, por definição, ficaria completamente além da explicação racional. Com um milagre como explicação para algo, não há modo racional de filtrar informações e testar hipóteses. Na ciência, a premissa é: temos um processo que pode nos capacitar a utilizar a razão para conhecer a natureza. As palavras-chave são: "pode" e "conhecer".

De forma razoável, você pode perguntar: quando encontramos algo completamente novo e inesperado, não é arrogante começar supondo que a ciência é sempre o caminho certo a seguir? Bem, todo bom mistério demanda investigação; às vezes, investigação completa. Repetidas vezes ao longo da história, grandes e aparentemente insolúveis mistérios — desde a causa de uma doença até os movimentos dos planetas — deram lugar a explicações científicas ricas, fascinantes, verificáveis e evidentemente corretas.

O pessoal do Reason Rally lhe dirá que, até agora na história humana, cada milagre, efeito ou até sentimento atribuído à religião é explicado de modo muito mais imediato e satisfatório pela ciência. Utilize o pensamento crítico e proponha a seguinte questão: você observa alguma coisa nova desconcertante e decide que é tão estranha que a ciência possivelmente não pode explicar. A única maneira de chegar a essa conclusão é se você acreditar que já sabe tudo o que há para saber a respeito da natureza, que conhece toda possível explicação que pode ser encontrada no mundo e no cosmo em que vivemos, e que é a primeira pessoa na história a colidir no limite externo da ciência. Agora, *isso* seria arrogante. (Certo, alunos do *wine bar*?)

Se alguma vez depararmos com um mistério que não é suscetível ao método científico, será um momento verdadeiramente eletrizante. Saberemos então que encontramos alguma força até então desconhecida ou um ente capaz de suspender as leis da natureza. No entanto, se começarmos a atribuir a eventos conhecidos uma ação divina, toparemos com grandes problemas. Aqueles mais versados em filosofia e lógica do que eu podem metê-lo em apuros rapidamente. Se existe uma divindade que responde à súplica, por que coisas ruins continuam acontecendo com minha família e meus amigos? Atualmente, é comum ver um atleta agradecer a uma divindade celestial após ele fazer uma boa partida. Você já viu algum desses atletas ficar zangado com uma divindade quando ele não faz uma boa partida? (Pelo menos uma vez?) E as pessoas que não têm conhecimento de sua divindade? Se sua divindade controla toda a lei natural, como você pode confiar em algo? Estou pensando aqui de novo em meus companheiros do bar, em Ken Ham e seu grupo de fiéis. Como podemos saber quando a divindade está manipulando sua realidade e quando você pode confiar que as coisas estão acontecendo de uma maneira nominal, normal, previsível? As perguntas continuam vindo, e ao contrário do que podemos fazer com o processo da ciência, não há boas respostas aceitáveis ou aceitas.

Quero enfatizar aqui que, em geral, não tenho problema com a fé religiosa; minha preocupação se deve ao uso da fé para se esconder do mundo, em vez de se engajar nele. Muitos religiosos obtêm um maravilhoso senso de comunidade e apoio de família, e amigos com ideias afins. Encontram inspiração em suas religiões para serem bons, para serem generosos com seus vizinhos, para pensarem em termos do bem global. Respeito e admiro isso, mas há muito tempo me dei conta de que a abordagem religiosa não é para mim. Encontro meu senso de comunidade com meus colegas participantes do Reason Rally, aqueles que ficam tão empolgados quanto eu com o uso do conhecimento científico para tornar o mundo melhor. São as pessoas com quem eu quero andar. É a elas que recorro ao máximo em busca de *insights* para projetos e filtragens. São elas que considero catalisadoras da mudança.

Com tudo isso em mente, pensei com muita atenção sobre o que eu queria dizer no Reason Rally. Era muita honra estar no palco ali, já que os outros participantes eram renomados cosmólogos, cientistas e, talvez mais importante, mágicos (enganadores profissionais dos enganadores de brincadeira: nós). A pressão era grande. Estávamos parados na frente do Lincoln Memorial, pelo amor de Deus. Coloquei meu coração e minha alma naquilo, de uma maneira que me lembrou do que realmente queremos expressar e sentimos quando dizemos "coração e alma".

O Reason Rally ocorreu em 4 de junho, que não era exatamente verão da perspectiva astronômica (a estação começa oficialmente com o solstício, em 21 de junho), mas, sem dúvida, parecia um dia de calor de verão em Washington. Em grande medida, as pessoas se protegiam do sol, mantendo-se sob a sombra das árvores, ao longo dos lados norte e sul do espelho d'água do Monumento a Washington. Era uma metáfora perturbadora para a primeira reação da humanidade às nossas mudanças climáticas: fugir e se esconder. Mas não há lugar para fugir. Neste momento, temos uma responsabilidade premente: nos conscientizarmos, sermos corajosos e assumirmos o controle de nosso planeta. Assim, aqui está uma versão revisada e atualizada do que eu disse para as 15 mil pessoas, segundo as estimativas, reunidas ali. Espero que isso o inspire a se juntar a nós, ou a redobrar seus esforços, ou simplesmente a pensar com mais profundidade no tempo em que estamos vivendo e pôr suas habilidades nerds para trabalhar.

Comecei meu discurso assim:

Senhoras e senhores, garotos e garotas, céticos, não teístas e, sobretudo, os crentes que podem estar aqui, obrigado a todos por me incluir nos eventos de hoje. De pé diante deste santuário a Abraham Lincoln, um dos pensadores críticos mais profundos da história, não posso deixar de sentir que estamos em um momento crítico, um ponto crucial da história de meu amado país e da história da humanidade. Nossa capacidade de raciocinar nos ajudou a prover água limpa, eletricidade confiável e acesso à infraestrutura de informação eletrônica para uma grande parte das pessoas do mundo desenvolvido. O pensamento crítico, a razão e a ciência nos trouxeram aqui. E essas tradições nos ajudarão a levar essas vantagens técnicas a todos na Terra e, atrevo-me a dizer, a mudar o mundo.

(Daqui em diante, adaptei partes de meu discurso para incluir pensamentos adicionais específicos a este livro.)

Atualmente, cidadãos de todo o mundo estão lidando com enormes custos e adversidades extraordinárias associadas ao rápido aumento do nível das águas e aos eventos climáticos extremos. Temos dilúvios no Texas, tempestades de vento aterrorizantes no centro dos Estados Unidos, inundações no sul da Alemanha e em Paris, a cidade que sediou a recente cúpula do clima denominada 21ª Conferência das Partes (COP21). Estiveram presentes mais de 190 países, todos esperando trabalhar juntos para solucionar esse problema de escala global relativo ao aquecimento atmosférico e oceânico – mudança climática –, que foi, até agora, amplamente ignorado pela maioria de nós nos Estados Unidos.

Por meio da indústria e da agricultura, carregamos a atmosfera da Terra com dióxido de carbono, metano e outros gases do efeito estufa. Estamos desenterrando e queimando combustíveis fósseis que vem aquecendo nosso mundo *um milhão de vezes* (10 elevado à sexta potência) mais rápido do que a natureza os criou. A humanidade causou isso; a humanidade deve enfrentar isso. A esta altura, nossas iniciativas mal começaram. Como engenheiro e cidadão norte-americano, não posso deixar de me perguntar por que é assim. Por que os Estados Unidos, que por mais de um século foi líder mundial em ciência, engenharia e inovação, não é líder mundial em tecnologias de energia renovável, e, sobretudo, em política de restrição ao carbono, que devemos criar e pôr em prática o mais rápido possível?

Alguns negacionistas da mudança climática conseguiram nos ludibriar, levando-nos a acreditar que há alguma dúvida entre a maioria esmagadora de cientistas a respeito da seriedade e das consequências da mudança climática global, mesmo quando nossos rios transbordam de suas margens. Sem pensar muito nisso, permitimos que os negacionistas da mudança climática equiparem a incerteza científica rotineira – mais ou menos 2%, digamos – com a dúvida sobre as mudanças globais observadas no geral: mais ou menos 100%. Quando expresso a situação com essas porcentagens, todos podem ver que os negacionistas estão obviamente errados ou muito enganados. Com fequência, alguns dos negacionistas mais eloquentes sugerem que há uma conspiração mundial de cientistas para desempregar os mineiros de carvão. Uma conspiração? De 30 mil cientistas? Você já passou algum tempo com essas pessoas? São um grupo competitivo. Todo cientista anseia provar que seus colegas estão errados. Uma conspiração de cientistas não é algo razoável. Porém, uma grande parte deles cooperou com os negacionistas, quase não questionando seus argumentos vazios e suas propostas políticas obstrucionistas. Tenho de assinalar que quase metade do país apoiou os obstrucionistas na última eleição americana. É preocupante, mas também pode ser eletrizante; pode fazer com que todos nós trabalhemos juntos finalmente.

A negação da mudança climática é bastante geracional. Pouquíssimos jovens abraçam essas ideias idiotas. Mas que tipo de futuro esses jovens enfrentarão? Quando forem velhos o suficiente para agir, poderá ser muito tarde. Não podemos desapontá-los. Temos de enfrentar a mudança climática com a mudança de nós mesmos.

Os negacionistas têm razão em um ponto: o clima da Terra muda. No entanto, a mudança que está se precipitando contra nós agora é causada pelo homem. Está acontecendo rápido, e não é a natureza trabalhando por sua própria conta. Meu avô participou da Primeira Guerra Mundial montando um cavalo. Parece quase inacreditável para a maioria de nós agora. Ele era, segundo a opinião geral, um cavaleiro capacitado. Ele percorria as trincheiras a cavalo, no escuro, e sob o fogo inimigo. Atualmente, pouquíssimos soldados precisam das habilidades de cavalgar. As tarefas necessárias para conduzir uma guerra mudaram. De modo análogo, muitos trabalhos mudarão. Os trabalhadores das áreas de extração – aquelas que extraem carvão ou perfuram em busca de petróleo e gás – farão outras coisas em breve no setor de energia, soldando torres de turbinas eólicas, fabricando sistemas fotovoltaicos ou conectando vizinhos à internet. Eles não ficarão desempregados. Estarão construindo o futuro. Podemos fazer isso.

Primeiro, porém, temos de superar aqueles que não acreditam em um futuro moldado pela ciência. Um consórcio de organizações com fins lucrativos e sem fins lucrativos, sob a égide de Answers in Genesis [Respostas no Gênesis], abriu recentemente um parque de diversões com temática religiosa no Kentucky. Você pode ter ouvido falar de suas atividades. Esse "ministério", como se refere a si mesmo, prega que a evolução não é real e, mais preocupante, insiste que nosso mundo não está aquecendo. Para trabalhar em seu Creation Museum ou em seu parque temático Ark Encounter Bible, você precisa declarar sua fé na fé do ministério. Isso pode parecer uma violação da Primeira Emenda da Constituição americana, que você pode ler no texto original apenas alguns quarteirões a leste dali (leste do Lincoln Memorial), no belo edifício que abriga o Arquivo Nacional.

Para financiar essas atrações, o ministério Answers in Genesis aparentemente recorre a um consórcio de entidades legais. Invoca afiliação religiosa quando se trata de discriminação em contratação de funcionários. Recorre à Crosswater Canyon, entidade sem fins lucrativos, quando quer invocar que a instalação atrairá turistas para a área, e, com isso, deveria ter direito a isenções fiscais e praticamente a imóveis gratuitos do Kentucky e de seus pagadores de impostos. Embora as entidades do consórcio tenham passado nas auditorias legais do Kentucky, conseguiram isso só porque o governador, os membros da secretaria de turismo e um juiz chave são todos crentes. Eles aceitam que sua religião não está separada de seu estado, como estaria sob outras circunstâncias. Eu incentivo o povo do Kentucky e todos nós a imaginar se o consórcio estivesse prestes a inaugurar algo como o Mosque Kiosk, um parque de diversões ou atração turística projetada para promover a fé muçulmana. Você acha que esse projeto seria defendido pelas autoridades que estão permitindo que esses negócios bíblicos sejam estabelecidos? Grosso modo, tenho certeza de que a resposta seria: "De jeito nenhum."

A história do Ark Park pode parecer infeliz e irrelevante, talvez até um tanto pitoresca, um pouco de americanice. Não obstante, há algo muito grande em jogo nesse caso: o futuro. O Ark Project é apenas um exemplo de um movimento anticiência e antiprogresso muito maior. É fácil ignorar se você reside em regiões do país onde a influência dessa visão de mundo bizarra não é onipresente. No entanto, em muitas outras regiões, o movimento é predominante e persistente. Sinto fortemente que se regiões dos Estados Unidos criarem uma geração de pessoas treinadas a não pensar por si mesmas, todos nós iremos arcar com as consequências. Todos seremos pressionados a reeducar essas crianças e esses jovens adultos. Os trabalhadores dessas economias próximas não terão sido educados com os processos da ciência e da razão, que nos ajudam a entender o mundo. Eles não terão crescido com a tradição da inovação, que levou à criação de mecanismos de busca, smartphones, imagens por ressonância magnética e carros esportes elétricos.

O Ark Park e suas entidades associadas exploram tecnologias modernas tanto quanto qualquer grande empresa. É uma ironia esquisita. Eles estão usando listas de e-mails, sites e mídia social para construir uma comunidade virtual de crentes. Estão explorando o trabalho de engenheiros e técnicos cientificamente formados para doutrinar seus fiéis com ideias hostis ao progresso científico e tecnológico. E estão atraindo trabalhadores em algumas das regiões mais economicamente problemáticas do país para orientá-los em uma direção que só vai piorar cada vez mais seu sofrimento. É frustrante, desatencioso e doloroso.

Porém, nesse caso, também há algumas notícias positivas. A maioria dos religiosos não compartilha uma ideologia criacionista linha-dura. De forma preponderante, as pessoas dos Estados Unidos e de todo o mundo querem vidas melhores para seus filhos, e, implicitamente, entendem que a ciência e a tecnologia são as ferramentas mais eficazes para viabilizar isso. Os líderes da Answers in Genesis vêm tentando intensificar isso em uma maior guerra moderna contra a ciência. Mas não temos de entrar no jogo deles. Podemos expandir nosso movimento baseado em fatos e orientado por dados, transformando-o em algo bem grande, poderoso e atraente, para subjugar as forças que não querem o progresso científico, ou não acreditam nele.

Não é difícil encontrar um denominador comum quando o meio ambiente de toda a Terra está em risco. A recente encíclica do papa Francisco, "Sobre o cuidado da casa comum", se sobressai como uma avaliação de bom senso de nosso planeta e de seu futuro. É um exemplo – talvez o mais importante que possamos imaginar de imediato – de pessoas religiosas e de ciência descobrindo que não só têm objetivos compartilhados, mas também métodos compartilhados e até filosofias compartilhadas. Sob qualquer parâmetro, o papa é um líder importante em nosso mundo. Apenas pense em tudo o que podemos realizar trabalhando com seu povo para acabarmos com a pobreza extrema, proporcionarmos educação para meninas e mulheres e lidarmos o mais rápido possível com a necessidade global por energia renovável, água limpa e acesso à internet. Como afirmo com frequência, se você gosta de se preocupar com as coisas, está vivendo em uma época incrível. Temos terroristas suicidas, proliferação nuclear e o vírus da zika. No entanto, também é uma época de enormes possibilidades e otimismo, ou deveria ser.

Haverá aqueles que dizem que não precisamos nos preocupar porque o mundo está nas mãos de uma divindade, e não na nossa. Eles não reconhecem o quão profundamente a Terra está em nossas mãos agora. Só temos de discordar dos apóstolos da inércia e responder com convicção que assumimos a responsabilidade por nossas *próprias* ações. Temos de acelerar o ritmo e tornar o futuro melhor. Esse é o modo de pensar do Reason Rally, mas você certamente não precisa ser um ateu para adotá-lo. Também há aqueles que são céticos em relação à energia renovável e até lutam de maneira ativa para suprimir sua incorporação em nossa rede de energia elétrica. Às vezes, eles são motivados por incentivos financeiros antiquados, como no caso dos executivos de mineração da Virgínia Ocidental: "Vendemos carvão. É o que fazemos. Por que devemos parar?". Outras vezes, são motivados por um medo persistente de os defensores da energia verde não terem pensado em todos os desafios, como, por exemplo, o armazenamento da eletricidade e a falibilidade do vento e da luz solar. Também os preocupa se os recursos renováveis serão capazes de suprir nossas necessidades e sustentar nossa qualidade de vida atual.

Para aqueles que consideram que não podemos conseguir fontes renováveis adequadas com rapidez suficiente, dou essa resposta. Como mencionei muitas vezes, meus pais estiveram na Segunda Guerra Mundial. Suas cinzas estão sepultadas do outro lado do rio a partir daqui (o Lincoln Memorial), no Cemitério Nacional de Arlington. Meu pai sobreviveu quase quatro anos como prisioneiro de guerra capturado na Ilha Wake. Minha mãe foi recrutada pela Marinha americana para trabalhar decifrando o código Enigma nazista. Eles fizeram parte do que chegou a ser chamado de "Greatest Generation" [Grande Geração], mas não planejaram ser os maiores. Simplesmente eles se viraram com o que tinham à mão. Em apenas cinco anos, sua geração resolveu um conflito mundial e começou a construir um mundo novo, democrático e tecnologicamente avançado. Com um senso de propósito impetuoso, abraçaram o progresso.

A geração atual deve empregar o pensamento crítico e os poderes da razão como eles empregaram. Dessa vez, o desafio global é a mudança climática. Também devemos nos virar com o que temos à mão e dar prosseguimento a isso. Juntos, podemos mudar o mundo. Obrigado.

Atualmente, é muito fácil ficar isolado dentro de uma comunidade de pessoas com ideias afins, seja no Reason Rally ou em uma reunião política. Lemos as páginas do Facebook uns dos outros, assistimos aos mesmos programas na HBO e na Netflix, moramos nos mesmos tipos de bairros, frequentamos os mesmos tipos de café. Em alguns casos, a tecnologia que esperávamos que derrubaria barreiras simplesmente ergueu outras. É de nossa natureza nos cercarmos de familiares, amigos e estranhos com ideias afins. No entanto, não podemos perder a perspectiva da diversidade de opiniões, conhecimentos e preocupações daqueles cujas vidas são desconhecidas. Não podemos perder a capacidade de nos comunicar com aqueles que discordam de nós, e não podemos perder nossa perspectiva ou a capacidade de identificar nossos objetivos comuns.

Esse é um dos atos mais desafiadores do pensamento crítico. Deixarei isso aqui como um exercício permanente para o leitor. É uma tarefa com diversos componentes. Pratique para desafiar suas próprias crenças reflexivas. Permita-se ouvir argumentos antagônicos de modo honesto e aberto. Aplique o padrão de "prove isso" sistematicamente. Responda sem sarcasmo. Participe de causas em que você possa trabalhar com pessoas unidas por propósito, e não por ideologia. Precisamos ser nerds e nos reunir pela razão. Cheque para ver se o que você está fazendo vem ajudando a derrubar muros ou a erguê-los. Pense no que tornaria o mundo melhor.

CAPÍTULO 30

Projeto para um futuro melhor

Quando me encontro em um estado de espírito contemplativo, costumo pensar no número 30 mil. Esse é o número de dias de uma expectativa de vida generosa: 82 anos e sete semanas; 30 mil sombras circulando em torno de um relógio de sol. Provavelmente, você encontra números maiores do que esse todos os dias. Imagine um estádio de futebol americano típico como o Rose Bowl, com capacidade para pouco mais de 90 mil espectadores. Se você se sentasse em um assento diferente todos os dias, só completaria um terço do caminho. Se tiver sorte, é o quanto você tem para trabalhar. Não é muito tempo. Quando comparo com a idade do cosmo, a modesta expectativa de vida humana me faz sentir bem insignificante. Porém, o número também me recorda de quanta coisa pode acontecer em 30 mil dias. Pense em quanta informação e experiência você pode acumular, quanto pode aprender de outras pessoas, quantas pessoas pode influenciar, e, sobretudo, quantas ações você pode empreender. Quando enxerga isso dessa maneira, você se dá conta de que tem muitas oportunidades de deixar uma grande marca em nosso pequeno planeta.

Meu pai sempre dizia que queria transmitir duas coisas para sua família: todos são responsáveis por suas ações, e você tem de deixar o mundo melhor do que o encontrou. A primeira ideia é razoavelmente óbvia. Ninguém mais vai assumir a responsabilidade por aquilo que você fez ou deixou de fazer. Se você trapaceou, a responsabilidade é sua. Mas se você ajudou, também é sua. A segunda ideia é mais complicada. É preciso dar duro simplesmente para propor uma resposta convincente sobre o que "melhor" de fato significa. É necessário filtrar informações, pensar criticamente, considerar diversos pontos de vista com honestidade e generosidade. É preciso prestar bastante atenção aos projetos e à execução de quaisquer projetos que se empreende. E mesmo assim, não se pode ter certeza do legado a se deixar.

Quem não teve o desejo de espiar o futuro para ver como as coisas acabam? Quem não quis saber se sua vida realmente iria fazer diferença no mundo? Acho que isso é o que torna a viagem no tempo um elemento muito importante da ficção científica, remontando ao menos à obra *A máquina do tempo*, de H. G. Wells, em 1895. Isso motiva a trama dos filmes *De volta para o futuro* e *O exterminador do futuro*. Enquanto escrevo, há quatro novos programas na tevê a respeito de viagem no tempo. Todos anseiam por um *trailer* do filme do que será o resto de nossos 30 mil dias... E então os dias depois desses. A resposta desalentadora da física é que a viagem no tempo é impossível. Nós nos lembramos do passado, e não do futuro. A informação flui apenas em uma direção. É uma droga, eu sei, mas é assim que é.

Somos prisioneiros da assim chamada *seta do tempo*, que parece estar relacionada a uma das regras indestrutíveis da natureza: o aumento constante da entropia, que os físicos definem como a quantidade de aleatoriedade em um sistema. Deixados por sua própria conta, grandes grupos de objetos (como as moléculas de ar em um recinto) progridem naturalmente de um estado de ordem para um de desordem. Tente esse pequeno exemplo: você tem uma xícara de chá quente e um cubo de gelo sobre um pires. São objetos nominais separados, e não fazem parte do resto do recinto. Cada um deles contém uma quantidade diferente de energia (calor). Estão em um estado de ordem elevada, com todas as moléculas de alta energia comprimidas na xícara de chá e as moléculas de baixa energia reunidas no cubo de gelo. Junte-os, e a energia térmica deles se propaga em um estado morno, que é intermediário e menos independente. Se você não os juntar, ainda acabará com o mesmo resultado. O chá esfria até a temperatura do recinto, enquanto o gelo derrete e se aquece também até a temperatura do recinto. Tudo tende a uma uniformidade misturada de energia em um ponto intermediário. A Terra estaria esgotada se não fosse o fluxo constante de energia do Sol.

Em última análise, tudo que fazemos para tentar mudar o mundo consiste em gerenciar a energia e lutar contra a tendência para a desordem. Essa tendência é a entropia, e parece ser consequência da natureza do tempo. Ou talvez, de acordo com alguns teóricos, a seta do tempo é consequência da entropia. Tanto quanto podemos dizer, a diferença não importa para nós, terráqueos mortais. O resultado é que chamamos a direção do tempo "para a frente", porque, por mais atraente que fosse podermos dar meia-volta, voltar no tempo e corrigir as coisas, ou ajustá-las melhor, simplesmente não podemos. Se você sente como se estivesse lutando o tempo todo contra o caos é porque está. A entropia é parte do que você tem de levar em conta a fim de fazer a mudança acontecer.

O metabolismo é uma batalha permanente contra a entropia. Cada célula do corpo está fazendo a mesma coisa que você, tentando influenciar o futuro. Toda a existência, tudo que você faz, é uma batalha contra a entropia, para produzir ordem a partir da desordem, fazer uma pessoa a partir de alguns compostos químicos. A entropia não é má, não mais do que a gravidade. O mundo não funcionaria sem a entropia. O tempo não passaria sem ela. Fazemos os aviões, os trens, os automóveis e as redes elétricas funcionarem por meio de nosso entendimento da entropia. A conhecida segunda lei da termodinâmica descreve matematicamente como funciona a entropia; também nos explica como a energia transitará em um motor, em uma reação química, em um campo magnético em colapso ou em uma casa com isolamento térmico. Entendemos essa lei natural tão bem que somos capazes de produzir em massa plásticos e remédios eficazes por meio da química que manipula a energia de forma perfeitamente sutil. Por meio do processo científico, os pensadores nerds descobriram regras da natureza e encontraram maneiras de utilizá-las para o nosso benefício.

Assim, a entropia não só faz as coisas desacelerarem até parar. Ela nos faz seguir em frente; quero dizer, ela nos guia. Considere o que seria sua vida se você pudesse derrotar a entropia, se conseguisse inverter a tendência da energia de se propagar e se dissipar. Você estaria vencendo a lei da termodinâmica, e o próprio tempo. Em última análise, você poderia conhecer o futuro. O que faria de diferente se alguém lhe dissesse o momento exato e as circunstâncias de sua morte? Você não poderia fazer nada para mudar isso; caso contrário, o conhecimento do futuro não seria significativo. Ou você está preso a um certo destino ou, afinal de contas, o futuro não é conhecível. O livre-arbítrio e a ação racional estão amarrados de modo inquebrantável à natureza incognoscível do futuro. A possibilidade aberta de nossos dias futuros é o que nos dá liberdade, como nerds analíticos e, simplesmente, como seres humanos. É o que nos permite ser otimistas, alcançar coisas, deixar o mundo melhor do que encontramos.

Ao longo dos anos, na maior parte do tempo, dei-me conta de que não nos arrependemos do que fazemos; nós nos arrependemos do que *não* fazemos. Com que frequência você disse para si mesmo "Sabe, o que eu deveria ter feito era..."? Pensar nas coisas de que você se arrependeria se não as fizesse é uma ótima técnica de filtragem. Ajuda a pensar com clareza sobre o que se planeja realizar. Isso foi o que me fez largar meu emprego na Sundstrand Data Control em um dia inesquecível de 1986. O que você está fazendo com sua liberdade? E mais direto ao ponto: o que você *não* está fazendo com sua liberdade que devia estar fazendo? Podemos não conhecer o futuro, mas podemos fazer o futuro.

É essa reconciliação com a natureza do tempo, e com o nosso lugar na Terra, em órbita ao redor de uma estrela de tamanho médio à beira de um tipo padrão de galáxia, que me deixa estimulado com o conselho de meu pai. Até onde podemos dizer, os seres humanos são a única espécie neste planeta (ou, aliás, no universo conhecido) capaz de estudar causa e efeito, entender como ter o máximo impacto e seguir uma estratégia deliberada para adaptar o mundo à sua vontade. Só podemos nos virar com o que temos à mão. Mas olhe! Mas aprecie isso! *Podemos* nos virar com o que temos à mão. *Podemos* todos fazer algo com o nosso tempo aqui. Cada dia oferece uma nova possibilidade de ação; cada momento é precioso. Não fantasiamos que alguma divindade está no comando; nem nos desesperamos com o fato de que somos impotentes. Sabemos que podemos todos trabalhar juntos e fazer a mudança acontecer. O quão mais estimulante isso pode ser?

Lembro-me do cheiro intenso e penetrante do petróleo de quando, no início da década de 1980, eu trabalhava para uma empresa de Seattle que fabricava escumadeiras para contenção de manchas de óleo nos campos petrolíferos do Texas e do Novo México. O odor permanecia nas roupas praticamente para sempre. Meus macacões, minhas meias, até minhas roupas de baixo cheiravam a petróleo. Não adiantava lavar, o cheiro não saía de jeito nenhum. O conjunto de roupas de trabalho não podia ser usado em nenhum outro lugar, nem em nenhum outro momento. Ainda tenho meus antigos macacões e, depois de todos esses anos, posso sentir o cheiro daquele petróleo bruto. É o cheiro de um tipo de futuro, uma abordagem de persistência em que continuamos extraindo os combustíveis fósseis limitados da Terra e ampliando a quantidade de dióxido de carbono no ar.

Há pouco, retornei a Midland, no Texas, para uma palestra na Faculdade de Midland, no coração dos campos de petróleo. Ali, erguendo-se acima das icônicas bombas cavalo de pau de extração de petróleo, havia turbinas eólicas, com suas enormes hélices nos céus. Pessoas que pensam como eu decidiram direcionar o Texas para um futuro diferente, de energia limpa renovável. Essas turbinas e muitas outras iguais estão agora produzindo 10% da eletricidade do estado. Ficam lindas quando as hélices giram lenta e poderosamente, e não há cheiro. As turbinas que vi naquela tarde estão a apenas 30 quilômetros de onde eu, como jovem engenheiro, programei controles de válvula para campos petrolíferos, três décadas antes. Nas três décadas seguintes, as bombas de petróleo poderão ser descartadas como sucata, fundidas e reconstruídas como torres de turbina. Não posso saber com certeza como o futuro será, mas eu (e você) podemos ajudar a fazê-lo.

O pensamento do tipo tudo de uma vez nos oferece as ferramentas para identificar problemas e elaborar soluções do modo mais honesto e eficaz possível. Mas isso nos proporciona mais: o conhecimento científico nos permite fazer projeções embasadas, para podermos prever o que é feito desses problemas e de nossas soluções. É outra maneira pela qual podemos nos opor à incognoscibilidade do futuro. Podemos propor muito boas aproximações, que nos deixam deter a seta do tempo. Esse é um resultado valioso de séculos de coleta de dados, pensamento crítico e teste de hipóteses usando o método científico: não precisamos cair em uma crise para saber que a crise está chegando.

Agora sabemos, com preocupante confiança, que o mundo se encaminha para sérios problemas se não enfrentarmos a mudança climática. Não há necessidade de imaginar o que é melhor para o planeta: mais bombas de petróleo ou mais turbinas eólicas. As amostras de gelo da Groenlândia, os modelos supercomputacionais, as observações de satélites da Terra e os estudos de Vênus e outros planetas relatam a mesma história. Este é um lugar onde todos precisamos contribuir com nossos esforços para fazer o máximo de nossos 30 mil dias (ou mais, podemos esperar).

Às vezes, o poder preditivo da ciência me surpreende. Eu assisti ao lançamento da nave espacial *OSIRIS-REx*, que já mencionei. Ela, que está viajando para o asteroide Bennu, removerá uma amostra da poeira do asteroide de 4,6 bilhões de anos, enfiará a amostra em um recipiente e trará o recipiente de volta para a Terra para análise. A sonda foi lançada do Cabo Canaveral, na Flórida, em 8 de setembro de 2016. Após percorrer centenas de milhões de quilômetros, descerá de paraquedas na Utah Test and

Training Range, a 130 quilômetros a oeste de Salt Lake City, em 24 de setembro de 2023. Isso é um voo de precisão.

O lançamento em si foi espetacular e inspirador. O Sol estava baixo no céu e, assim, quando a nave espacial ascendeu, a trilha de fumaça ficou belamente iluminada. Mudou de cor e natureza quando o combustível sólido do foguete de impulsão foi consumido. Então, houve uma sombra espectral da trilha de fumaça pairando contra o céu azul-escuro do entardecer. Uau. Toda aquela energia, perfeitamente aproveitada pelos cientistas e engenheiros que planejaram a missão. Algum dia, as tecnologias desenvolvidas para a nave espacial *OSIRIS-REx* poderão possibilitar a extração de recursos de asteroides e a fabricação no espaço. Neste momento, estamos confinados em nosso planeta, mas isso pode mudar. Em seu encontro com Bennu, a nave espacial também coletará o tipo de dados de que precisamos para o caso de virmos a ter de desviar um asteroide da rota de colisão com nosso planeta. Podemos não seguir o caminho dos dinossauros, mortos por uma rocha voadora. Esse é outro exemplo de tomar o destino em nossas mãos.

E mesmo assim, há pessoas — inclusive nerds — que parecem um pouco desconfortáveis com essa grande quantidade de livre-arbítrio. Hoje em dia, quando dou palestras em faculdades, às vezes os estudantes me perguntam sobre a "singularidade"; ou seja, o pretenso momento em que os computadores serão mais capazes do que os cérebros humanos e os dois se fundirão em alguma nova forma de inteligência. O inventor Ray Kurzweil é o defensor principal da ideia, e ganhou um grupo considerável de seguidores, principalmente no Vale do Silício e na região de Boston, abundante em universidades. Kurzweil vem tentando propor sua visão de futuro, suponho, mas não me sinto animado com sua concepção de que as pessoas devem esperar resolutamente o dia em que poderão se entregar ao controle de seus aparelhos. Ela é completamente mística e passiva para o meu gosto.

Mais recentemente, vários filósofos e cientistas da computação promoveram a ideia de que estamos todos vivendo em uma gigantesca simulação computacional. Essa ideia foi proposta por um filósofo da Universidade de Oxford chamado Nick Bostrom, e até meu amigo Neil deGrasse Tyson a levou a sério. Se algum programador criou esse mundo, é realmente nossa falha se ele está degringolando? Se, em breve, nós nos fundirmos com computadores que nos superam em alto grau em poder de computação, não podemos simplesmente deixá-los comandar o show? Quando reflito a respeito disso, quero bater o pé e dar meia-volta. Espero que você também. Isso é perigosamente próximo do tipo de pensamento mágico do qual os cientistas deram um duro danado para se libertar no passado, cerca de cinco séculos atrás.

Eu estimulo as pessoas a se envolver com o mundo. Junte-se e apoie organizações que você sente que estão conduzindo a humanidade para um lugar melhor. Trabalhe em conjunto para realizar grandes coisas. Inicie um movimento. Tome iniciativas honestas, conscientes e justas todos os dias.

Temos de combater a entropia, não só nas reações químicas que nos tornam animais vivos neste planeta, mas também no impulso humano recorrente para encontrar algum caminho, qualquer caminho, para irradiar o sentimento de responsabilidade. Eis onde o primeiro exemplo de sabedoria de Ned Nye entra em jogo. *Nós somos responsáveis*. Cabe a nós criar um mundo melhor, mais justo e mais saudável, em que todos tenham acesso a esses três objetivos fundamentais da engenharia: água limpa, eletricidade produzida de modo renovável e acesso à rede global de informação. Nós, os nerds, somos as pessoas certas para esse trabalho; ou melhor, esses trabalhos. Somos essenciais. Sim, vamos realizar todos eles — e tudo de uma vez.

Ser um nerd não é fácil. Não é apenas uma vida da mente. Não oferece escape dos problemas duros, desagradáveis, muitas vezes implacáveis lá fora. Às vezes, esses problemas são as outras pessoas que não estão interessadas nos fatos, nem concentradas com o bem maior. Não importa, ainda vamos nos dirigir para o melhor futuro que podemos visualizar, orientados pelos melhores *insights* que podemos colher do passado e uns dos outros.

Cada um de nós possui um depósito único de experiências e conhecimentos, com novos fragmentos sendo adicionados em cada um de nossos 30 mil dias. Eu compartilhei com você algumas das minhas experiências mais inesquecíveis. Consegui manobrar a canoa em torno da pedra e transportei o orientador do acampamento "afogado" até o cais. Enfrentei os criacionistas e desafiei os negacionistas da mudança climática. Trabalhei sobre a prancheta de desenho e ressoei na frente de uma câmera. Concebi um carro movido a cereal matinal e ajudei a encaminhar uma *LightSail* ao espaço. Dei o melhor de mim para aprender com cada um desses episódios. Você tem tido experiências de vida tão poderosas e esclarecedores quanto eu; tenho certeza disso. Seu dever nerd é revisá-las. Filtrar. Procurar causa e efeito. Continuar procurando seus próximos melhores passos para o futuro. Em seguida, extrapolar, e expandir suas visões e seu alcance.

Grande parte do que escrevi neste livro destina-se a converter um trabalho aparentemente ingovernável em um plausivelmente governável. Esse é um desafio que pessoas de mentalidade científica enfrentaram desde que existia algo que podia remotamente ser chamado de ciência. Aprendemos sobre a realidade que nos cerca captando informações e testando ideias. Todo o conceito de tudo de uma vez é fazer isso na maior escala possível e, em seguida, filtrar seus resultados com o maior rigor possível. Sem a filtragem, o trabalho é além do humano. Mesmo com a filtragem, ultrapassa os limites de nossas capacidades. O pensamento crítico, a escuta aberta e a honestidade rigorosa não são instintos naturais para nenhum de nós, ao menos não no início. São habilidades que têm de ser aprendidas, repetidas e arraigadas até que sejam instintos. Até que você manobre ao redor do pensamento mágico e dos impulsos tribais tão automaticamente quanto eu manobrei em torno da pedra. Essa é sua responsabilidade.

Então, há o desafio paralelo de pôr as ideias em prática. Você não ganha nada por ter pensamentos destemidos sozinho em seu quarto. Todos nós temos de ser politicamente engajados. Prestar atenção às notícias e aos pontos de vista de nossos líderes. Encontrar pessoas com ideias afins e trabalhar com elas. Encontrar pessoas que discordamos e trabalhar para entendê-las. Elas sabem coisas que você não sabe. Rejeite o tribalismo. Ofereça-se como voluntário para projetos e causas em que acredita. A entropia limita nosso tempo aqui na Terra; assim, encontre inspiração nessa limitação. Os nerds precisam orientar nosso planeta. Esse é o seu papel para melhorar as coisas.

Há um terceiro conselho de vida que recebi de meu pai, um que ele não tornou tão explícito quanto os dois primeiros, mas que permeou minha vida de uma maneira igual e profunda: trate os outros com respeito. É a regra de ouro, pelo amor de Deus. Esse princípio simples esclarece o propósito de tudo o mais que fazemos. Define o termo "melhor" em "melhorar as coisas". É o que toda a técnica de tudo de uma vez resulta. O conhecimento possui um objetivo. As teorias científicas possuem um objetivo final; qual seja, explicar toda a natureza. A engenharia possui um grande objetivo. Tudo leva à ideia de melhorar a vida das pessoas. A liberdade, a igualdade, a oportunidade, a saúde e a paz são todas facetas da pedra preciosa da bondade humana.

Com isso em mente, podemos voltar ao processo. Recorremos aos dados e aos nossos sucessos e reveses pessoais para inspirar ideias para lidar com os desafios globais. Se uma ideia não resolver, continuamos testando, ajustando, repensando. Ficamos conscientes desses 30 mil dias, mas nos agarramos a nossa perspectiva mais ampla de gerações anteriores que nos trouxeram aqui, e as posteriores, que dependem de nós. Nós nos lembramos da pequenez e da fragilidade de nosso planeta, e apreciamos a oportunidade de nutri-lo. Por causa da natureza implacável da segunda lei da termodinâmica, não podemos saber exatamente o que o porvir reserva para os nossos descendentes. No entanto, podemos dar o melhor de nós hoje para tornar radiante o futuro deles.

Encontro-me a uma altura da vida em que sei que tenho mais dias atrás de mim do que adiante. Não, não, está tudo bem. É estranho, mas isso não me incomoda (muito). A dádiva real é estar vivo aqui e agora, munido de conhecimento, livre-arbítrio e toda uma comunidade de mentes afins. Estou feliz por você ter lido até agora e me acompanhado nesta jornada. Nós habitamos este mesmo momento e temos acesso a todas as mesmas ferramentas. Todos nós, passo a passo, um por um, trabalhando juntos, podemos, atrevo-me a dizer, mudar o mundo.

AGRADECIMENTOS

E u gostaria de agradecer à academia... Espere, não foi o que eu quis dizer. Quero dizer: obrigado, Corey Powell! Ele acreditou neste livro e em mim. Ele me convenceu de que eu realmente tenho algo a dizer que pode ter valor. Sem o incentivo constante de Corey, não haveria *Tudo*, e muito menos *De uma vez*. O mesmo vale para Leah Miller, nossa editora na Rodale, que nos manteve no rumo certo, ajeitando e reorganizando aquilo que frequentemente começava como ideias confusas. Para falar (ou escrever) de pessoas que ajudaram a formar meu caráter e meu ponto de vista, podemos começar com meus pais. Eles me criaram em um lar com tradição de conquistas acadêmicas. Cultivaram meu amor pela ciência com as vidrarias de laboratório do meu avô, uma bancada de trabalho, um aquário, diversas ferramentas manuais e um ferro de soldar. Meus irmãos, Susan e Darby, me ensinaram muito e me mantiveram na linha. (Eles são mais velhos, e sempre serão.) Muito do que fiz nos últimos anos eu não poderia ter feito sem a ajuda de Christine Sposari, minha incrível assistente, e Nick Pampenella, meu paciente agente.

Por acaso, terminei de escrever este livro quando dava início a um novo programa de tevê, *Bill Nye Saves the World*. Naquela sala de autores e roteiristas, trabalhei com alguns homens e mulheres brilhantes. Agradeço a Mike Drucker, Flora Lichtman, Phil Plait, Abby Plante, CeCe Pleasants, Sanden Toten, Prashanth Venkat, Teagan Wall e, sobretudo, Michael Naidus, o *showrunner** e meu novo e bom amigo. Vocês todos trouxeram grandes ideias e *insights* incríveis.

Também tenho de agradecer a Jack, John, Gene, tio Bob, tio Bud, Jeff e, sobretudo, George. Enquanto você lê, vai esbarrar em cada um deles. Eles me deram *insights* e me imbuíram de propósito. Agora, quero mudar o mundo porque acho que posso, e porque os vi trabalhando. Finalmente, agradeço aos inúmeros fãs que me escreveram e conversaram comigo ao longo dos últimos 30 anos, encorajando-me a persistir. Meu muito obrigado a todos vocês.

Bill Nye,
Nova York, Nova York
(A cidade é tão legal que a homenagearam duas vezes)

---

* **Showrunner** é, em televisão, um termo em inglês que define um encarregado ao trabalho diário de um programa ou série de televisão, e que visa, entre outros, dar coerência aos aspectos gerais do programa. O termo é quase restrito aos Estados Unidos e ao Canadá. Geralmente este cargo é ocupado pelo criador do programa.

Meu primeiro encontro com Bill Nye ocorreu em um restaurante do Brooklyn, onde lhe perguntei por que ele queria escrever o livro que se tornou o *Undeniable*. Sua resposta foi tão sincera quanto inevitável: "Porque quero mudar o mundo". Naquele momento, eu soube que tinha encontrado um aliado, que compartilhava minha visão otimista do futuro. Quero agradecer a Bill por se manter fiel àquela visão durante todo o tempo, até o fim dessa nossa terceira colaboração. O que mais aprecio em Bill é que ele é exatamente igual em particular e em público: inteligente, curioso, engraçado e — sim — otimista, mesmo durante os momentos mais difíceis do processo de escrita.

Olhando para trás, sinto-me em uma dívida imensa com o falecido Alan Hall, meu editor de notícias na *Scientific American*, e com Patti Adcroft, minha diretora editorial na *Discover*, que me ajudaram a abrir os olhos ao poder persuasivo da grande escrita. E, olhando para a frente, agradeço às minhas filhas Eliza e Ava pelos seus lembretes diários de que o senso de assombro e o senso de responsabilidade social andam de mãos dadas. O objetivo deste livro é tornar o mundo melhor... para elas, para todos os jovens de hoje, e para todas as gerações por vir.

Corey S. Powell

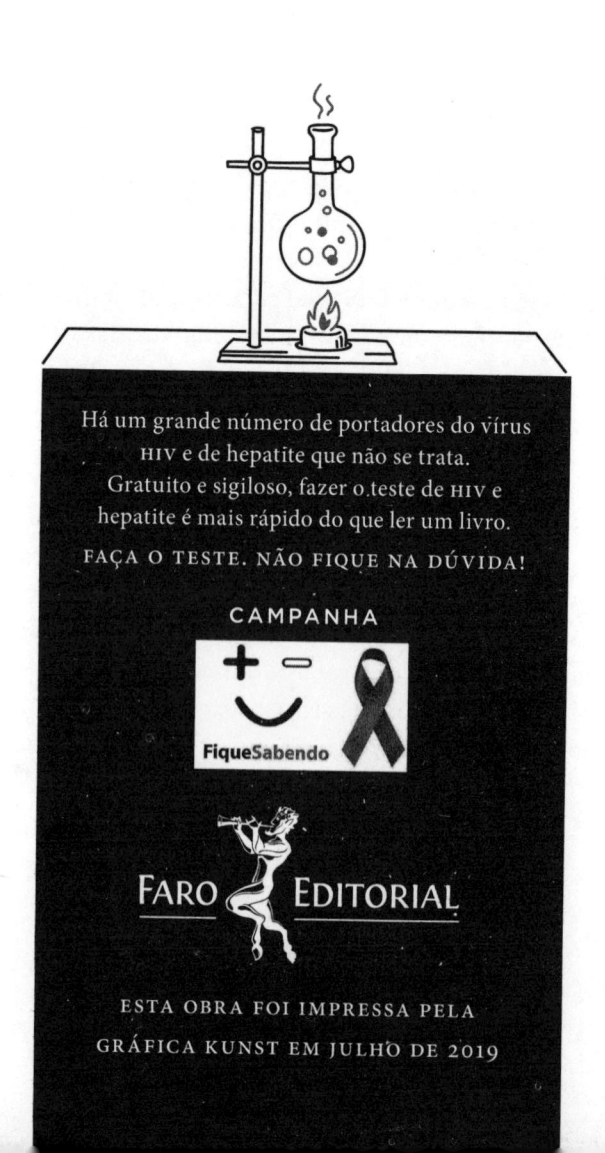